数字化的力量

——系统性数字化重塑企业掌控力与拓展力

⊙ 中国数字建筑峰会组委会 编

中国建材工业出版社

图书在版编目（CIP）数据

数字化的力量：系统性数字化重塑企业掌控力与拓展力 / 中国数字建筑峰会组委会编 . -- 北京：中国建材工业出版社，2023.2

ISBN 978-7-5160-3629-7

Ⅰ. ①数… Ⅱ. ①中… Ⅲ. ①建筑企业—数字化—中国—文集 Ⅳ. ① F426.9-53

中国版本图书馆 CIP 数据核字（2022）第 240188 号

数字化的力量——系统性数字化重塑企业掌控力与拓展力

Shuzihua de Liliang—Xitongxing Shuzihua Chongsu Qiye Zhangkongli yu Tuozhanli

中国数字建筑峰会组委会　编

出版发行：中国建材工业出版社
地　　址：北京市海淀区三里河路 11 号
邮政编码：100831
经　　销：全国各地新华书店
印　　刷：北京天恒嘉业印刷有限公司
开　　本：710mm×1000mm　1/16
印　　张：21
字　　数：310 千字
版　　次：2023 年 2 月第 1 版
印　　次：2023 年 2 月第 1 次
定　　价：128.00 元

本社网址：www.jccbs.com，微信公众号：zgjcgycbs
请选用正版图书，采购、销售盗版图书属违法行为

举报信箱：zhangjie@tiantailaw.com　举报电话：(010) 57811389
本书如有印装质量问题，由我社市场营销部负责调换，联系电话：(010) 57811387

本书编委会

主　　编　袁正刚

副 主 编　刘　谦　汪少山　云浪生　王先军　王　剑　毕鹏飞

专家顾问　黄奇帆　李德仁　丁烈云　周成虎　周绪红　刘界鹏
仇保兴　刘锦章　刁志中　贾　康　于　静　王铁宏
毛志兵　袁正刚　叶锦锋　宁和球　云浪生　吴爱国
宋勤波　王　军　常　青　王鹏翊　李宗平　李俊杰
付卫国　郑娅荣　李日强　代华岗　陈启明　徐　颖
丁　众　祝波善　赵月松　李　宁　陈卫国　刘　谦
刘　勃　汪少山　苏跃华　陈宏伟　刘　刚　高　峰
只　飞　张新红　杨一心　杨　玮　潘　敏　张挪威
黄树鹏　张建平　钱　锋　钟　泉　李　江　苏　凌

编 写 组　吴　林　葛　健　谭　啸　黄　梅　范丽丽　李欣欣
郭俊国　李洪艳　高玉姣　冯路佳　程晓丽

参编人员（按姓氏笔画排名）
于兴华　王　丹　王　冰　王茂堂　王健宇　王菲菲
孔健锋　布宁辉　叶　莹　朱鹏扬　向元强　刘　沛
刘　源　刘恩鹏　李　洁　李　鹏　邹　健　应春颖
沈婧怡　宋承亮　张　凯　张　俊　张　珺　张晓丽
陈爱洁　陈鲁遥　林本轩　孟　颖　贾校臣　殷　明
曹珺艳　彭一哲　董雅莉　曾轶珉

序　言

党的二十大报告明确提出，要加快构建新发展格局，着力推动高质量发展，强调“高质量发展是全面建设社会主义现代化国家的首要任务”以及“要坚持以推动高质量发展为主题”。这是以习近平同志为核心的党中央根据国际国内环境变化，尤其是我国发展条件和发展阶段变化作出的重大判断，进一步凸显了高质量发展的全局意义和长远意义。

建筑业是国民经济重要的支柱产业之一。经过数十年改革发展，我国建筑业产值规模不断扩张，吸纳大量劳动力就业，带动大量关联产业，对经济社会发展、城乡建设和民生改善作出了重要贡献。尤其是党的十八大以来，在新发展理念引领下，建筑业建造能力和水平突飞猛进，一批高、精、尖标志性工程相继建成，中国建筑业取得的卓越成就有目共睹。但建筑业发展仍然大而不强，尤其是建筑业工业化、信息化水平不高、发展模式粗放、资源浪费严重、核心领域科技创新能力不足等问题突出。如何把握好、落实好高质量发展这个“首要任务”和“主题”，助力“建造大国”向“建造强国”持续迈进，需要建筑业的高度重视和持续探索。

当前，数字经济上升为国家战略，数字化成为产业把握新一轮科技革命和产业变革新机遇的必然选择。作为国民经济中的重要支柱，建筑业与数字技术深度融合，重塑建筑产业生态是实现高质量发展的必由之路。如何推动建筑产业数字化？我认为要把握四个要点。

（1）以技术变革推动建筑产业全生命周期的数字化转型。一是建筑设计数字化。这一环节的本质是以 BIM、模拟仿真等数字化技术构建出建筑实体在场景中的三维数字模型，通过多学科、跨领域的数据共享实现协同设计并持续优化，大幅提升设计效率。二是建筑工程数字化。即通过各参与方的全流程、全场景信息共享，对建筑施工所涉及的要素、流程、进度和质量进行数字化管理和监测。而钢结构、装配式建筑、可动适应性设计、超低能耗建筑、3D 混凝土打印等新型建造技术进一步拓展了施工环节数字化的应用空间。三是建筑运维数字化。随着 BIM 等数字化手段的普及，建筑工程的数字化程度不断提高，一方面为建筑工程的运维带来了革命性改变，建筑工程的盈利模式发生变化；另一方面也有利于城市建筑联动的运营模式，多栋建筑协同运营、资源互补。

（2）通过组织方式和生产方式的变革，实现建筑业全过程、全要素、全参与方的数字化、在线化、智能化。当前建筑产业数字化主要面临三个障碍：一是建筑产业上下游产业链长、投资周期长，产业链每一个环节之间形成的数据和信息难以随着项目的推进有效流动，因此形成了不易交互的信息孤岛；二是单个项目的参建方众多，管理颗粒度粗糙，信息化手段难以持续推进；三是建筑全流程工业化、数字化、智能化水平较低，技术难以协同。建筑产业数字化，就是要破除这三方面障碍，打通全产业链和供应链，实现信息协同和产业效率升级。

（3）建筑产业数字化要跳出信息化思维，走向产业互联网思维，在数字化进程中催生出新的平台生态体系。通过推动产业内各参与方之间数据的互联互通，改变产业内数据采集和流通的方式，并在区块链等技术的应用下保障业内数据的可信性，进而改变产业价值链，提升每个参与者的价值。一旦建筑产业的数据要素得到激活，建筑产业的业务模式都将产生变革，以新设计、新建造、新运维为代表的产业升级将为建筑产业注入全新的活力。

（4）要重视发展自主知识产权、具备国产核心技术的数字化软硬件，为建筑产业数字化提供坚实保障。比如三维图形引擎技术，作为工业软件的底层核心，是数字建筑发展的关键支撑。而国产自主的 BIM 三维图形引擎虽然取得了很大突破，但距离国际领先水平仍有一定的差距。对此，要坚持研发自主知识产权的数字化技术、数字化软硬件、数字化解决方案，用创新的建筑数字化整体解决方案，构筑建筑业高质量发展新未来。

中国数字建筑峰会组委会编的《数字化的力量——中国建筑业“十四五”发展新航程》和《数字化的力量——系统性数字化重塑企业掌控力与拓展力》系列数字化转型著作，以助力建筑产业高质量发展为引领，围绕数字技术与建筑产业深度融合发展，力邀知名学者、智库专家、建筑企业家畅谈系统性数字化转型背后的路径与方案、价值与成效，值得更多企业数字化转型学习和借鉴。

善弈者谋势，善治者谋全局。推动建筑产业系统性数字化转型，既是新机遇，又是新赛道，必将成为持续赋能建筑业高质量发展和产业转型升级的关键所在。当前，在国家政策推动、行业力量引领、龙头企业带动等多方因素的共同作用下，建筑产业数字化转型的效果初步显现，大大加快了整个产业数字化转型进程。建筑产业系统性数字化无法“一蹴而就”，相信在各方力量的共同努力下，定能推动建筑产业数字化转型取得长足发展，助力“中国建造”塑造产业新的核心竞争力，推动“建造大国”加速向“建造强国”迈进。

（作者系研究员、重庆市原市长 黄奇帆）

前　言

数字经济已经上升为国家战略，成为我国高质量发展的新引擎和经济发展的关键力量。党的二十大报告明确提出，要“加快发展数字经济，促进数字经济和实体经济深度融合”。做大做强数字经济对注入新动能、拓展新空间意义重大、影响深远，也在重塑各个行业和国家的竞争优势。

作为国民经济的支柱产业，建筑行业的数字化转型是数字中国建设的重要组成部分。借助数字化转型把握新一轮科技革命和建筑产业变革新机遇是建筑行业发展的战略问题，也是数字时代的必答题。与此同时，建筑业总体的数字化程度目前在实体经济数字化程度中处于低位，数据孤岛、数字化单点建设、流程思维等原因导致大多数建筑企业存在数字化转型进展缓慢、效果未达预期等问题。传统分割的、碎片化的数字化供给已经不能满足新阶段数字化转型需求，亟须开展系统性数字化转型建设，推动企业提升掌控力与拓展力。

当前，推进数字化转型已经成为建筑业企业高质量发展的战略共识，如何科学有效地实现数字化转型，尚未出现统一的方法和路径，需要共商共议，在科学实践和智慧交锋中提供新思考、开辟新路径。在此背景下，由中国数字建筑峰会组委会组织汇聚行业专家、企业家对建筑业数字化转型新思考、新实践的“数字化的力量”系列著作应运而生。

中国数字建筑峰会是深入探讨建筑行业数字化转型发展前景、前沿思想、技术趋势、样板案例的高端交流平台。借助这一平台，中国数字建筑峰会组委会编写的凝聚众多智库专家、行业领袖、行业管理者、建筑业企业家深度思考的《数字化的力量——中国建筑业“十四五”发展新航程》一经推出，就受到全行业的广泛关注，成为深入了解建筑行业数字化转型的必读书。

2022 年，在延续前作启迪智慧、指明方向、规划路径的基础上，《数字化的力量——系统性数字化重塑企业掌控力与拓展力》聚焦系统性数字化，通过“新观察　预见未来”“新布局　驱动发展”“新业态　重塑价值”三大维度，解析建筑行业在新发展格局下，怎样以系统性、全局性的数字化转型提高企业的核心竞争力，不断推进建筑业的创新变革，为行业高质量发展提供智力支撑和思想洞见。

数字经济和建筑业实体经济的深度融合，需要引领时代的思考者和勇于创新的实践者。希望本书能够为处在数字化转型变革关键时期的建筑企业带来拨开迷雾的新智慧、踏破荆棘的新路径、增添动力的新引擎，引导建筑业企业在数字时代下拥抱变革、创新突破，以数字化改革驱动我国建筑业迈入更加美好的未来。

编　者

2022 年 10 月

目　录

第 1 篇　新观察　预见未来

第 2 篇　新布局　驱动发展

第 3 篇　新业态　重塑价值

第 1 篇

新观察　预见未来

“数字中国”已经上升为国家战略，新一轮科技革命与产业变革继续纵深演进，数字产业化、产业数字化已成为产业发展不可逆的必然选择。这一选择不仅是大势所趋，更是未来产业转型升级高质量发展的必由之路。多重利好政策的层层助力、相关部门的密集部署、各个行业的争相布局，无疑继续推动着这场史无前例的数字化转型大潮奔涌向前，注定势不可挡。站在时代潮头，预见发展大势，我们能否把握“风正潮平好扬帆”的时代机遇与政策红利，需要我们以如炬的目光，瞭望世界、洞察万物，从宏观到微观，从理论到实践，从管理到技术，清醒地发出时代先声，在迷雾重重的十字路口，为行业发展及企业转型提供指引。

数字孪生应用前景广阔

文 / 李德仁

中国科学院院士、中国工程院院士、武汉大学教授

城市是人类居住的主要场所，也是人类文明的结晶，是社会政治、经济和文化的载体和中心。从信息化到智能化再到智慧化，是建设智慧城市的必由之路，前景广阔。

一般认为，数字孪生是充分利用物理模型和物联网传感器采集的全生命周期的运行历史等数据，集成多学科、多物理量、多尺度、多概率的仿真过程，在虚拟空间完成映射，从而反映相对应的实体对象全生命周期过程。物理实体、虚拟模型、数据、连接和服务是数字孪生的核心要素。因此，数字孪生作为实现虚实之间双向映射、动态交互、实时连接的关键途径，为观察、认识、理解、控制和改造物理世界提供了一种新的有效手段。

基于数字孪生的智慧城市，就是通过构建物理城市世界、网络虚拟空间的一一对应、相互映射、协同交互的复杂系统，在网络空间再造一个与之匹配、对应的“孪生城市”，实现城市全要素数字化和虚拟化，城市全状态实时可视化，城市管理决策协同智能化，形成物理维度上的实体世界和信息维度上的虚拟世界同生共存、虚实交融的城市发展新格局。

建设基于数字孪生的智慧城市，要解决五大问题：一是在物理实体维度，实现城市多源异构物理实体的智能感知与互联互通，实时获取物理实体对象多维度数据，从而深入认识和发掘相关规律和现象；二是在虚拟模型维度，构建城市动态多维多时空尺度高保真模型，保证模型与物理实体的一致性、真实性、有效性和可靠性，实现多源、多学科、多维模型的组装与集成；三是在孪生数据维度，实现城市海量大数据和异常小数据的变频采集，实现全要素、全业务、全流程多源异构数据高效传输，以及信息物理数据的深度融合与综合处理，孪生数据与物理实体、虚拟模型、服务应用的精准映射与实时交互；四是在连接与交互维度，实现城市跨协议、跨接口、跨平台的实时交互，以及数据—模型—应用的迭代交互与动态演化；五是在服务与应用维度，基于多维模型和孪生数据，提供满足不同领域、不同层次用户、不同业务应用需求的服务。

通过解决上述科学问题，基于数字孪生的智慧城市将具备以下特征：精准映射，通过空中、地面、地下、河道等各层面的传感器布设，实现对城市道路、桥梁、井盖、建筑等基础设施的全面数字化建模，以及对城市运行状态的充分感知、动态监测；虚实交互，在城市实体空间可观察各类痕迹，在城市虚拟空间可搜索各类信息；软件定义，针对物理城市建立相对应的虚拟模型，以软件的方式模拟城市人、事、物在真实环境下的行为；智能反馈，通过对孪生城市进行规划设计、模拟仿真等，对城市可能产生的不良影响、矛盾冲突、潜在危险进行智能预警，并提供合理可行的对策建议。

数字孪生城市应用前景广阔。智能电网数字孪生服务，利用电力系统物理模型、先进计量基础设施和电力系统历史数据，反映智能电网的全生命周期过程；城市智慧交通运营大脑，能够优化交通突发事件处理流程，降低城市拥堵；基于室内外一体化的多元高精度定位技术，可实现疫情常态化下的精准防控，避免大规模防控造成的经济损失，相关技术还能应用于公共安全领域和大健康产业。

数字孪生城市也不是万能的。现实城市存在的基础设施、生态环境建设以及教育、养老、医疗等民生问题，不能仅依赖数字孪生技术解决。在建设智慧城市道路上，需要积极推进物理空间和网络空间共同建设，在新型城镇化建设中，要加强对物理空间的城市研究，做好城市规划、改造升级和科学管理等工作，让我国智慧城市建设沿着真正实现数字孪生的智慧城市方向阔步前进。

把握新发展机遇　智能技术重塑建筑未来

文 / 丁烈云

中国工程院院士、华中科技大学教授

新一轮科技革命和产业变革正在重塑全球经济结构，其技术核心是人工智能，产业形态是数字经济。我国正在加快推进数字经济与实体经济深度融合，建筑业要把握这一难得的历史机遇。《中华人民共和国国民经济和社会发展第十四个五年规划和 2035 年远景目标纲要》中明确提出“发展智能建造”，这为我国全面推进建筑业转型升级、推动高质量发展指明了方向，也为广大建筑业企业实现数字化转型提供了发展新机遇。

智能建造是以人工智能为代表的新一代信息技术与先进工业化建造技术深度融合形成的工程建造创新模式，通过系统融合大数据分析、智能算法、知识自动化等技术，实现知识驱动的工程全生命周期建造活动。其本质是通过人与智能化工具设备高效地合作共事，不断扩大、延伸和部分地取代人类专家在工程建造过程中的脑力劳动，将工程建造推进到高度集成化、柔性化和智能化阶段。

发达国家十分重视新一代信息技术对建筑产业带来的深刻变革，强调建筑业应通过工业化、数字化、智能化等方式增强产业竞争力，提升工程产品品质和安全水平。2013 年 7 月，英国政府发布了《建造 2025》（*Construction* 2025）文件。该文件提出，到 2025 年，将工程全生命周期成本降低 33%，进度加快 50%，温室气体排放减少 50%，建造出口增加 50%。围绕这一战略，英国制定了建筑业数字化创新发展路线图，提出将业务流程、结构化数据以及预测性人工智能进行集成，实现智慧化的基础设施建设和运营。2015 年，德国联邦交通与数字基础设施部发布了《数字化设计与建造发展路线图》，对数字设计、施工和运营的变革路径进行了描述，目的是在德国联邦交通与数字基础设施部的所辖领域逐步采用建筑信息模型（BIM），持续提高工程设计精确度和成本确定性，不断优化工程全生命周期成本绩效。

当前，推动智能建造发展，抢占技术竞争制高点，打造“中国建造”升级版需要完成好四项关键任务。一是工程软件“补短板”。面向工程项目的实际需求，加快制定工程软件标准体系，提升三维图形引擎的自主可控水平，打造以自主可控 BIM 软件为核心的全产业链一体化软件生态。二是工程物联网“显特色”。突破全要素感知柔性自适应组网、多模态异构数据智能融合等技术，强化工程物联网的应用价值。三是工程机械“促升级”。建立健全智能化工程机械标准体系，打破核心零部件和关键技术的壁垒，提高产品的可靠性，创新多样化综合服务模式。四是工程大数据“强优势”。创新数据采集、储存和挖掘等关键共性技术，建立完整的工程大数据产业体系，增强大数据应用和服务能力，带动关联产业发展，催生建造服务新业态。

2022 年 5 月，《住房和城乡建设部办公厅关于征集遴选智能建造试点城市的通知》（建办市函〔2022〕189 号）发布，决定征集遴选部分城市开展智能建造试点，为推动建筑业高质量发展发挥示范引领作用。这是建筑业面向“产业数字化”战略需求，贯彻落实党中央、国务院决策精神及全国住房和城乡建设工作会议部署的具体举措。广大建筑业企业，尤其是试点城市的建筑业企业，要充分把握发展智能建造的机遇，全面推动企业实现数字化转型，特别应注意把握以下几点。

一是充分理解“数据驱动”是智能建造的根本特征。与传统建造方式相比，智能建造最显著的特征就是突出“数据”的作用。基于模型的数字设计、智能化生产和装配、智慧运维等都离不开数据，“数据驱动”将贯穿智能建造的全过程。建筑业企业要充分理解“数据驱动”特征，从组织结构、业务模式和工作流程等方面进行完善，以适应数字化转型的需要。

二是要以价值为导向，实现提质增效。智能建造是工程建造方式的重大变革，但不是简单的技术革新，需要从推进建筑业转型升级、实现高质量发展的高度，准确把握试点工作目标和要求，充分认识智能建造的内涵，不片面追求某些方面的技术先进性，而是更加注重生产效率和产品品质的提升。在推行智能建造过程中要坚持以价值为导向，有效解决工程建设面临的实际问题，避免简单地堆砌信息技术。

三是科学规划，突出特色。建筑业企业资源禀赋各不相同，在推进智能建造过程中要合理规划，因地制宜，形成自身的特色。对建筑业企业而言，发展智能建造是系统性的变革，涉及企业深层次的组织管理，需要统筹考虑，科学地制订实施计划。在实施过程中，应当坚持结合企业自身特色和优势，选准突破口，合理配置资源，注重“以点带面”，充分挖掘企业在数字化转型过程中的效益，实现数字化转型。

全空间智能新时代正在到来

文 / 周成虎
中国科学院院士、中国测绘学会
智慧城市工作委员会主任委员

今天，我们处于一个重大的科学与技术革新的时代：我们的地球和世界正变得越来越“小”，各种通信技术之间的相互融合，构成无所不在的信息基础设施，一个“没有空间距离、没有时间差异”的世界正在形成；现代对地观测技术使我们能够实时、动态地观测和监测地球，服务于人类应对全球气候变化等；各种现代化的交通工具使得人们可以实现洲际畅游，甚至是宇宙旅游。

未来将是空天地海网一体化的智能观测。从地表资源管理、灾害应急处置到交通运输，从地下设施管理、社会稳定到太空探索，地理信息应用进入无处不在的全空间时代，时空数据按需测量，按需生产，为农业、环境、国土等各行业提供科学数据。

空间是一个广义的概念，包括宏观空间与微观空间、静态空间与动态空间，也包括地理空间。位置是空间中很关键的要素，有了空间位置，就可以进行空间测量，当我们具备动态测量位置的能力，就可以把不同的空间连接在一起，我们将其称为“全空间”。

从本质上来讲，“全空间”就是具有统一数学结构和表达的空间体系，从一个尺度空间到另一个尺度空间可以实现无缝衔接，实现不同尺度之间的无缝跨越。室内外一体化定位就是“全空间”的一种类型。

全空间系统、全空间智能系统的理论和技术目前还处于研究阶段。就定位而言，定位本身的技术成熟度越来越高，目前也已全面进入实用状态。但是，广义的室内定位不仅包括室内，还包括水下、地下、地铁、船舱、飞机、列车车厢等所有密闭空间。在高速运动下，如何对这些密闭空间的运动物体进行定位，使两种尺度空间无缝跨越，目前还有很多技术难点。

“全空间”不是单向技术，而是一个综合性技术体系，具有三种能力：感知、认知和决策。传统测绘偏重于测量，偏重于感知环节，这方面的技术相对成熟；而对认知分析和决策研究层面，测绘行业介入得相对较少，是需要进一步加强的地方。

从地球空间到宇宙空间，从室外空间到室内空间，从宏观空间到微观空间，从小数据到大数据，我们希望让时空实体智能，能主动感知、思考和行动；要让数字世界“活起来”，可实现历史回溯和未来的演化；要让位置智能更好地服务人们生产生活，推动各个行业转型升级，为加快实现社会治理能力现代化提供技术支撑。

地理空间智能，就是将人工智能用于地理信息系统（Geographic Information System，GIS）的分析、方法和解决方案，简单地说，它是基于地理信息技术基础软件上面的机器学习，可以在很多领域得到应用。例如，可以预测城市中哪个区域将面临极度交通拥堵，采取何种疏导措施，车辆如何重新选择路线等。地理空间智能应用于很多使用位置和GIS的场景，包括出行共享公司、物流、农业、调查以及基础设施等。

所谓智能，就是能帮你做决策，告诉你下一步该怎么走，通过地理空间数据分析来实现空间位置智能。比如我们手机上的导航地图，会自动规划路径，分析路况，然后推荐一条最优路线；在无人驾驶技术里，高精度导航地图的自动避障也是智能；我国嫦娥系列月球探测器主要就是靠智能引导，实时测量、实时计算和选址。

数据、知识和模型，是构成全空间智能系统的三大要素，是组合在一起的一个完整体系，使地理空间信息系统具有一定的智能水平，能帮助人们进行决策分析。比如在一个停满了汽车的大停车场里，你要泊车，系统马上发消息过来，告诉你有辆车刚开走，此时你可以到那个地方停车，如果你的车可以自动驾驶，系统会自动帮你把车停好，这就是标准的空间智能。如果没有这种空间智能，无人驾驶是做不到的。地理空间智能是发展的必然趋势，是一个自然演进的过程。

毫无疑问，人类社会必将进入智能社会，空间智能是智能社会的重要组成部分，或者说是不可缺少的一部分。所以，无论是城市建设，还是社会治理、政府决策分析，或者人类的衣食住行，都离不开空间智能系统。

地理信息行业领域范围更大，遍及整个社会的各类基础设施。就像我们的地图一样，各行各业都在用地图，各行各业都会用到地理空间智能系统。未来地理信息系统用在什么地方，地理空间智能就在什么地方发挥作用，地理信息产业行业市场有多大，地理空间智能的市场就有多大，它是经济社会重要的基础设施。地理信息系统将会从现在的以信息为核心的时代，进入知识时代，进入具有知识背景、能够做决策支持的地理空间智能时代。

不可否认，当今，我们处在一个科技变革时代，当前空间信息应用领域、应用模式、信息内容、分析方法、展现方式等的发展，已越来越难以满足人类认知客观世界的需要，一切都需要用新的科学和技术来认识。如前所述，要用全空间视角观测地球，用新的人工智能手段来分析处理实时动态的地理信息大数据等。

我们需要改变对地理信息系统的认知，形成 GIS 的云原生观。人类世界已经进入一个数字原生时代，我们可以说有数字化、数字孪生、数字原生，我们相信云原生已经到来，所有的先进的云设施支撑随时可接口；所有强大的数据库引擎、知识库引擎、模型库引擎、计算引擎、可视化引擎等随时可用；更便利的智能化软件集成环境与应用框架可以按照你的要求搭建你的软件，在此基础上，我们形成了丰富的应用软件，按照场景生存。

未来的空间智能系统，不是一个软件，而是一个生态，是围绕空间及其空间应用的技术生态体系，在这个体系里面，每个人都能发挥自己的优势，都能对它有新的贡献，所以才需要我们一起发展云空间信息系统，我们可以和世界一起同步往前推进。未来，为了让地图变得更加“聪慧”，为了实现测绘科技自强自立、高质量发展，需要全行业大胆突破创新，一起努力，一起向未来。一个无比辉煌的地理空间智能新时代正在到来。

创新智能建造技术 促进建筑业转型升级

文 / 周绪红

中国工程院院士、重庆大学教授

文 / 刘界鹏

重庆大学教授

建筑业是我国的支柱产业，但长期以来，我国建筑业存在发展粗放、劳动生产率低、建筑品质不高、工程耐久性不足、能源与资源消耗大、劳动力日益短缺、科技水平不高等问题。为此，促进建筑业转型升级、实现高质量发展是必然要求。

2022年10月25日，住房和城乡建设部公布智能建造试点城市名单。这对推动建筑业与先进制造技术、新一代信息技术的深度融合，培育智能建造新业态、新模式发挥重要作用，对推动产业转型升级与提质增效、促进高质量发展具有重要意义。

智能建造是以人工智能为核心的新一代信息技术与工程建造相融合而形成的一种工程建造技术。它不仅是工程建造技术的创新，还将从经营理念、市场形态、产品形态、建造方式以及行业管理等方面重塑建筑业。发展智能建造，是当前建筑业突破发展瓶颈、增强核心竞争力、实现高质量发展的关键所在。

攻克关键技术问题　引领智能建造产业发展

目前通用的基础绘图软件、有限元软件和BIM（建筑信息模型）软件等基本为国外产品，与我国的标准和建设管理流程不一致，实用性较差，很多国内软件商只能基于国外的软件进行二次开发。我国在采用这些软件进行工程建造时，一些基础数据容易泄露，给国家基础设施方面的安全带来巨大威胁。三维图形和计算分析软件、高精机器人、高精光学采集仪器等软件和设备均已成为我国建筑业智能建造的“卡脖子”难题，解决这些难题已经刻不容缓。

因此，必须通过产学研结合的手段，建立以大型建筑业央企、国企或民企牵头，软件开发商、制造企业和高校及科研院所参与的跨专业、跨行业协同创新体系。以工程实际问题为导向，组织工程、数学、物理、信息、计算机、自动化等多学科交叉研发队伍，开发具有我国自主知识产权的三维图形引擎、平台和符合中国建造需求的BIM软件；突破数据采集与分析、智能控制和优化、新型传感感知、工程质量检测监测、故障诊断与维护等一批核心技术和关键高端装备。研发智能数字化设计技术，解决当前工程设计效率低、周期长、人力投入大、出错率高等问题。研发智能设计与制造的一体化技术，解决设计与生产信息割裂、设计成果难以转化为生产信息的问题。研发建筑部品部件智能制造技术与智能施工机器人技术，在制造与施工中完成危险性较高、环境污染大、工作繁重或操作重复的工序，有效应对建筑业劳动力缺失、劳动强度大、成本高等问题，并确保工程更加安全、高效和环保。研发施工安全智能监控和工程项目智能管控技术，解决施工安全管控难度大、安全事故多、项目管理工作量大、工程进展信息统计滞后等问题。研发智能检测与监测技术，解决质量检测技术落后、检测效率低、质量管控人为因素多、工程全寿命周期运维难度大等问题。

建立健全标准体系　推进智能建造产业发展

智能建造采取的方法、设备、技术等与传统建造方式有显著差异，对建造过程中的数字化、精细化、机械化和效率要求也更高。要发展智能建造技术和产业，必须做好智能建造标准化体系的顶层设计，明确总体要求和方案，逐步建立覆盖设计、生产、施工、检测、验收、运维等各方面的完整标准体系。

智能建造标准应包括数据标准、技术标准、产品标准、质量标准和工作范围标准。人工智能是智能建造技术的核心，而数据是人工智能技术的重要基础，因此数据标准是智能建造的基础标准，包括设计成果交付数据标准、设计与生产一体化数据衔接标准、施工安全监控数据标准、检测数据标准、运维数据标准、智能算法模型训练数据标准等。智能建造的技术标准必须针对智能化设计、生产、安装和管理特点，建立数字化设计、智能生产与施工、智能检测与监测等方面的技术标准。智能建造产业发展中将应用大量建筑材料、机械设备、信息技术设备等新产品，对这些产品的质量要求均需要建立产品标准和质量标准。对工程整体而言，其质量检查方法与评价方法都将采用数字化手段，也必须建立相应的质量控制标准。人工智能技术在发展过程中正面临各种安全和伦理问题，因此需要编制相关标准区分人和人工智能的各自工作范围，明确智能设备的管控要求，约束人工智能行为，避免出现各种安全和伦理问题。

重塑建造业务流程　推动工程建造效率提升

数字化和智能化是近年来发展起来的全新技术，目前已经在互联网、先进制造、金融、交通等领域得到了较为广泛的应用。这些领域在充分利用数字化和智能化技术过程中，都进行了工艺或业务流程重塑，从而显著提高了行业效率和科技水平。

建筑业要将工业化、数字化和智能化技术充分融合，显著提高行业的效率、质量、效益和科技水平，也需要进行工艺或业务流程的重塑。发展装配式建筑需要大力发展设计—生产—施工一体化的总承包业务，这就需要进行业务流程重塑，解决以往设计、生产和施工环节割裂问题，提高工程效率和总体效益，降低工程成本。在工程设计环节，采用 BIM 等数字化技术，可以进行全专业的正向设计，避免出现各专业之间的冲突，这需要对传统设计业务进行重塑，解决各专业之间配合困难的问题。在生产环节，需要设计形成的成果可直接用于数字化生产，这就对设计的数字化水平、设计与生产的数字化衔接提出了明确要求。在施工环节，传统施工工艺和流程并不适合数字化质量控制、智能化安全施工监控、智能化工程项目管控、建筑机器人等技术的应用，因此需要对传统施工流程和工艺进行重塑。建筑业在引入数字化和智能化技术后，以往的业务流程也需要改进和提升，充分利用新一代信息技术对工程项目进行全过程管理和优化，提升项目建设效率和效益。

改革工程建设组织模式　服务智能建造产业发展

推进智能建造需要工程项目立项策划、设计、采购、施工的建造全过程协同，全生命周期、全产业链以及工程项目各参与方的数据共享是智能建造的基本前提。传统的工程项目管理模式的设计、生产、施工等环节割裂，各企业只考虑自身效益，不考虑项目整体效益，已经不适应智能建造的过程管理。

工程总承包和全过程工程咨询是当前建筑业的发展趋势。在智能建造的发展过程中，工程总承包企业作为整个产业链上的龙头企业，可以引领整个产业组织集成，消除产业链的壁垒，突破工程建造各环节割裂的严重问题，解决设计—生产—施工一体化问题以及技术与管理脱节问题，保证工程建设高度组织化，实现产业链上的资源优化与整体效益最大化。采用工程总承包模式，有利于企业规模化发展，有利于技术优势、管理优势和产业链资源配置优势的充分发挥，能够有效适应智能建造技术实施带来的流程重塑。

但目前很多建设单位对工程总承包不了解或认识不足，没有专业的项目管理人才，不具备综合管理能力和技术能力，无法做到设计与施工的深度融合，不能发挥工程总承包模式集设计、采购、施工为一体的优势，并不是真正意义上的工程总承包管理模式。因此，行业主管部门要进一步引导建设单位积极采用与智能建造产业发展相适应的工程总承包管理模式，培育一批具有智能建造系统解决方案能力的工程总承包企业，打造智能建造产业链。

加快创新人才培养　支撑智能建造产业发展

智能建造是一个新兴产业，相关人才严重短缺，亟须培养研发、设计、生产、施工、管理和运维方面的人才。一要培养智能建造技术研发人才。智能建造技术是一种多学科交叉的先进技术，既需要掌握传统的土木建筑知识，又需要精通人工智能算法、物联网、通信技术、云计算、机器人、计算机、智能制造和先进设备等方面的知识，传统的土木建筑专业技术人才难以承担这种多学科交叉的研究工作。二要培养适应智能建造产业发展的技术人才。这类技术人才既需要掌握传统的土木建筑技术和经验，又需要具备建筑工业化、信息化的思维，能够在全产业链上实施和应用智能建造技术，当前的土木建筑专业毕业生难以达到这样的要求。三要大力培养智能建造产业工人。下一步需要重点培养具备智能生产、智能施工、智能检测监测、智能运维等专业技能的建筑产业工人。目前我国的建筑工人以农民工为主，只熟悉现场的粗放式手工作业，对建筑工业化和数字化技术不了解，很难承担智能建造相关工作。

高等院校要改革人才培养模式，完善人才培养体系，设置智能建造专业，建设多学科交叉的课程体系，努力培养高层次学科交叉型、复合型专业技术人才和经营管理人才；职业院校要积极开展土木建筑类专业的改造和升级，培养具有智能建造技术实施能力的技术应用型人才；鼓励骨干企业和研发单位依托重大项目、示范工程，培养一批领军人才；加强国际交流，改革人才评价机制，完善人才合作机制和激励机制。

城市信息系统的“生成”与“构成”

文 / 仇保兴

国际欧亚科学院院士、住房和城乡建设部原副部长、中国城市科学研究会第六届理事会理事长

当前，在国家政策的驱动下，智慧城市在各行各业以及群众生活方方面面的渗透性越来越强，人们对智慧城市的重要性的认识也越来越深入。尤其在众多新技术的推动下，极大丰富了智慧城市的建设模式，让民众看到良好的发展前景。在各参与主体的共同努力之下，我国智慧城市建设发展已经逐步进入改革突破、模式创新和成效凸显的“深水区”。从规划蓝图到落地实践，智慧城市发展还面临哪些困境，如何才能真正取得智慧城市建设的价值成效，正在受到高度关注。

从城市信息系统的“生成”与“构成”为主体的思维脉络，我们可更加清醒地认识到当前智慧城市设计面临的困境，理性把据构成智慧城市公共品的“四梁八柱”以及智慧城市“生成”的三大机制，充分利用第三代系统论充分发挥主体的创新机制，从下而上生成自适应的城市信息系统，进一步促进互联网、大数据、人工智能、区块链等新一代信息技术与实体经济的深度融合，深化数字技术的创新研发和应用，从而推动智慧城市高质量发展。

智慧城市设计之困

城市本身与其信息系统具有相似性，我们可从城市的“生成”与“构成”来分析城市信息系统的设计思路，了解存在什么样的问题，应该如何去构建现代城市的信息系统。

从实体城市说起，现实世界中的城市有的是“构成”为主，有的是“生成”为主。以罗马、黄山古城、堪培拉以及巴西利亚为例，人们常说“罗马并非一日建成”，作为一个历经几千年形成的世界著名城市，其空间肌理非常复杂。两千多年来，在没有“一以贯之”的具体宏观规划的前提下，无数建筑师一步一个脚印，逐步设计建设成当下一个非常有魅力的城市。这样的城市，我们称之为“生成”的；反之，澳大利亚首都堪培拉是某一个设计师（格里芬）或者某一次特别事件“一次性”规划建设的。这样的城市，我们就认为是“构成”的。人们游览这样的城市，会有这样的感觉：第一天，很震撼，被城市整齐对称的格局和气势所震撼；第二天，会疲惫，因为处处都一样；第三天，人们认为还是打道回府或到悉尼、墨尔本吧，那里的生活更美好。

为什么“生成”的城市与“构成”的城市给人带来的感觉会有那么巨大区别呢？这对现代城市信息系统有什么借鉴意义呢？我们谈论历史文化名城时，常常会认为“没有规划是最好的规划”。在中国，历经千年发展的黄山古城，就是一个典型的“生成”城市，它的每一条街坊和河流、每一座建筑都有自身的特色，都是人们审美情趣凝聚的结晶，最终“生成”了徽派建筑的发源地徽州，再与众多新徽派建筑共同“生成”了黄山市这个誉满天下的旅游胜地。这里众多街坊的每一个转弯都可以给你惊喜、每一座古建筑都是不同时期人们审美的归宿。但“构成”的城市，比如巴西首都巴西利亚，其鸟瞰图很清晰地显示，它的空间格局像一只大鹏一样，位于两个“翅膀”的楼房格局高度同质化，这样的城市既不宜居也不具备人为尺度的美感。

总体来说，“构成”的城市虽然能充分体现某位规划师的奇思妙想，但是它的功能和景观相对单调，只能以鸟瞰的角度审美，一次性规划，框架性建设，“三通一平”（指建筑施工以前必须达到水通、电通、道路通、场地平整等条件）的成本非常高。而“生成”的城市，其功能和景观是多样性表达，能以人的尺度审美，建筑景观是逐步积累而成的，城市也是逐步演变、逐步生长而来的，拥有鲜明的社区特色，居民归属感强。当然，“生成”的城市相较于“构成”的城市也有不足之处，例如机动车辆通行不便，预防火灾、水灾能力较差等。因此，凡是“生成”的城市都成为旅游胜地，凡是“构成”的城市要么成为乌托邦，要么是非人性化的。

由此可见，每一个智慧城市信息系统都应是“生成”与“构成”的有机结合。如果我们设计建设一个城市信息系统，片面地依赖“构成”而否定“生成”，那么该信息系统与历史文脉、新技术、应用场景及未来的不确定性都难以相容。如果我们混淆了智慧城市建设的手段与目标，淡化了城市治理科学目标和民众实际需求，仅从虚构的顶层设计入手建构的智慧城市信息系统注定是失败的，将成为“白智慧、空智慧、假智慧”。

当前，新冠疫情对智慧城市而言是一场“大考”，也是一次空前规模的“压力测试”。在这个过程中我们发现：大部分城市“大脑”都得了“痴呆症”，我们也看到部分“构成”设施的失败，如城市领导驾驶舱、大数据分析效果不佳等。但是，那些不起眼的“生成”设施发挥了巨大的作用，比如诞生于基层的“网格化管理”得到极大提升和改良，基层创造的“放管服”网上不见面办事和“健康码”等都发挥了巨大作用。

信息化的过程中，为什么会产生那么多的误区呢？就是因为在设计研究信息化系统的过程中正确的方法论尤为重要，即所谓的“成也系统论，败也系统论”。系统理论经过了三次迭代，第一代与第二代系统论是“构成”的，只有第三代系统论涉及“生成”。第一代系统论由控制论、信息论和一般系统论组成，它把系统的主体和元素简化成没有感知、是统一的，没有个性、主动的，无差异化的机械部件、电磁原件等，由这样的主体构成的系统往往是没有生命演化能力、确定性的，他组织式的；第二代系统论即耗散结构、突变论和协同论等，其系统主体元素仍然是原子、分子等，但把系统主体看成动态、有差异性的，可以按照概率统计方法计算的，但它们构成的系统具有某种不可预计的不确定性；第三代系统论（CAS），以复杂生命理论为代表。它把构成系统的主体视为具有主动性的，能够感知环境，学习，适应性地做出反应。这些主体的主动性，造成整体系统的复杂性和不确定性。恰是这样的系统，可与现实世界的复杂和不确定性相匹配，它才是真正符合现代城市信息系统设计方法论的。因此，我们应基于第三代系统论审视智慧城市设计和建设。

智慧城市“构成”的“四梁八柱”

城市信息系统是由什么构成的呢?

首先要弄清楚城市公共品与商务品的区别。诺贝尔经济学奖获得者保罗·萨缪尔森提出:“城市政府管理最重要的职能就是提供足量、优质的‘公共品’来提高经济效率和人居环境。尤其在三个市场失效的领域，不完全竞争（自然垄断）、外部性（污染）、信息不对称的公共品。除此之外，公共品是指这样一类商品，将该商品的效用扩展于他人的成本为零，无法排除他人参与共享。”而我们所说的数字时代最主要的一个标志就是“共享”，公共品就是共享产品。尤其在智慧城市公共品的构成方面，应该聚焦“四梁八柱”。

“四梁”即为四类核心公共品。第一类是精细化、网格化的信息管理系统，可把城市所有问题简单化。第二类是政府网站和“一网通办”放管服的信息系统，使百姓与市场主体能够方便跟城市政府对话和接受服务。第三类是设计安全。任何越复杂的系统越需要安全，因此城市安全、网络安全、防灾减灾是又一类核心公共品。第四类是重要公共资源的信息化。城市最宝贵的资源——空间资源、文化资源、不可再生经济资源和信息数据资源都需要管家去管。

主梁一：精细化、网格化。它能把城市系统化复杂为相对简单、化动态为相对静态，便于感知、运算执行和反馈构成的一个个管理闭环。这些闭环越多越精密，城市的管理就越精细。这类系统共生于原来的社区管理，能匹配民众实际需求，而且适应技术迭代。

主梁二：政府网站和“一网通办”放管服。在政府网站上，所有的事情都可以网上办、掌上办，建立起信用体系，把政府办事效率提高，民众与政府官员不见面就可以把大多数事情办成。同时，政府系统内部集成度较高，一个窗口就能办所有的事。而放管服的“容缺审批”“告知承诺”“联合审图和验收”“多评合一”“代办服务”等“生成”的自选项目较多，也可以共同为民众和投资者服务。

主梁三：城市安全，减灾防灾（网络安全）。包括对易发性灾害的脆弱点排查，对涉恐分子的轨迹分析；自适应式补救防护漏洞；韧性分布式装置的自诊疗系统；民众隐私保护；对恶性传染病病源分布实时追溯；食品药品安全监管等。此外，城市安全在网络时代尤其重要，网络四通八达，也会同时出现许多漏洞，网络一旦瘫痪，所有的城市的“智慧”设施就都会随之瘫痪了。

主梁四：公共资源管理的信息系统。在公共资源的管理方面极需要信息化，诸如，我们要减碳，通过数字技术使城市每千克的碳排放都做到可检测、可公示、可回溯检查。如果能够做到“三可”，城市各环节产生的碳都是可计量的、可交易的。对各种不可再生的公共资源，也要做到数字化治理，对所有城市部件和事件都做到时空定位、实时传感、精细化管理。

有了“四梁”还要有“八柱”——智慧水务、智慧交通、智慧能源、智慧公共医疗、智慧社保、智慧公共教育、智慧环保、智慧园林绿化。这“八柱”是构成城市政府职能最重要的八个支撑部分。这样构成的智慧城市才是有针对性的、可运用的。“四梁八柱”是每一个城市政府都少不了的公共品，机构再简单也必须提供，这也是我们智慧城市最需要去做的。

实际上，任何一个城市都是由“生成”和“构成”两种力量相互融合而成的，现代城市信息系统“构成”的“四梁八柱”应该为千百种“生成”的智慧城市的应用场景提供共享的业务平台，只有相互融合才会涌现真正的智慧城市。从中我们可以得出以下重要结论：一是任何运转良好的智慧信息系统都是“生成”与“构成”的有机结合；二是越具公共品属性的信息系统，政府主动“构成”的设计占比就越大；三是“构成”设计必须对政府自身原有的流程再造，编制权力负面清单、缩短流程、减少证明、并联审查，实现刀刃向内的改革；四是智慧信息系统最终的目的是便利民众对政府治理绩效的监督和评价，使不同的城市政府或部门的服务能效竞争性展示在民众面前，从而“生成”不断优化为民服务的动力机制。

智慧城市“生成”的三大机制

“生成”与“构成”结合，有三大生成机制：

一是“积木”。任何实用技术都是“积木”构成的，“积木”指的是成熟现有的经验技术和知识，一旦发生有效组合就使主体对未来有了应对能力。当代有什么新“积木”呢？比如人工智能、区块链、大数据、数字孪生，都是新“积木”。如果我们只是把旧“积木”进行新排列组合，意味着这个系统是改良性的创新，主体将“知识”“经验”等“积木”以不同的方式进行组合，以应对不确定性；当系统某个层次发现了一个新“积木”，通常会开启一整套可能性，因为它会与现存的其他积木形成新组合，大量的创新就会接踵而至。这就是说，在旧“积木”中加入一个新“积木”，有可能是革命性的创新；如果同时加入多个新“积木”，就会形成颠覆性创新，当今时代实际上就是裂变性创新涌现的时代。

二是“内部模型”。这关系到主体对周边变化的预测能力。不同“积木”组合之所以“有用”就是因为形成了新的“内部模型”，也就是使智慧城市中的相关主体有了对未来的判断与应对能力。各类大数据的集中如果再加上人工智能等新“积木”的运算，就能产生有用的预测结果，否则不如原先的孤立“小数据”。

三是“标识”。在CAS中，标识是为了集聚和边界生成而普遍存在的一种机制。标识使主体观察到以前隐藏在对方背后的特性。标识能促进“选择性相互作用”，这就为筛选、特化、合作等提供了基础条件。标识是隐含在CAS中具有形成共性的层次组织（“主体、众主体、众众主体……”）背后的机制。标识总是试图通过向“有需求的主体”提供连接来丰富内部模型。

总体来说，政府应关注智慧城市的公共品，为品种庞杂、日新月异的各类智慧城市商务品提供融合共生的平台。智慧城市是高技术的平台，让聚裂效应价值最大化，需要依靠从上而下的顶层设计与从下而上的生成机制同时发挥重要作用。智慧城市作为现代科技发展不确定性最大的新领域，需要利用第三代系统论作为方法论，充分发挥主体的三大新机制，从全场景智慧的角度思考，从下而上地生成自适应的智慧城市。

以工业化、数字化、绿色化推动建筑业高质量发展

文 / 刘锦章

中国建筑业协会副会长兼秘书长

建筑业是我国国民经济的重要支柱产业。近年来，我国建筑业持续快速发展，产业规模不断扩大，建造能力不断增强。《“十四五”建筑业发展规划》提到，加快智能建造与新型建筑工业化协同发展，建筑业从追求高速增长转向追求高质量发展。当前，我国建筑业正处在一个由高速发展向高质量发展的转型阶段，我国也正处于由“建造大国”向“建造强国”迈进的升级阶段。推动建筑业的高质量发展，重点是在工业化、数字化、绿色化三个方面发力，并且推动三化融合，协同发展。

在新发展理念的引领下，建筑业快速发展，建造能力不断增强，产业规模不断扩大，吸纳了大量农村转移劳动力，带动了大

量就业和关联产业发展，对经济社会发展、城乡建设和民生改善作出了重要贡献。据住房和城乡建设部数据，2021 年，建筑业总产值为 29.3 万亿元，同比增长 11%，增加值占国内生产总值的比例达到 7%，为社会提供了超过 5000 万个就业岗位。

同时，随着我国建筑技术的成熟和进步，我国工程方案自主创新和设计水平、建造技术不断迈上新台阶，在超高层建筑、高速铁路、大型机场、公路、桥梁、隧道、地铁、水利水电、核电核能、现代通信、应急设施等“高大特新急”工程中，也向世界展示出中国建造的水平和中国力量。

在取得成绩的同时，建筑业依然存在发展质量和效益不高的问题，集中表现为管理比较粗放，生产方式比较落后，信息化水平和科技含量不高，具有点多面广、流动性强、碎片化生产和同质化竞争的特点。

推动中国建筑业高质量发展，应从工业化、数字化、绿色化三个方面发力。

一是工业化。就是大力推动新型建筑工业化，建立以标准部品为基础的专业化、规模化、标准化、模块化、信息化的生产体系。要加快推动新一代信息技术与建筑工业化技术协同发展。其中，装配式建筑推进了新型建筑工业化的进程。装配式建筑的核心是实现包括建筑设计、工厂生产、现场装配等建造全过程的现代工业化与新一代信息技术的深度融合。不仅建筑结构实现预制后进行现场拼装，建筑所包含的装饰、机电等部分，也均将实现标准化、模块化和装配化。新型建筑工业化将更有效地提升工程质量，提高建造效率，降低建设成本。

以甘肃敦煌文博馆项目为例，总建筑面积 28 万平方米，由会展中心、展览馆和大剧院三部分构成。新型建筑工业化改变了生产方式。敦煌文博馆项目从主体结构到装饰、内外墙、机电等部分，均实现了大规模工厂化生产、现场装配，装配率高达 86%。也就是说，只有百分之十几的工作在施工现场完成，绝大多数已经在工厂实现了预制。工业化建造方式减少原材料的浪费、避免扬尘，有突出的节能环保效应，也大大节省人力成本。

二是数字化。数字建造成为建筑业转型升级的重要途径，推动数字产业化和产业数字化，依托大数据、云计算、BIM 技术、3D 打印等新一代信息技术，推动建筑设计、建造、运维全过程、全要素向数字化、在线化、智能化的转变，同时带动工程项目全生命周期业务模式、管理模式、生产方式的优化，实现重构与升级。

建筑业还应推进以数字供应链为代表的数字服务。建筑业拥有 5000 多万名从业人员，几十万家企业，关联着国民经济的 50 多个行业，2000 多个种类，以及 3 万多种规格的产品。这样一个庞大的行业，只有具有供应链管理的思维，才能实现精细化管理。一些互联网企业、金融企业已经开始跨界融合，推出数字化供应链平台。未来，建筑业将遵循“平台化发展、产业链共赢”的模式，构建产业发展的生态圈，创造全产业的数字服务。

三是绿色化。绿色发展是贯彻中央新发展理念的必然要求，也是落实“双碳”目标的重要举措。建筑业是我国实现“双碳”目标的关键行业。绿色建造主要聚焦在施工阶段，通过科学管理和技术进步，实现“节能、节地、节水、节材和环境保护”。绿色建筑聚焦建筑产品本身，从设计阶段到使用阶段，实现建筑全生命周期的“绿色”。目前，我国的绿色建筑面积已经超过 10 亿平方米。被动式建筑、零碳建筑也已经不是新鲜事物，技术的进步推动建筑产品的迭代更新。

同时，在建设领域要积极推广应用绿色建材、绿色施工技术、绿色建筑产品等。从建筑材料的生产、建筑施工的全过程和建筑物使用的节能减排，全生命周期各环节均按节能减排标准，形成绿色建筑生态系统，用绿色生产方式生产绿色建筑产品。同时，大力推动设计施工一体化的 EPC 总承包，提升行业节能减排效率。

“未来已来”，建筑业正处在前所未有的转型升级的关键时刻。建筑行业应抢抓机遇，不断推进工业化、数字化、绿色化转型升级，为继续改变中国的面貌，满足人民群众对美好生活的向往，实现我国由“建造大国”向“建造强国”的跨越贡献力量。

建筑产业元宇宙　重构建筑产业新生态

文 / 刁志中

广联达科技股份有限公司董事长

随着数字技术的迅猛发展，社会加速步入数字化新时代。数字化时代的新变化是“三元世界”的共生发展。在原来的意识世界和物理世界之间，将构建一个新的数字世界，意识世界的构想和物理世界的实体都通过数字化，形成数字虚体，通过对数字虚体的模拟仿真和推演，理清运行规律，获得最优方案；然后通过映射，虚实互联，驱动和操控物理世界中的实体运行。

同时，物理世界不断地将信息与数据反馈给数字世界，加速数字世界的自我学习和进化演进。可以说，以数字世界为纽带的“三元世界”，让人们认识和改变世界的能力大大提升，成本大幅降低，进程进一步加快。

作为“三元世界”典型代表的元宇宙，将开启数字化发展的新纪元。而建筑产业元宇宙的发展，不仅是生产力的升级，也必然影响生产关系，重构建筑产业新生态。建筑产业元宇宙下的产业新生态，是“产业＋数字”的双生态。建筑产业元宇宙的新认知、新场景、新生态值得思考和探索。

建筑行业元宇宙带来哪些新认知

元宇宙是现有数字技术的集大成者，可理解为“3D 版的互联网”，具有可持续运行、沉浸式体验、开放交互以及既映射于现实世界又独立于现实世界的特征。而产业元宇宙是元宇宙在产业领域的具体场景落地，其中在汽车制造、飞机制造等工业制造领域，工业元宇宙的应用已经在数字样机与数字孪生制造的场景体现。

元宇宙对建筑产业到底有怎样的意义？举例来说，现在大多数情况下，我们还是按照图纸直接进行实体工程的建设，如果产生问题也是不可逆的，毕竟拆了重建的代价太大，最终让建筑成为遗憾的艺术。而在元宇宙时代，采用三维 BIM 等技术把设计想法形成建筑信息模型，进行模拟仿真和分析优化，获得最佳的设计及建造方案，再进行实体工程的建设，从而以更小的成本、更高的效率交付品质更优的建筑。

技术革新的速度越来越快，不确定性将进一步增大，但“人民对美好生活的向往”这一奋斗目标始终没变，这也是驱动社会发展的主要动因。

在工业时代，产品或服务的个性化需求与生产供应的能力相矛盾。大众化商品总是千篇一律，量身定制的商品是少数人才能够享用的奢侈品。随着社会的发展，这一矛盾凸显。

在元宇宙时代，这一矛盾将得以缓解乃至消除，建筑产业元宇宙将以“多、快、好、省”的供给满足人们“多、快、好、省”的需求：“多”体现在让消费者有更多的选择，“快”指生产和交付快，“好”是沉浸式体验和建筑产品带来更高品质，“省”是价格适中、成本更低，从而让人们有更充分的获得感和幸福感。

“数字建筑”构建怎样的建筑产业元宇宙新场景

“未来已来”，驱动产业转型升级的“数字建筑”将构建建筑产业元宇宙新场景，实现建筑的全过程、全要素、全参与方的数字化、在线化、智能化，将构建项目、企业和产业的平台生态新体系，从而实现新设计、新建造、新运维为代表的产业升级终局场景。

场景1：在建筑产业元宇宙中，通过数字建筑平台，“多、快、好、省”地实现规模化个性定制，为业主提供个性化的住宅产品和服务。

我们经常看到“买房子，其实就是选择一种你想要的生活方式”这样的广告语，然而现实是只有几个标准户型、几种装修风格供业主选择，无从体现每个人的生活方式。

在数字化时代，数字建筑将开发商盖房子、消费者买房子的传统模式，转变为消费者先定制，开发商再建造的新模式。消费者通过“数字化样品”，以VR、AR［注：VR全称为Virtual Reality，虚拟现实技术；AR全称为Augmented Reality，增强现实技术］等可视的交互式体验，在元宇宙中直接参与设计，从数字化的部品部件库中选择家具和材料，灵活配置居住空间、软装和硬装。开发商通过“数字模型”将消费者这些定制需求接收，基于数字建筑平台整合产业链的上、下游，通过网络化协同完成房屋的建设与交付，多快好省地规模化满足人们对居住的个性化需求。

这些场景在与广联达（全称为“广联达科技股份有限公司”，以下简称“广联达”）合作的百强地产企业景瑞地产的项目中进行了积极的实践，目前平台上已提供近300个品类的数字部品部件定制，选装率达到75%。

场景2：就生产过程而言，在建筑产业元宇宙中，通过数字建筑平台，将实现未来房子“建两遍”，交付两个“建筑”。

传统的建造方式，项目各阶段彼此割裂、缺乏协同，设计阶段未充分考虑到施工的可实施性与运维阶段的实用性，造成大量返工、延期和成本超控。

在建筑产业元宇宙中，未来每套房子将“建两遍”，先全数字化虚拟建造一遍，再工业化实体建造一遍。在虚拟建造过程，参建各方通过数字建筑平台进行智能设计、虚拟生产、虚拟施工和虚拟运维的全过程数字化打样，交付设计方案最优、实施方案可行、商务方案合理的全数字样品；再通过基于数字孪生的精细化到工序级的精益建造，在物理世界中建造出工业级品质的实体建筑，做到项目浪费最小化、价值最大化，将建造提升到现代工业级精细化水平。

项目竣工时，为业主交付两个“建筑”，即物理实体建筑 + 数字虚体建筑。借助数字虚体建筑可随时追溯建造过程的各类信息和数据，为后期运维提供信息模型和数据支撑，保障建筑全生命周期健康、高效运行，同时应用区块链技术将保障数字虚体建筑作为数字资产的有效性与合法性。

在建筑产业元宇宙中，通过数字建筑平台实现数字孪生建造，并交付工业级品质的建筑。依托数字建筑平台的项目大脑，用数据和算法来驱动工程现场智能作业与高效协作。施工现场生产要素全面感知与 BIM（Building Information Modeling，建筑信息模型）技术实时互联，最优化配置生产资料，实现智慧工地。

这些场景，在广联达（西安）数字建筑产品研发大厦中也做了部分实践。依托数字建筑平台，通过数字化精益设计，实现全数字化打样，并且围绕大厦的办公使用需求，进行以终为始的“逆推式设计”。

在施工过程，通过数字化精益施工，将管理粒度细化到工序级，计划排程到末位级、时间精确到小时（甚至分钟）、任务执行最小到工序，“图纸模型”细化到构件级的精益建造。

依托数字建筑平台，通过施工现场“人、机、料、法、环”等各关键要素的全面感知和与 BIM 信息模型的实时互联，最优化配置生产资料。用数据和算法来驱动现场作业，大幅提高生产效率，避免安全事故，提升施工质量。

陕西建工集团在远程生产指挥调度方面，也充分体现了在建筑元宇宙中企业对项目管理与调度的场景。基于数字化生产智慧调度平台，利用“模型 + 数据 + 视频会议 + 无人机 +AR 全景”的组合方式，实现了集团对项目的监管“五有”，即“有数据、有图、有画面、有声音、有真相”，提升了企业对重大项目的管控力度与管控效率，提高了集团生产经营分析与决策水平。

场景 3：在数字化时代，房子交付给业主并不是结束，而是服务的开始。在建筑元宇宙中的新运维，就是虚实融合的智慧化运维。

在运维阶段，通过分布在建筑物中的物联网等智能设备，实时采集数据，映射到数字信息模型，模型利用采集的业务数据，通过 AI（Artificial Intelligence，人工智能）算法，精准控制物理建筑中的智能设备，为使用者提供精准运行、预测性维护等智能化服务，在大幅提升使用体验的同时，显著降低运营成本。

对于新运维场景，万达集团做了很好的实践。借助 BIM+ 慧云系统，实时获取建筑内外部环境、人员行为、设备设施运行状态等数据并映射到 BIM 模型上，可清晰明了地知道各类设备及隐蔽工程的线路、位置与状态。由大数据驱动的人工智能，可以自动优化设备设施的运行策略，使设备保持良好的运行状态，并提前预判设备的故障隐患，驱动运营服务单位及时提供主动式维修服务，在降低运维成本、提升管理效率的同时，还能避免因设施故障对业主的生活与工作带来影响。

建筑产业元宇宙中的新运维应用场景还体现在“数字家”上。房屋交付后，消费者通过“数字家”，以 AR、MR（注：MR 全称为 Mixed Reality，混合现实技术）等增强现实与混合现实的交互式体验，直接从数字化的部品部件库中选择中意的家具和材料，与实体空间相互融合，随心配置，所见即所想地绘制自己的“家”。将选中的产品直接链接电商后一键下单，消费者足不出户，即可实现家居定制产品送到家。

重构怎样的建筑产业元宇宙新生态

建筑产业元宇宙的发展，不仅是生产力的升级，也必然影响生产关系，重构建筑产业新生态。

建筑产业元宇宙下的产业新生态，是“产业＋数字”融合发展的双生态。建筑产业元宇宙下，数据成为关键要素，大数据、人工智能等数字科技成为核心驱动力，特别是随着 BIM、AI 辅助设计、智能建造等成为高频词，数据驱动、数字科技赋能建筑产业发展成为必然，大量的科技类公司入局建筑产业，为建筑产业带来了数字化的生态力量。这些生态力量融合建设方、设计方、施工方、供应商等产业生态，共同组成了建筑产业的新生态。

构建建筑产业双生态，需要两类主体通力协作，共创共赢。一类是产业运营者，如深耕建筑业的建筑实体企业，产业积淀深厚，代表了产业的最高生产力，是产业生态的核心主体，还有建筑企业的科技运营公司，是建筑企业进行数字化转型的内部承担者；另一类是数字化使能者，比如与建筑产业相关的科技企业、各类平台服务商、应用服务提供商等，虽不具备建筑产业积淀，但拥有赋能数字化转型的技术优势。两类主体优势互补，通过生态融合与协作，共同创造价值，形成资源共享、共生发展、多方共赢、无人受损的建筑产业新生态。

建筑产业的发展与社会进步的方向是一致的，就是充分满足人们对美好生活的追求和向往，规模化实现个性化服务，将“零和”博弈转变为共生发展的产业新生态。而建筑产业元宇宙，将成为打开新时代大门的“那把钥匙”。

我们坚信，建筑产业元宇宙将让建筑产业的未来更加美好。

建筑业如何抓住国家战略及政策红利

文 / 贾康

华夏新供给经济学研究院创始院长
蓝迪国际智库专家委员会成员

当前，宏观经济运行大环境下短期内的最突出、紧迫的主题，就是要按照国务院的部署，刻不容缓地稳住经济大盘。我的理解：这是在面对一系列不确定性因素的冲击之下，我们要积极、努力地掌握好确定性因素。说到稳住经济大盘，言下之意，目前的大环境依然存在着经济的低迷和明显的下行压力。2021 年中央经济工作会议，专门对此有一个表述，我们面对“三重压力”的叠加，即需求的收缩、供给的冲击和预期的转弱。

面对当下的情况，我们需要通盘考虑，种种不确定性之下我们的确定性要抓什么。中国古人在思维方面很推崇的一个概念叫作“取势”，就是要看大势。将眼下的问题和未来的问题由近及远放在一起，“取势”要在看清大势以后乘势而上，这样才能够把握好所谓的机遇，和机遇之下隐含的确定性因素。种种的不确定性叫偶然性，偶然性的背后还有我们必须理解的必然性，那就引到了另一个概念——“明道”。我的看法，就是要理解和洞察规律性。像我们建筑业，取大势，肯定是要跟着国民经济总体的发展、跟着国民经济的成长性走。“明道”是什么呢？就是在整个国民经济发展和我们建筑业发展这个视野之下，认识到它有它的规律性，我们要努力理解和认识这方面的规律性。所以，从短期看到中长期，在复杂纷繁的各种因素交织的情况之下，我们要看到，还是有我们应该把握的确定性的，我把它称为——最基本的客观的确定性，即中国经济还有相当可观的“成长性”。中国必须在改革开放、大踏步紧跟时代的道路上，按照中央部署的“两步走”战略安排，去实现现代化伟大的民族复兴目标。这个发展过程中，它的内涵，正如孙中山先生当年所说的，世界潮流，浩浩荡荡，顺之则昌，逆之则亡。我们的发展，必须顺应人类文明发展的主潮流。那么这种只能顺应、不能违拗的主潮流是什么？我从事研究几十年，觉得至少可以把它概括为工业化、城镇化、市场化、国际化，以及现在新技术革命中尤其是数字经济发展所代表的高科技化、信息化。如果说得更全面一点儿，在“五位一体”总体布局里，还应包括政治建设方面的法治化、民主化。这几大潮流，首先是以工业化表现出来的一个发展和增长过程。中国作为一个拥有古老文明的国家，就是在西方国家全面进行工业革命以后落伍的，这之后的一百多年的奋斗中一直在急起直追。现在中国的工业化走到什么程度了呢？总体来说，在全中国其实只是走到了工业化从中期向中后期、向后期转变的过程，绝对不是有人所说的工业化已到后期。在中国沿海某些高地，工业化有后期特征；但更多的沿海洼地，广袤的中西部，你放眼望去，一般就是处于工业化中期，甚至有的地方还是初期。全中国总体的工业化处于从中期向中后期、后期转变这个过程。做出这个判断，表明这个理性认识是符合实际的——中国仍然是世界上最大的发展中经济体，我们的国际地位没有变。这样一个工业化发展中间的状态，它的认定，伴随着另外一个非常重要的指标——中国的城镇化状态。工业化、城镇化发展过程中，它们之间的关系非常紧密——城镇化水平在某种意义上可以印证工业化发展程度。中国现在的城镇化是什么水平？绝对不能只看常住人口城镇化率65%左右，而是应特别注意前面那个低得多的户籍人口的城镇化率，只有46%左右。换句话说，14亿中国人里的大多数，还没有取得市民身份，前面改革开放几十年中已经“进城”的3亿左右的人，被称为“农民工”和他们的家属，他们还无法享受基本公共服务均等化的待遇。在“北上广深”（注：北京、上海、广州及深圳）这样的一线城市，政府如果稍微有一点松动态度，在户籍管理上稍微有一点儿放松的口风，外面会有潮水一般的人要涌进这些地区，当地政府是完全招架不住的。这一方面表明我们的发展仍然不足，另一方面表明我们后面进一步发展的空间还相当可观，中国工业化和城镇化相伴而行，在今后的发展过程中，我们如果坚定不移按照改革开放的既定方针继续推进市场化进程，建立更完善的统一大市场，继续发展高水平的对外开放，拥抱全球化；同时实现数字化、高科技化、信息化。我们发展的纵深是什么？就是未来，前面“进城”的3亿人要让他们尽快取得市民身份，后面几十年，还差不多有4亿人要从农村转至城镇，要让他们更便捷地成为市民，会有一轮一轮建成区的扩大和新区的建设，一轮一轮的基础设施建设，我们建筑业的用武之地、我们建筑业界的舞台会进一步展开，一轮一轮的产业互动、产业升级，一轮一轮的人力资本培育，这些在中国大地上，以及在中国和外部世界更好的供需互动的过程、双循环的过程中，表现为一个只有大国模型才能描述的需求释放和供给回应的过程。这个经济循环的过程，如果处理得好，我们自己不犯低级错误的话，是有望一步一步利用这个成长性潜力释放的空间，以我们所追求的中高速——其实也就是如美国这样的大国满意的速度的两倍数值，比日本、欧洲发达国家满意的速度还要高3倍左右的数值，不断缩小和发达经济体之间的差距。这是一个大势，我们建筑业的朋友如果看清楚这个大势，就会知道，其实中央和管理部门反复所说的，建筑业是国民经济的支柱产业这个判断，是由客观规律决定的。取势而明道，我们建筑业界首先要将这样一个客观规律铭记于心。我们建筑业进一步发展对应着中国推进工业化、城镇化，伴随着市场化、国际化、信息化，因而一定会大有用武之地，为民族复兴，为人民美好生活愿望实现，做出我们建筑业的贡献，有我们自己的广阔舞台。

在实际生活中，从当下稳经济大盘对应到现在最高决策层所要求的保持经济运行在合理区间，大概的量值是什么？作为研究者我想描绘一下：请注意在中央提出“十四五”发展规划和2035远景目标规划，把眼光放到15年的指导方针形成建议之后，又有习近平总书记对建议的说明（这是公开发表的）。习近平总书记在里面专门说到，地方和部门纷纷要求在这个建议中写入未来我们这15年时间段里整个经济增长的量值指标。经过反复测算研究后，我们认为很有希望在“十四五”的末期，使中国的人均国民收入达到现行标准的高收入经济体的水平（这句话意味着，“十四五”之内我们有望跨越“中等收入陷阱”）；紧跟着的一句话，在2035年，我们很有希望使中国的经济总量（折为人均GDP），比2020年全面小康之年再翻一番。学者按这样一个说法，15年间折为人均的GDP再翻一番，测算出来的这样一个保障速度，是4.9%左右，接近5%。那么我们就要有一个考虑，这个增长速度按照一般的发展规律来看，基数越高，它的速度量值的重心越低，我们要准备“十四五”这个重心还相对比较高，“十五五”往下落一落，“十六五”再往下落一落，那么15年接近5%的增长速度，落到“十四五”期间，应要求我们5年下来年均增长速度5.5%~6%的区间，是比较合理的。这样，就可以理解为什么我们在2022年两会上提5.5%左右。潜在增长经济率，学者们测算一般认为现在我们还可以看到接近6%或者6%左右，要准备在“十五五”期间，这个速度落到5%左右，“十六五”再落到5%以下，这样整个15年算总账，我们可以达到5%左右这个保障速度。以上的粗线条的测算，我认为也是与我们确定性相关的一个因素——如果我们自己掌握得比较好，这应该是个大概率的推进过程。

在对国家战略的理解方面，我们要特别注意领会中央所说的“新发展格局”，“以国内大循环为主体，国内国际双循环相互促进”里面的新意。“新”在我们要更好利用本土的潜力释放，中国的国土开发、整个不动产建设过程中间，建筑业一定是潜力释放的一个非常重大的领域，一定是我们表现自己特定贡献的广阔舞台。和城镇化建筑业的发展空间紧密关联在一起，我们可做的事情在实际生活中间，城乡俯拾皆是、可圈可点。当然，要有高水平的顶层规划，来对接我们广大微观主体的自主创新，包括我们建筑业的市场主体，以及建筑业要得到相关服务的各种专业机构、专业团队。在这个发展大势演化的过程中，中央特别强调构建统一大市场。对这个“统一大市场”具体的理解，我想特别强调它的五项基本内涵：必须统一对所有的合法产权一视同仁地加以保护，这是中国法治化的基石；必须使所有的生产要素能够充分自主流动，消除壁垒，消除市场的分割，这是它的规范性、统一性；必须以高水平的全面开放对接国际大市场，这个统一大市场绝对不是闭关锁国、只讲我们国内；必须是以改造城乡分治传统格局来弥合二元经济的推进过程，表现为使所有的国民在基本公共服务均等化这方面得到最终一视同仁的待遇；这个统一的规范性，主要是落在高标准法治化营商环境和公平有序的竞争这样一个我们社会主义市场经济的完善过程中。

现在应该看到，我前面反复强调的更广阔的舞台在建筑业面前展开，不仅是国内，也包括“走出去”。我看到有信息披露，美国《工程新闻纪录》杂志发布的2020年度全球最大250家国际承包商（指的是工程承包商）排行榜中，中国内地一共有74家企业入选，实现海外市场营收1200亿美元以上，占259家国际承包商海外市场营收总额的25.4%，已超过1/4。所以，中国人的统一大市场不仅限于国内，一定要放眼全球。

接下来，我要正面来说一下怎样随国家的战略，在不确定性中把握确定性，克服种种困难和干扰，来争取伴随着战略的贯彻而得到我们发展中的政策红利。

第一，我认为建筑业的创新发展，要随着制度创新深化改革，来打开我们科技创新和管理创新的潜力空间。现在大家所熟知的数字经济发展是现在全世界整个发展创新潮流的最前沿的概念。20世纪90年代风行于中国的畅销书《数字化生存》，读下来懵懵懂懂，在一二十年过去之后的今天，大家实实在在地感受到数字化生存日新月异的发展，对我们当然既是挑战又是机遇。制度创新就是要真正能够在改革的“深水区”，进一步通过生产关系的自我革命，破除弊端，使我们的千千万万社会成员、千千万万企业家们的聪明才智、创造性，能够拥有试错创新充分发挥的环境和空间，拥有这样的科技创新、管理创新的潜力空间，自然就会跟着发掘出来。我们已经看到的数据中，在这方面由于有了改革的大环境，在2020年统计的101家建筑业上市企业研发投入这个概念之下的数据，是当年总计达到1600亿元，在全社会2.4万亿元的研发投入中占比达到6.5%左右；在当年中国企业总计大约1.8万亿元的研发投入中占比达到8.5%左右。在这个基础上，我们要继续鼓励，以改革的进一步深化调动我们建筑业内的千千万万企业市场主体，更积极地以长期主义行为增加研发，把我们建筑业的创新发展紧密结合着创新努力，形成“第一动力”，“核心”是创新发展，其他还包括协调发展、绿色发展、开放发展，最后落实到人民群众美好生活得到实现的共享发展。

第二，我想强调的是数字化转型。针对数字经济的产业化，中央还特别强调了新基建对它的支撑作用，是与数据中心、人工智能中心、5G、产业互联网等其他一系列的数字经济发展的重点相匹配的。数字化转型既是我们建筑业要做的事情，又是我们建筑业自身要跟上的以新基建支撑数字化升级发展的大潮流。数字经济的产业化，伴随着产业经济的数字化，我们建筑业显然需要数字赋能升级发展。有观点认为，中国建筑业的数字化、智能化，比大多数人想象中来得要快一些，并出现了一系列的概念，比如空中造楼机、空中建塔机、住宅造楼机、装配式建筑快速建造、装配式混凝土结构连接技术、工程智能装备、数字化钢筋加工、5G智能远控等技术，在绿色建筑、智慧建造、建筑工业化、节能环保、基础工程软件等领域，已经在中国大地上得到广泛应用。显然这还只是方兴未艾，我们要在数字赋能升级发展这方面，做更积极的努力，开创更好的局面。

第三，和数字建筑这个概念相关的新技术、新工艺、新建筑材料、新建筑模式的开发，要注意匹配国家绿色低碳等方面政策措施的倾斜支持。中央管理部门在这些方面，是有一整套政策倾斜清单的。当然，这些政策措施要真正落实，绝对不限于白纸黑字有依据，而在于怎样消除“堵点”，把这个贯彻产业政策、技术经济政策的机制，在创新过程中处理好。简单延续过去的一套，我觉得不足以支持我们建筑业的创新发展、绿色低碳发展，要更多注意政府管理部门以服务者的姿态，更好地在现实生活中间加强跟市场主体的信息沟通，及时反馈面对的现实问题而做出动态优化的政策规定及其贯彻执行。在实际生活中，高标准、法治化营商环境从上海自贸区开始，强调的就是在企业这边应该是负面清单，法无禁止即可为，海阔凭鱼跃，天高任鸟飞，不碰负面清单，就全是企业自己发挥聪明才智试错创新的广阔天地了；而政府这方面是正面清单，法无授权不可为，而且有权必有责，要有责任清单兜底。这个境界要达到，实话实说不容易，但是我认为需要我们的企业和政府管理部门以及政府的执行环节，更为积极地互动和沟通，一起促进配套改革。

实际生活中，在绿色低碳发展这方面，政府也非常鲜明地表示支持绿色发展。在全球范围内，建筑业被称为全球最大的原材料和能源消耗产业，而联合国有一个政府间气候变化专门委员会，定义全球四个主要的碳排放部门，就是工业、建筑、交通、电力，其中这个建筑领域的节能减排，是我们中国实现“双碳”目标即碳达峰碳中和目标关键的一环。在政府这方面，已经非常明确要进一步支持建筑行业低碳转型，打造低碳绿色城市，发展绿色节能建筑，扎实推进建筑行业节能减排和转型。在绿色低碳发展的过程中，一定要做“互联网 +”，也要有一个“建筑 +”的概念——比如建筑 + 能源，这方面涉及光伏建筑一体化，建筑企业参与新能源建设，加入储能运营等，还有建筑 + 智慧社区、智慧城市，建筑 + 产业行业的个性化定制和应用等。这必然带来数字经济给建筑业赋能中，我们建筑产业作为国民经济支柱产业这个确定性不变，而同时发展中这个系统工程需做重新定义，形成一种升级的产业状态。

这个方面，我还只提到一些概念，真正“取势”“明道”之后的“精术”，我认为我们的企业界人士、企业家和企业员工最有发言权之处，也就是掌握好大的方向之后，把“细节决定成败”的一切事情做到极致。

新视点：

打造“数字住建厅” 赋能行业治理数字化

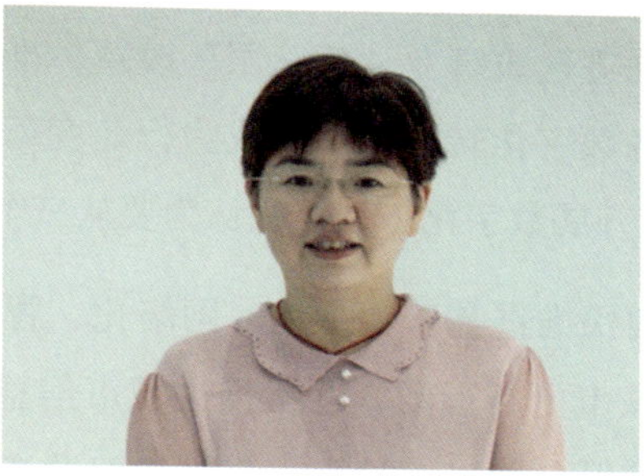

于静

住房和城乡建设部信息中心副主任

当前，全球正加速迈向数字时代。党的十九大报告提出的“数字中国”战略，已经成为我国数字化建设的纲领性文件。党的二十大提出加快构建新发展格局，着力推动高质量发展，“建设现代化产业体系，坚持把发展经济的着力点放在实体经济上，推进新型工业化，加快建设制造强国、质量强国、航天强国、交通强国、网络强国、数字中国”。

国家高度重视数字政府的建设，习近平总书记主持中央全面深化改革委员会相关会议时强调，要全面贯彻网络强国战略，把数字技术广泛应用于政府管理服务，推动政府数字化、智能化运行。为推进国家治理体系和治理能力现代化提供有力支撑。这为加强数字政府建设指明了方向。

▶▶▶ 聚焦城乡建设管理　实施行业数字化转型

贯彻新发展理念，深度推进建筑行业“放管服”改革，推动“大数据”战略，实现建筑行业监管与服务数字化转型，已经成为行业变革的主旋律。具体来说，建设行业主管部门如何开展数字化工作，我认为要从三个方面推进。

首先是城市运行方面。加快推进基于数字化、网络化、智能化的新型城市基础设施建设和改造，结合城市更新行动，逐步推进城市信息模型（CIM）平台建设，打造智慧城市的基础平台。实施智能化市政基础设施建设和改造，提高运行效率和安全性能。协同发展智慧城市与智能网联汽车，打造智慧出行平台“车城网”。推进智慧社区建设，实现社区智能化管理。推动智能建造与建筑工业化协同发展，建设建筑产业互联网。建立城市运行管理服务平台，提升城市建设水平和运行效率，努力实现城市管理事项“一网统管”。

其次是城市治理方面。运用数字化技术推动城市管理手段、模式及理念创新，加速实现大平台共享新设施、大数据慧治新能力、大系统共治新格局，全面提升城市科学化、精细化、智能化治理水平，切实提高城市风险防控能力。围绕城市规划建设管理全链条，形成“用数据说话、用数据决策、用数据管理、用数据惠民”的创新机制，加快实现城市信息资源汇聚、行业数据共享开放、社会大数据融合应用，加强跨层级、跨地域、跨系统、跨部门、跨业务的协同治理能力，构建城市治理新格局。

最后是城乡服务方面。充分运用数字化技术发展成果，不断满足人民对美好生活的向往，全面推广以“一网通办”为核心的惠企便民服务模式，构建线上线下相融合的住房和城乡建设服务体系，进一步提升城乡公共服务智能化水平，满足社会公众对城乡服务供给的多样化、个性化、精准化需求。

▶▶▶ 发挥数据要素价值 提升行业治理能力

数字化是政府建设的必由之路，数据是政府数字化的关键要素。经过多年信息化建设，目前我们建设行管部门已经具备一定的信息化基础，建设了大批业务系统和办公系统，不过也存在一些问题，比如由于数据共享不足、行业专业相对分散，出现“数据孤岛”、业务割裂等问题。在《国务院关于加强数字政府建设的指导意见》《“十四五”住房和城乡建设科技发展规划》等政策和规划的支撑下，我认为可以通过打造“七个统一”来实现。

一是统一数据中心。围绕住建领域“一套编码管到底”“数据一数一源”的目标，从数据层面进行融合，解决系统孤立、数据割裂的问题，依据数据标准，搭建统一的数据中心，实现数据资源统一管理和共享。

二是统一应用支撑。各类信息系统原则上应基于统一应用支撑能力来对接整合，实现统一支撑架构下各类业务与服务应用的融合叠加，提升资源利用率和复用率，降低建设成本和维护成本，提高平台整体可靠度和稳定性。

三是统一业务协同。应基于统一编码，以数据共享为驱动，推进业务流程再造，构建覆盖住房、建筑业、城乡建设、城市运行管理和村镇建设等领域的跨部门、跨层级业务协同与闭合处置的能力，提高管理效能和服务水平。

四是统一服务窗口。为满足个人和企业办事需求，集成整合住建各领域相关服务应用，全面推进以“一网通办”为核心的惠企便民服务模式的建设，提升服务智能化水平。

五是统一工作门户。建立统一 PC（Personal Computer，个人计算机）端和移动端工作门户，实现统一单点登录、待办集中推送和消息统一提醒等功能，确保“统一入口、业务通办、数据互通”，消除应用分散、多头登录等问题。

六是统一决策指挥。根据业务需求，对数据资源全面汇聚治理，并建立各类分析主题和模型，为决策者提供智慧决策支持，做到“一屏总览，一网统管”。

七是统一运维监测。对各类应用系统的使用情况、运行状态、接口状态以及相关基础设施资源的负载情况进行实时监控，并配套专项安全服务，确保系统安全稳定运行。

在2022年发布的《“数字住建厅”白皮书（建筑业分册·2022）》中也可以看到，“数字住建厅”以数据融合为基础，通过数字技术实现跨部门、跨业务、跨层级政府组织的融合基础应用，智能化服务于业务监管和领导决策，其典型特征即为连接、融合。通过打造“数字住建厅”充分发挥数据这一生产要素的关键价值，借此提升建设行业主管部门的数字化水平，目的是实现提升治理数字化水平，赋能行业高质量发展。

同时，还要关注一点，为解决数据滞后、不统一以及指标单一，无法直接、真实、准确反映市场监管和行业发展的问题，现在我们提出建设指标决策中心，需要注意的是，对住房和城乡建设部来说，关注的指数指标与业务监管职能要对应，我们重点关注四大类指标，分别是数字建设、数字住房、数字城乡、数字政务。更进一步，从建筑业来看，我们更关注三类指标，即行业总览指标、市场主体画像以及项目透视。

行业总览指标，是从行业发展的角度，综合和全面分析市场及行业发展态势、未来趋势等，以辅助决策。具体包括分析行业发展指数、市场景气指数、工程建造指数、创新能力指数、社会贡献指数等，全面呈现建筑业发展综合态势。

市场主体画像，是从市场主体角度，通过多数据源、多指标建构，形成企业画像、人员画像、信用画像，动态检视企业经营状态、人员执业状态、企业人员信用状况等，预警企业风险，营造规范、安全的市场环境。

项目透视，是从项目全过程角度，贯穿工程项目“从项目立项到竣工验收备案”的全生命周期监管，形成项目画像，直观展示项目动态信息，做到“一次监管，全面体检”。

▶▶▶ 构建数字化发展格局 赋能行业高质量发展

站在“十四五”新起点，数字技术正在成为全面推进政府治理体系和治理能力现代化的重要支撑。数字政府建设对加快转变政府职能，推动国家治理体系和治理能力现代化具有重要意义。2022 年，《国务院关于加强数字政府建设的指导意见》发布，进一步推动政府数字化进程。从具体政策上看，围绕住房和城乡建设系统，我们需要重点关注三方面。

一是数据方面。以推动数据开放共享、加强技术产品研发、深化应用创新为重点，加快建设数据、技术与应用协同发展的大数据中心，全面提升数据资源掌控能力、技术支撑能力和价值挖掘能力；加快制定信息资源相关标准规范、安全规范，构建行业信息资源目录动态管理机制，完善信息资源共享交换模式；聚焦当前重要工作和迫切问题，利用大数据分析技术，充分发挥数据汇聚共享价值，推进住房、建筑业、城乡建设、城市管理和村镇建设等领域的数据资源的开放共享，为决策指挥、业务协同、公共服务等提供有力支撑。

二是业务方面。面向城市高质量转型发展需求，全面推进政府履职和政务运行数字化转型，统筹推进住房、建筑业、城乡建设、城市管理和村镇建设等领域政务应用系统集约建设、互联互通、协同联动，创新行政管理和服务方式，全面提升政府履职效能，不断提升城市管理水平和治理能力。

三是安全方面。坚持安全可控作为发展前提，全面强化数字政府安全管理责任，落实安全管理制度，科学、严谨、有序地推进以网络安全为依托、感知安全为重点、数据安全为核心、应用安全为导向、安全机制为保障、安全标准为规范的住房和城乡建设信息安全体系建设，加强关键信息基础设施安全保障，强化安全防护技术应用，切实筑牢数字政府建设安全防线。

在准确把握和深刻领会中央全面深化改革委员会第二十五次会议审议通过的《关于加强数字政府建设的指导意见》内在要求的基础上，统筹考虑短期目标与远景发展方向，科学谋划、积极推进创新工程，大力推进住房和城乡建设数字化、网络化、智能化，加快实现大平台共享、大系统共治、大数据慧治的数字化格局，促进城市建设更加有序、城市管理更加精细、政务服务更加便捷、行业管理更加高效，以数字化赋能住房城乡建设事业高质量发展。

第 2 篇

新布局　驱动发展

当今世界，“百年未有之大变局”与世界范围的新冠疫情交织叠加，前行路上仍然充满各种风险与不确定性。如何突破现状，为产业高质量发展注入新动力已经成为行业同仁面临的共同课题。随着数字化转型的浪潮席卷而来，激活传统产业转型发展的“一池春水”，越来越多的企业认识到，面对大变局带来的不确定的未来，系统性数字化已经成为重塑企业掌控力和拓展力的关键变量。把握新一轮科技革命和产业变革机遇的关键在于，必须转变传统发展方式和发展思路，全面推进系统性数字化变革，重塑企业核心竞争力。让我们走进数字化转型先锋企业，看它们在数字化转型过程中，如何在巩固发展主业的同时，修炼数字化“硬核”能力，引领数字化转型新征程，推进“建筑大国”向“建筑强国”的转变。

建筑产业深刻变革中的关键问题

文 / 王铁宏

住房和城乡建设部原总工程师、办公厅主任兼新闻发言人，中国建筑业协会原会长

建筑产业是国民经济的重要支柱产业。面对“百年未有之大变局”，建筑产业正经历着深刻、复杂而全面的变革，迫切要求我们从战略高度准确识变、科学应变、主动求变，以历史唯物主义观点把握好深刻变革中的大趋势和大格局，以辩证唯物主义观点把握好深刻变革的主要矛盾和矛盾的主要方面。

把握好市场模式深刻变革中的关键问题

推行设计施工总承包（EPC）模式是市场模式改革的突破口。从微观经济学的基本原理来看，设计施工总包单位可单独或与业主共享优化设计、降低成本、缩短工期所带来的效益，有动因既讲节约又讲效率，从根本上解决公共投资项目超概算、超工期严重，以及腐败时有发生的问题，是公共投资项目特别是房屋和市政基础设施项目供给侧结构性改革的重要推进。实践表明，一般可节省投资 10%~15%，缩短工期 10%~30%，质量也能得到有效保证，在节约资源、节省投资、缩短工期、保证质量安全等方面显示了明显优势。

需要关注的是，在 EPC 模式基础上更深层次的改革，即 PPP 模式（政府和社会资本合作模式）。EPC 的关键在于形成真正意义上优化设计、缩短工期、节省投资的甲乙双方理性契约关系。PPP 则是更深入的改革，是投资方式改革的深化，必然推动公共投资项目全面提高投资质量和效益的深入改革。可以断定，真正意义的 PPP 必然需要 EPC，真正实现 EPC 则必然需要建筑产业综合技术的全面创新和提升。相信这将会是经济新常态下转型发展的必然要求，也是供给侧结构性改革创新的必然要求。

大型企业特别是央企、国企一定要打造全新的核心竞争力，就是要证明，PPP 项目就是比不是 PPP 的项目更好、更省、更快，关键在于建筑产业供给侧结构性改革能否跟上，紧扣 PPP 与 EPC 的结合，把握两者之间的逻辑与辩证关系。

习近平总书记指出，“抓住了创新，就抓住了牵动经济社会发展全局的‘牛鼻子’”。要“抓住突出问题和关键环节，找出体制机制症结，拿出解决办法”。

把握好“双碳”目标中的深层次问题

“双碳”（即碳达峰碳中和）目标的提出，特别是《国务院关于加快建立健全绿色低碳循环发展经济体系的指导意见》的发布，将加快我国调整优化产业结构、能源结构、倡导绿色低碳的生产生活方式。

21 世纪初我国即提出“三大节能”战略，其中建筑节能的占比最大，约占全社会总能耗的 43%。如果建筑能耗这个碳排放大户不能得到有效控制，并早日实现碳达峰，那么实现“双碳”目标就无从谈起。

与此同时，新情况、新问题又产生了，即随着生活水平的不断提高，人们有了新希望、新要求，需要新的获得感、幸福感，特别是广大的夏热冬冷地区群众迫切希望既要冬季供暖，又要夏季制冷，还要梅雨季除湿，这是客观事实，不以人的意志为转移。涉及 12 个省市的全部或大部分区域，还涉及另外 6 个省市的小部分区域。这个问题如果不解决好，人民群众不满意，碳达峰碳中和目标也难以实现，这是一个结构性矛盾，必须下狠功夫、真功夫加以解决。如何解决？走“三北”（即东北、西北、华北）地区传统的集中供暖老路肯定不行，碳达峰时间点要大大延后，地方财政难以承受，人们还要担负供暖基础设施配套费和每年的供暖费。自采暖也不行，能耗一样高居不下，人民群众的热耗费也高居不下。唯一可行的办法就是发展超低能耗建筑。为此，《中共中央　国务院关于完整准确全面贯彻新发展理念做好碳达峰碳中和工作的意见》明确，要大力发展节能低碳建筑。持续提高新建建筑节能标准，加快推进超低能耗建筑等规模化发展。

发展超低能耗建筑是建筑率先实现碳达峰碳中和的根本之策。一是建筑用碳峰值降低，二是峰值时间点提前，三是峰值后的下降幅度增加。发展超低能耗建筑是在建筑节能和绿色建筑基础上的更高质量、更高水平的重要举措，其核心技术就是三方面：一是更高质量的墙体保温技术，二是更高水平的隔热技术，三是更高效率的新风系统。关键是有效控制在建筑节能和绿色建筑基础上的新增成本。

实现建筑产业“双碳”目标，还有一个问题必须未雨绸缪、加快研究，即“建筑碳排放计量与评价体系”。《中共中央　国务院关于完整准确全面贯彻新发展理念做好碳达峰碳中和工作的意见》要求，要逐步开展建筑能耗限额管理，推行建筑能效测评标识，开展建筑领域低碳发展绩效评估。我国的工程项目设计原则，首先是安全，其次是经济，下一步是减碳。建筑产业是碳排放的最大产业，除了运行碳排放（约 23%），就是建造碳排放（约

20%），包括建造所用建筑材料和材料运输的碳排放以及施工组织过程中的碳排放，其中材料碳排放是大头。有关研究团队对“建筑碳排放计量和评价体系的研究”已开展多年，正在从工程量计算到碳排放因子计算，从制定建筑碳排放设计指南到设计标准，再到设计软件的研究。

把握好绿色化与数字化深刻变革中的关键问题

中共中央、国务院于2016年2月印发的《关于进一步加强城市规划建设管理工作的若干意见》指出，要大力推广装配式建筑。我们要从国家战略层面认真回答两个深刻问题，即中国为什么要发展装配式建筑和如何发展装配式建筑。

全面推广装配式建筑，上海市引领了发展方向。概括其主要做法就是倒逼机制+鼓励和示范，成功经验就是真明白、真想干、真会干，根本原因就是市委、市政府决策领导有把发展装配式建筑这件大事做好的坚定意志。一是市委、市政府主要领导非常重视，二是在土地出让合同中明确相关要求，三是出台鼓励政策，四是建立并逐步完善了标准规范体系和图集，五是充分发挥示范的引领作用。

发展装配式建筑，建筑业企业家要回答好四个问题：第一，到底要不要发展装配式？第二，准备发展什么样的装配式？有PC（Precast Concrete，预制混凝土）装配式、全钢结构全装配式。第三，准备以哪个城市为中心发展装配式，装配式是有运输半径的，任何企业都不可能包打天下，只能是抢抓重点城市。第四，怎样更好地发展装配式？把政策用足，把关键技术把握好，把产业联盟发展好。突出体现在装配式+BIM、装配式+EPC、装配式+超低能耗这“三个绝配”上。下一步，装配式+AI智慧建造将是一个新的广阔领域。

习近平总书记指出，要抓住产业数字化、数字产业化赋予的机遇。

关于产业数字化，当前突出的就是项目级BIM，企业级ERP（Enterprise

Resource Planning，企业资源计划），再加上企业级数字中台。要深刻认识到BIM 应用中存在着四个关键问题。第一是自主引擎，即“卡脖子”问题；第二是自主平台，即安全问题；第三是贯通问题，强调全过程共享；第四是价值问题，这是核心要义。企业级 ERP 应用就是要全面打通集团公司、号码公司、区域公司和项目，不但打通层级还要打通管理、财务、税务三个系统，实现数据共享，这是又一场革命。关于 ERP 也要关注自主引擎问题和自主平台问题。

关于数字产业化，突出的就是抓好在 BIM 基础上的五个“+”问题：+CIM（注：城市信息模型），即智慧城市；+ 供应链，发展供应链平台经济；+ 数字孪生；+AI 智慧建造，要强调是装配式的工厂智慧化 + 现场智慧化，是结构 + 机电 + 装饰装修全面智慧化；+ 区块链，将会是建筑产业诚信体系的一场革命。

在数字产业化中，+AI 即建筑产业的智慧化发展将是一个更广阔的蓝海，但是必须审慎把握准其发展逻辑。第一个逻辑是关于智慧建造的应用基础问题，把握好“来龙”。从绿色化与数字化发展趋势分析，应把握好装配化 +，即装配化 +EPC、+BIM、+ 超低能耗、+AI。其本质是在市场模式深刻变革下的绿色化 + 数字化。

第二个逻辑是智慧建造的更高目标问题，把握好“去脉”。一定是装配化 +AI，包括结构—机电—装饰装修的全装配化 + 工厂智慧制造、+ 现场智慧建造。装配化 +AI，一定是在 BIM 基础上，与 CIM、数字孪生、供应链平台、区块链技术深度融合，真正实现中国制造、中国创造、中国建造的“三造”合一。由此，现阶段的“BIM+ 智慧工地”仅仅是建筑产业智慧建造的初级阶段，向何处发展是一个重大逻辑问题，是向传统建造 +AI 还是向装配化 +AI 发展必须深刻把脉。

第三个逻辑是智慧建造要把握好的关键问题，为业主创造价值，为自身创造价值，并支撑“未来已来”的智慧城市 CIM 建设。创造价值思考，一是装配化的工业化思维一定会创造价值；二是与市场模式深刻变革的关系，与“双碳”目标的关系、与数字化系统应用的关系、与未来预期思维的关系等全面价值创造。

综上，建筑产业的数字化和低碳化发展是一个大背景，也是大格局、大思维、大战略问题，我们必须做到情况明、决心大、方法对。

建筑业数字化转型的道与术：“三造”融合“四化”协同

文 / 毛志兵

中国建筑股份有限公司原总工程师、中国建筑业协会专家委员会常务副主任、中国土木工程学会总工程师工作委员会理事长

当前恰逢百年未有之大变局，产业竞争、科技竞争、金融竞争形势错综复杂，如何稳步推进国家和行业高质量发展成为重大的挑战。

建筑业是国民经济的支柱产业，既面临固定投资增速放缓、从业人口减少、节能环保要求、居住品质提升等外部需求变化，又面临发展方式亟待转变、劳动生产力不高、数字化转型缓慢等现状。如何推进建筑业变革发展和企业数字化转型？如何构建建筑业高质量发展新格局？本文站在建筑业发展视角进行分析，探索高质量发展路径。

把握五大发展趋势，构建高质量发展新格局

众所周知，推动建筑业高质量发展直接关乎国计民生。面对当下格局之变、科技之变、产业之变、竞争之变、社会之变，我们必须把握新时代建筑业发展的总体方位，把握建筑业在构筑新发展格局中的作用和高质量发展的内涵。

从长期看，我国未来经济发展的主要动力仍然来自新型城镇化发展。新基建的关键在于要精准对接新型城镇化的有效需求，以新城建带动新基建。建筑业要发挥国民经济“支柱”作用、全产业链“拉动”作用、对外经济“助推”作用、社会发展“稳定”作用和新基建应用“主战场”作用。未来，以新发展理念为统领，将形成“以新型城镇化为主战场，以建筑业与新基建协同共促为方式”的新城建模式，实现全面高质量发展。

建筑业高质量发展集中体现为“资源节约、环境保护、过程安全、精益建造、品质保证”，最终实现价值创造。需要关注五个发展趋势：一是业态变化，建筑业已开始向工业化、数字化、智能化方向升级；二是生态变化，建筑业需要注重绿色节能、低碳环保，需要与自然和谐共生；三是发展模式，建筑业“增量市场”逐年缩减，“存量市场”将成为新的“蓝海”；四是管理要求，建筑业质量标准化、安全常态化、管理信息化、建造方式新型化；五是协同发展，建筑业需要同产业链上下游企业、关联行业加强融合发展。

在创新驱动的时代下，我国建筑业将以绿色发展为核心，以提升品质为路径，以深化改革为抓手，以转型升级为标志，沿着提升品质、深化改革、转型升级、创新创效的主线，迈入行业高质量发展的新时代。

“三造”融合，“四化”协同，探索高质量发展路径

建筑业高质量发展体系庞大，关键在于如何进一步解放生产力和改善生产关系，即推动生产方式的转型升级。对中国建筑业而言，高质量发展的根本路径在于抓住“三造”融合创新，驱动高质量发展；统筹“四化”协同发展，推动建造方式变革。

“三造”融合创新是行业变革的关键支点。对建筑业而言，如何借助中国制造、中国创造、中国建造这“三造”融合来推动技术创新与行业变革，将是建筑业实现高质量发展的最根本路径。“制造 + 创造 + 建造”的“三造”融合创新是建筑业行业变革的关键支点，是建筑业生产方式变革的内在基因。需要着力推动现代工业技术、信息技术与建筑业的融合创新，寻找建造艺术与建筑技术的完美契合点，探索“研发 + 设计 + 制造 + 服务”高度集成的新生产与服务体系，是当前建筑业变革的决定性因素，可以创造更广阔的新技术应用场景。

“四化”协同发展是建筑行业变革的核心标志。在当前新材料、新装备、新技术的有力支撑下，工程建造正以品质和效率为中心，向绿色化、工业化和智慧化程度更高的“新型建造方式”转变，并与国际化相融合。绿色化、工业化、智慧化、国际化的“四化”协同发展代表了行业生产方式转型的根本方向。

新型建造方式以绿色化为目标、以智慧化为技术手段、以工业化为生产方式、以工程总承包和全过程咨询服务为实施载体，以绿色建材为物质基础，实现建造过程的节能环保、提高效率、提升品质、保障安全，推动全过程、全要素、全参与方的“三全升级”，促进新设计、新建造、新运维的“三新驱动”。

解决四大关键问题，推进企业数字化转型

伴随着数字技术的发展，数字经济已经迈向一个新的台阶。中国建造也迎来数字化时代，一方面是工程建造业务的数字化，推动智慧建造；另一方面是建筑企业管理的数字化，两者相辅相成、紧密结合。

把握推动智慧建造的意义。智慧建造是增强国家实力的有效途径，是推动智慧城市建设的重要支撑，是实现建筑业产业的可持续发展的必由之路，推动智慧建造是国家和行业的大势所趋。智慧建造主要体现在三个方面：一是感知，要借助物联网、虚拟现实、扩展感知能力；二是替代，借助人工智能技术和机器人设备来部分替代；三是智慧决策，随着大数据和人工智能等技术的不断发展，借助人的思考能力来替代建筑生产和管理过程的参与。

推动智慧建造全生命期应用。推动智慧设计、智慧工厂、智慧工地、智慧运维等发展。

解决智慧建造关键软件“卡脖子”问题。从政府、科研院所、企业等各层面，加大基础平台的研发投入，重点解决三维图形引擎等关键技术，建立国家标准，加快突破智慧建造自主发展的技术瓶颈。当前世界各国都在抢占技术高地，我国正在加速研究关键技术，包括广联达在内的一批互联网企业不断加大自主研发力度。

推动建筑业企业的数字化转型。企业的数字化转型是一场深刻而系统的革命，是技术革命、认知革命、思维方式与经营模式的革命，是涉及企业战略、组织、运营、人才等的一场系统变革与创新。开发“互联网+”环境下的工程总承包项目多参与方协同工作平台，接通建造全生命期和全产业链，开拓“平台+服务”的工程建设新模式。

推进企业数字化进程，需要着重处理好信息化平台与业务管理不匹配、信息化投入与效能提升不匹配、业务惯性与数字化再造流程问题、竖井式建设模式与系统打通问题。目前，中建集团、山西建工、广联达等单位都有探讨和实践，值得借鉴。

数字化变革是当今世界面临的战略性机会，将全面影响各个领域，推动建筑业数字化进程，探索新型建造方式，带动新一轮发展，需要树立未来观、全球观、全局观。

基于未来观，用未来的眼光，面向未来的解决方案解决今天的问题。

基于全球观，数字时代，全球化才刚刚开始，对我们来说是巨大的发展机遇。

基于全局观，要看懂大局，清楚角色担当，保持战略定力，实现基业常青。

第四次科技革命已然来临，推动智慧建造，探索新型建造方式，是建筑业高质量发展的必然选择。在所有的不确定中，数字化是我们现在最确定的巨大机遇。展望未来，以数字化转型为引擎，建筑业将与其他行业进一步深度融合，产业边界将面临重塑，新产品、新业态、新模式将在融合创新、数字化发展的过程中不断涌现，持续驱动中国建造走向美好未来。

推进“系统性数字化”建设　重塑企业核心竞争力

文 / 袁正刚

广联达科技股份有限公司总裁

当前，面对百年未有之大变局，不确定性的不断增强给企业生存发展带来严峻挑战。对建筑企业来说，发展格局、生产方式、商业模式、管理模式、产业生态的持续变化是企业面临的不确定性的集中体现，“不确定性”已成为常态。

重塑核心竞争力，在“不确定性”中打造“确定性”的未来，是建筑业企业面临的难点，而数字经济已经成为推动建筑业做大做强、提质增效的重要举措，数字化转型的重要性在行业和企业已经成为共识。通过系统性的数字化转型重塑和提升企业的掌控力和拓展力，增强企业发展韧性，是建筑企业应对不确定性的最优解，让企业在竞争和开拓业务边界时拥有足够的力量和底气。

洞悉误区，清晰认知，正确选择数字化转型方向

当前数字化转型已经步入“深水区”，多数建筑企业都在积极推动数字化转型。在这个过程中，有些企业经历了挫折，实际效果与期望差距很大；有些企业进行了主动的探索，也收获了经验、取得了效果。产生这样差别的重要原因是：数字化转型要走出误区，连接起数据孤岛，进行系统性的数字化，才能锚定正确的方向。

一是勿只重视数据展示，却忽略数据生成、融合、分析的重要性，导致“好看不好用”。数据展示只是露在“水面”上的“冰山”，而水下体量更大、结实度更高的数据生成、融合、分析更为重要。没有水下的“冰山”，企业数字化建设就是无本之木。数据犹如铁矿石，需要提炼萃取、去芜存菁，剔除不准确、无效的数据，留下真正有用的数据，并用算法和模型进行分析，才能体现数据的价值。

二是勿急于求成，想快速成功。数字化转型需要经历基础级、机会级、系统级、差异级、转型级五个过程，转型过程不能一蹴而就，需要逐步迭代。部分企业想要直接跃迁至第五级，却非常艰难。当前多数企业的数字化转型在向系统级迈进，需要聚焦于系统级数字化转型，即形成战略和愿景、企业高层充分支持、中低层统一认知、业务流程标准化、IT 建设体系化，从而系统性地推进数字化转型。

三是勿主次颠倒，不平衡发展。不少企业没有认清“核心业务数字化是主价值链，运营数字化是支撑价值链”的关系，出现本末倒置，把资源过多地投入运营数字化阶段。要把重心放在核心业务数字化上，聚焦于工程项目建设的数字化，与支持性活动相关的运营数字化则是为了驱动核心业务发展，实现核心业务数字化的成功。

这些误区将导致业务分割、组织割裂，从而产生“数据孤岛”。“数据孤岛”的特征是数据仅在本系统内流转，系统间的数据标准不统一。当前的数字化转型呈现单点碎片化，没有形成有效连接与协同，无法帮助决策者做出有效决策，无法更好地支撑掌控力和拓展力建设，而系统性数字化能够解决“数据孤岛”和单点碎片化的难题。

系统性数字化是重塑企业发展力的重要路径

当前，建筑企业亟须通过系统性数字化，推进“数字化转型 + 管理变革”融合，推动全要素、全方位、全链条数字化转型，实现业财一体化、项企一体化、供应链一体化，从而打造全生命周期数字化管理能力。

国内外对系统性的定义颇多，但共同点都是要素、关系、准则的三元系统论，而数字化最核心的内容也是三个方面，即数据、连接、算法。

数据是数字化转型的基础，大量数据可以成为行业和企业的共同资产。数字化时代，数据呈现出以下几个独有特点。一是数据要准确，不准确的数据会对决策造成非常大的干扰。与以往相比，如今先进的软硬件设施可以实现自动化准确采集，无修改、无掩饰。二是数据要及时，5G、物联网、云计算等技术的应用，可以得到无延时、无丢失、无地理限制的数据，让数据在作业层、项目部、公司实现零时差共享。三是数据要全面，要覆盖核心业务的生产要素、生产活动、管理活动，并将这些数据连通形成一个整体。

连接是数字化转型的关键，其最终目标是实现责权利清晰可靠的业务连接。连接无处不在，只有高效的连接才能让数据产生融合。只把软硬件的数据进行连接是远远不够的，数据连接一定要与业务结合，绝不是数据的简单技术连接。责权利清晰的业务连接才能够支持高效运转，因为这样能够建立多方之间透明信任的关系。连接包括两个方面：一是协同，企业与更多合作伙伴实现高效可靠的数据连接，形成更深入的合作关系；二是决策，企业内部上下级之间责权利更加清晰，运转更为高效。

算法是数字化转型的核心，是从海量数据中分析出有用信息并助力决策。“数据 + 算法”可以驱动业务管理，基于数据 +AI 的项目大脑，实现智能调度与控制，如安全管理、进度调整、人员补充等。算法最有用的价值是能够支撑企业的经营决策，通过算法的数据分析，项目、公司、集团可以进行资源协调，建立数据决策中心，让系统判断变成现实，并实现 PDCA［Plan（计划）、Do（执行）、Check（检查）、Act（处理）四个阶段］循环。

数据、连接、算法，高度对应系统论中的要素、关系、准则。可以说，数字化天然解决系统性的问题。同时，推进系统性数字化建设，能够产生“1+1 ＞ 2”的效应。系统性数字化的本质，是在确保数据质量的前提下，用最小的代价获得准确、及时、全面的数据，建立责权利清晰可靠的业务连接，利用“数据＋算法”，驱动现场精细化管理、支撑企业经营决策，强化企业掌控力、提升企业拓展力，增强发展韧性。

例如，在重塑掌控力方面，中国金茂（注：全称为中国金茂控股集团有限公司）通过数字化甲乙联动，打破企业边界，基于项目全要素数字化，了解项目真实情况并协同管控，提升项目管理和企业经营能力，优化运营效率；上海宝冶（注：全称为上海宝冶集团有限公司）通过建立项目管控平台，在项企一体化方面发力，让生产高效可控，科学指挥决策，成本节约率降低 1.5%~2%。

在重塑拓展力方面，陕西建工集团（注：全称为陕西建工控股集团有限公司）的供应链一体化，建立了多方联动、良性循环的数字化集采供应链生态圈，目前上线 87000 余家供应商，12000 余人上线实施采购业务和管控，降本增效显著。

数字化转型从战略到执行闭环落地

怎样从战略到执行闭环落地企业系统性数字化转型，“1343”规划蓝图提供了可供借鉴的整体规划。在“1343”规划蓝图中：一大目标是建设数字企业，即通过系统性数字化重塑企业的掌控力与拓展力；三个层面体现在项目、企业、集团三个执行层；四大项目群是数字指挥决策项目、主价值链数字化、协同价值链数字化、支撑价值链数字化；项目群的数字化需要三大平台支撑，分别为技术平台 PaaS、大数据平台 DaaS、云计算平台 IaaS。同时，在“1343”规划蓝图中，还需要数据治理，需要建立起数字化的管理体系，各项举措和体系高效运行融合形成企业数字化的有机系统。

规划执行，需要量化目标。系统性推进需要构建价值指标体系，量化数字化转型目标。聚焦企业战略规划，进行分解剖析，形成多维度的可量化指标库，分析数字化支撑要素，通过目标驱动和指标体系反映情况、指导决策。

企业的数字化转型路径，需循序推进“三步走”的能力进阶，打造系统性的数字化。这三步分别是业务数字化、能力平台化、数字业务化。其中，业务数字化着重重塑业务，进行项目精细化管理，看清企业业务水平，看准企业核心能力，使业务管理越来越好。能力平台化注重重塑管理，是指企业核心业务数字化之后，通过企业业务 PaaS 平台，将企业核心能力组件模块化、规模化并沉淀下来，将优势能力在企业内共享，从而起到赋能企业业务发展的效果。数字业务化的重点是重塑经营，利用数据进行效率提升、集约经营、有效决策。只有将业务数字化和能力平台化做扎实了，才能真正做到数字业务化。

系统性数字化是否一家企业就可以完成？答案是否定的。没有任何一家企业可以独立完成系统性的数字化建设，需要优秀企业共同合作，需要多方联合才能真正实现。产业链中的建筑业运营者和数字化使能者“两类主体”要协同共生、融合发展。广联达定位于数字化使能者中的平台企业，一方面，帮助软件厂商开发个性化、更适合每个企业特点的软件；另一方面，支撑中小企业或建筑企业的数科公司或 IT 部门开发更多的应用，最终帮助实体企业真正实现数字化。

数字化转型，最终是要用数字化技术和能力，驱动商业模式创新和商业生态系统重构。作为数字建筑平台服务商，广联达希望通过引领行业实践 + 企业实践，能够为产业运营者系统性数字化建设持续赋能，共同推动产业变革。

建筑业企业如何做好数字化转型“大文章”

文 / 叶锦锋

浙江省建设投资集团股份有限公司
总经理、党委副书记

国家“十四五”规划中明确提出“加快数字化发展，建设数字中国”。“趋势已定，未来已来。”数字化转型也是当前建筑业的一个焦点议题，部分业界企业已经展开思考、探索和实践。

浙江省建设投资集团股份有限公司（以下简称“浙建集团”）成立于 1949 年 7 月 11 日，历经 15 次变革，已发展成为一家集投资、设计、建造、运维于一体的现代建筑服务全产业链企业集团，是整体上市的浙江省属国有企业，位列 ENR 全球最大 250 家国际承包商第 69 位、中国企业 500 强第 252 位。

浙建集团深刻认识到数字化转型带来的创新变革对企业发展

的重大推动作用，通过数字驱动，做好数字化转型这篇“大文章”，实现企业的高质量发展。

数字化转型升级是建筑企业高质量发展的时代必答题

党的十八大以来，党中央高度重视数字经济，已经将数字经济上升为国家战略之一。习近平总书记曾强调：数字经济事关国家发展大局，是把握新一轮科技革命和产业变革新机遇的战略选择。加快传统产业数字化、智能化，做大做强数字经济，推动数字经济和实体经济融合发展，成为各行各业转型高质量发展的必然选择。

建筑业作为国民经济支柱产业之一，传统的粗放型模式已经无法满足时代发展要求。《“十四五”建筑业发展规划》提出发展目标，对标 2035 年远景目标，初步形成建筑业高质量发展体系框架，建筑市场运行机制更加完善，营商环境和产业结构不断优化，建筑市场秩序明显改善，工程质量安全保障体系基本健全，建筑工业化、数字化、智能化水平大幅提升，建造方式绿色转型成效显著，加速建筑业由大向强转变，为形成强大的国内市场、构建新发展格局提供有力支撑。

建筑业企业未来需要走好“创新驱动道路”“有质量的稳步增长”“绿色、低碳、转型”三条道路，同时要从根本上提高生产力、优化生产关系、提高生产和管理效益，就必须将数字化作为谋划企业高质量发展的关键变量，以数字驱动企业高质量发展，做好数字化时代转型升级这篇“大文章”。

数字化转型是构建创新驱动发展新格局的战略选择

浙建集团将数字化转型作为提升企业核心竞争力，争当浙江“两个先行”基本建设主力军、排头兵的重要路径，提出了“一链两驱五转变”的总体战略，坚持“四个强企业”总体布局，打造“六个浙建”。

“一链”即围绕建筑产业链，实施纵深一体化发展，一体化全产业链集成，一揽子全打包式统筹，一站式全生命周期工程服务；“两驱”指以资本和数字为驱动力，推动产业链和供应链深度融合；“五转变”就是转方式、转动力、转领域、转管理、转模式；通过变革强企、创新强企、人才强企、文化强企这“四个强企”，打造千亿浙建、创新浙建、数字浙建、善美浙建、文化浙建和清廉浙建这“六个浙建”，最终向“数字化的国际建筑投资运营服务商”的发展愿景积极迈进。

在产业数字化转型升级上，浙建集团主要聚焦三大领域：智能建造、智能制造、企业级产业互联网。

在智能建造领域，一是推动智能建造与新型建筑工业化协同发展，建立标准化部品部件库，充分应用 BIM、人工智能、建筑机器人、大数据、云计算、物联网等新一代智能技术。发挥平台和项目的载体作用，比如国家级装配式基地示范项目、未来社区项目、智慧工地示范项目和浙江省工业化示范企业等，打造应用场景，推动科研、设计、生产、施工、运营全产业链融合发展。浙建集团自主研发的工业化项目管理平台入选住房和城乡建设部智能建造典型案例清单，目前已迭代升级为浙江省住房和城乡建设厅“浙里建造”重要场景。二是以智慧工地推动现场集成应用，围绕“智慧 + 互联 + 协同”理念，自主研发“智慧工地”平台，实现了“人、机、料、法、环”等关键要素全面感知和实时互联。为打造数字浙建作业层提供数字化、精细化、智能化的管理保障，目前集团已经基本实现了智慧工地全覆盖。集团开发的智慧工地平台被评为浙江省国资国企最佳改革实践案例，并主编了浙江省《智慧工地评价标准》，引领了该领域的标准化进程。三是推动全专业 BIM+ 设计协同，将工程设计融入智能建造产业体系，建立 BIM+ 设计协同平台，制定相关技术标准。搭建设计管理系统，打通工程设计与建筑施工的业务链条。推进 BIM 技术在工程全寿命周期的集成应用，强化设计、生产、施工各环节数字化协同，推动全过程数字化成果交付和应用。

在智能制造领域，聚焦大型工程机械制造、钢结构制造生产线、PC 构件生产、商混智能生产等重点方向，以未来工厂、数字化车间 / 智能工厂为基础，进一步推动大数据、物联网、人工智能等数字技术与生产制造深度融合，打造“机器换人”应用场景。浙建集团现有3个省数字化车间/智能工厂，正在加快近2000亩（1亩=666.67平方米）新型建筑工业化、产业园绿色化、智能化改造，加强新产品、新工艺、新材料研发，为浙江省建筑业绿色低碳、智能化发展贡献力量。

在谋划企业级产业互联网领域，积极培育、发挥“链主”企业优势，以提供工程建设全过程服务和支撑能力为方向，充分利用数字化技术，打造工程商贸、工程金融、工程物业、工程机械租赁等多重服务场景，全面打通业务流、物流、信息流和资金流，联通服务端和客户端，迭代商业模式；高水平打造浙建云商平台，集聚引领9万余家产业链企业共同发展；高水平打造“浙建e链”金融平台，充分对接集团内外部系统，构建产业链、供应链、金融链融合共赢生态圈，培育数字金融新增长点；高水平运营浙建商贸物流、浙建物资设备公司，以数字化手段延伸壮大建筑物资设备贸易及租赁业务链条。

数字化改革牵引的变革重塑是提升核心竞争力的重要抓手

作为习近平新时代中国特色社会主义思想重要萌发地，浙江数字经济发展一直走在全国前列。2003年，时任浙江省委书记的习近平同志部署“八八战略”，前瞻性地提出建设“数字浙江”；2014年，浙江以“四张清单一张网”推动政务服务平台建设；2017年，浙江启动了引领全国的“最多跑一次”改革；2018年，全省实施了政府数字化转型；2021年2月，全省全面启动数字化改革；目前，浙江省已经形成了数字化改革“1612”的总体框架。

浙江省第十五次党代会锚定了未来5年“在高质量发展中实现中国特色社会主义共同富裕先行和省域现代化先行”的奋斗目标，提出“高水平推进数字化改革，打造数字变革高地”，着力推进数字化改革引领系统性变革，驱动“两个先行”。

在此基础上，浙建集团按照“业务覆盖”“决策支持”“创新驱动”三阶段演进路线实施数字化改革，牵引商业模式、生产模式和管理模式的变革，勇当锐意变革的排头兵。

一是纵深推进数字化改革。浙建集团围绕“1+5”数字化改革体系架构，在产业数字化、管控数字化和数字产业化三个方面实施数字化改革，在五大领域设立21个跑道，面向集团发展所需，坚持顶层设计和基层创新相结合，坚持“小切口，大场景”，坚持多跨协同，持续建设和迭代升级一批重大应用。数字赋能从集团供应链逐步向产业链扩充，推动行业价值链优化重构，打造新的商业模式，为行业、生态伙伴提供优质共享服务，推动供应链、产业链、价值链和创新链四链协同，助力数字经济增长。

二是以数字化思维打造企业发展大平台。落实“浙里国企链长”行动，以国有资产和事业单位改制重组为契机，推动整合全省工程领域各方面资源，探索搭建全省建设、投资和发展平台。搭建浙江省建筑业“走出去”战略的支撑平台，实行大海外引领和区域拓展机制，打造浙建集团海外发展金名片。推动建立战略共赢、优势互补、联盟拓市的“浙建方案”。强化数据分析决策能力建设，助力“走出去”发展，优化市场布局。提升打造境内外上市公司平台，以资本运作、收购兼并、混合所有制改革、资产证券化和供应链金融等助推转型发展。

三是加快建设行业领先的工程科创平台。聚焦碳达峰碳中和、绿色建造、智能建筑等，推动智能机器人等国家和省级重点研发课题取得新突破；加快自主研发的固碳混凝土等省“尖兵”“领雁”重点成果转化；实施科技型企业股权和分红激励，从而推动打造浙建工程研究总院（科创公司）成为国家级工程科创平台。

四是推动数字治理。构建综合智慧大脑，加强“平台＋大脑”的一体化建设。提升监测评估、预测预警和战略目标管理能力，围绕五大板块，以数字化改革为引领，聚焦智能感知、智能分析、智能预警、智能决策四大功能，强化智慧大脑支撑作用。依托全方位企业管理数字化智治平台、工程全生命周期管理平台、投建营项目智慧运营平台，开展企业治理、业务管理各项工作，补齐治理管控短板，防范化解风险，提升综合管理水平。

五是建设适应数字化时代潮流的高素质人才队伍。不断增强企业员工的数字化理念、数字化认知、数字化思维和数字化管理能力，打造一批领军型高效能的管理人才、创新型高技能的专业领域人才、有活力高潜能的青年人才，为企业数字化转型集聚既精通业务又具备数字化能力的复合型人才队伍。

数字时代已经到来，业界企业要携起手来，拥抱变革，持续创新，重塑优势，共赢未来，用数字赋能促进行业转型升级，以数字驱动实现企业高质量发展，为“数字中国”建设作出建筑业的贡献。

集成共享 数字驱动 以数字化转型赋能战略落地

文 / 宁和球

五矿二十三冶建设集团有限公司
党委书记、董事长

近年来，受建筑行业发展的变化以及国家政策的驱动，推进建筑业转型升级、高质量发展，加快推进数字技术与建筑业深度融合已成为行业共识。面对建筑行业整体竞争加剧，抓住数字化转型的机遇，在新技术、新制造、新基建和新业态等方面取得突破，是建筑业抢占未来发展制高点的必然选择。

五矿二十三冶建设集团有限公司（以下简称“五矿二十三冶”）作为一家建筑行业央企，即将走过七十年的历程，在数字经济的今天，我们始终坚持“质优速增”的发展理念，坚持以数字化赋能为切入点，积极推动“十四五”战略再升级，其中一项关键性举措就是数字化转型战略的优化和升级。

数字化转型：实践与收获

五矿二十三冶数字化转型起步早、起点高。这个过程大体分为以下四个阶段。

第一阶段是协同办公平台的建设，逐步开始建立企业业务系统和无纸化办公，这可以称为信息化 1.0 阶段。

第二阶段是业财集成体系的建立，通过与 SAP、埃森哲等世界 500 强企业合作，打造了 SAP 在中国的第一个工程行业和房地产业的两个灯塔项目。这可以说是信息化 2.0 阶段，这个阶段起点高、持续投入大。

第三阶段是大数据应用体系的建立，形成了以远程可视化为“知”，以企业级 BIM 技术应用平台为“管”，以 SAP-ERP 为“控”的大数据应用体系，这是由信息化向数字化转型的关键时期。

第四阶段是数字建造体系的建立，围绕“集成共享、数字驱动”，以数据治理为重点，结合主持编写《湖南省智慧工地应用与评价标准》，打造了具有完全自主知识产权的智慧建造云平台，实现了标准与平台的有机统一。同时，形成了以“SAP-ERP+BIM+ 智慧建造”为主体、以数字化企业大脑建设和应用为目标的信息化、数字化、智慧化整体建设与应用架构体系。

通过这些实践，五矿二十三冶取得了以下很好的成效。

一是自主创新，打造“ECO”研发模式。五矿二十三冶信息化建设始终以业务需求为导向，坚持自主创新。自 2018 年来，自主研发了流程效能监控系统、智慧建造云平台等，形成了“设计—研发—运营一体化”的 ECO 新模式。其中，智慧建造云平台贴合项目实际，以现场应用为方向，以推广落地为目的，在内部打造了一批智慧工地示范项目，推动了部分项目国优、省优申报，五矿万境潇湘项目更是接受了全国各地建筑同行及专家观摩。不仅获得了行政主管部门的肯定，还得到了业主单位的青睐，主动要求使用五矿二十三冶的智慧建造系统。

二是以 BIM 技术为“数字孪生”基础，支撑项目全生命链管理应用。BIM 要发挥最大的价值，就要贯穿项目的咨询、设计、施工、运维全过程，实现项目的信息共享和跨角色的高效协作。通过在 BIM 施工中，积累了大量经验，并逐步拓展咨询、设计阶段 BIM 技术应用竞争力，实现五矿二十三冶项目 BIM 技术实施能力从施工向总包和业主角色的转变。同时，基础交通、新能源、装配式等类型项目，将 BIM 技术融入项目实施管理，打破常规项目管理壁垒，形成了应用协调管理的可推广经验。

通过“BIM+FEPC”项目实施，BIM 技术应用贯穿项目策划、设计审图、预算编制、施工招投标、施工监理、施工应用、项目验收、后期运维等全生命周期。这种 BIM 技术应用从施工技术管理向施工全过程精细化管理拓展，从单个阶段碎片化应用到全生命期集成式应用拓展，为企业的核心生产力、竞争力提升发挥了关键作用。

三是业财集成，实现成本透明化管控。依托 SAP，打造 SAP 在中国工程建设和房地产开发的双灯塔项目，成为 SAP 在国内工程建设和房地产开发的首个行业解决方案，获得湖南省企业管理现代化创新成果一等奖。SAP-ERP 的上线，五矿二十三冶在组织架构、管控模式、生产运营、技术创新、资金控制、业务流程等诸多方面发生一系列变革和优化，通过数据标准化、系统集成化、业财一体化，实现项目成本的透明化管控。

四是以“标准 + 平台”为突破口，彰显央企责任担当。提高项目生产经营和管理，是建筑企业可持续发展的关键。2018 年开始，五矿二十三冶开始着手智慧建造系统的研发，经过 4 年多的艰苦探索，通过 3 次优化升级，历经从无到有，从试点示范到全面应用到评价考核，搭建了集团、子（分）公司、项目部三级管控模式，实现现场作业人员、项目管理者、企业管理者之间的良好协作及精细管理。通过应用智慧建造云平台，形成监管、应用、评价的“三位一体”立体式、全方位的数字化管控标准体系，实现了应用线上考核评价，有效提升了施工现场管控效率，规避施工作业风险。

在此过程中，受湖南省建筑业协会的委托，五矿二十三冶主持编写了《湖南省智慧工地应用与评价标准》，通过标准的编制，对智慧建造云平台进行升级优化，形成了国内首家“标准+平台”、具有市场推广价值的产品及应用考核评价体系，彰显了央企责任担当和在工程建设领域变革与创新的领军地位。

数字化转型：思考与布局

在数字化转型的具体过程中，我们想得最多、做得最多的事，主要体现在以下三大方面。

一是战略引领。五矿二十三冶一直坚持以“集成共享、数字驱动”为数字化转型的战略引领，通过信息赋能、数智建造来构建“数字化企业大脑”实现快速感知、精准决策、协同指挥、敏捷反馈。以此为基础，聚焦“连接、共赢、赋能”的理念，打通所有堵点、痛点和难点，通过共享和赋能提高企业的治理能力。通过构建以“数字化企业大脑”为核心，以“智慧建造”为龙头，以“财务共享、人才共享”为两翼的数字化运营体系，牵引推动五矿二十三冶从信息化到数字化、智能化转型。从管理实际出发，重点围绕风险管控，形成管理闭环，引领各项管理、各项业务由线下向线上拓展，借助数字技术实现智能看、智能管、智能治。

二是价值创造。无论是在信息化建设还是数字化转型过程中，五矿二十三冶都有着十分明确并一以贯之的实施战略，即“总体规划、分步实施、集中部署、标准先行”，通过“集中、集约、集成、共享”来实现由企业信息化向信息化企业的转变。目前，五矿二十三冶以“SAP-ERP+BIM+智慧建造”三大应用体系为核心，已经形成了“1个整体架构，6大主题，23个系统，102个模块，13个移动应用”的大数据应用体系，核心业务场景已基本覆盖，为企业发展提供了充分的数据价值，通过让数据充分流动起来，为数据变成资产并创造价值打下了良好的基础。

三是同步治理。建筑行业“点多、面广、线长”，整体标准化程度低，数据治理难度较大。要从管理和业务的需求出发，把企业治理与数据治理同步进行，实现管理标准与数据标准有机统一，形成有效的数据资产；通过数据集成，搭配相应模型算法，对经营数据进行预测分析；通过动态监控，对比分析，提前预判风险，风险寻源，及早应对；利用数智化平台，实现环境变化及决策情形模拟推演，遵循适用、实用、管用的原则，聚焦经营风险，通过“预测、预警、预演、预控”，来实现真正的风险闭环管理。

事实上，数字化转型是一项复杂的系统工程，其建设工作也是需要不断迭代的技术支撑，在此过程中，我认为要遵循以下三个核心原则。

第一，自顶向下规划。企业数字化转型是对企业业务模式、责任和权利体系的一场变革，作为领导者，不仅要敏锐感知数字化带来的变化，也要做到企业战略与业务战略深度融合，自顶向下规划。数字化转型的顶层设计一定是结合企业业务战略的，将企业核心能力平台化，将优势能力在企业内共享，利用数据赋能效率提升、集约经营、有效决策。

第二，自底向上建设。在数字化转型中，项目层面的数字化是最基础、最核心的，受限于项目分散、现场作业行为标准化程度不高，建筑行业的数字化转型关键和难点是每一个项目的数字化。要自底向上实施，既保障项目的每一个生产要素都能数字化，又要化解各类信息系统未集成而造成的“信息孤岛”难题。

第三，自主与合作并重。数字化转型必须与企业运营管理高度契合，强调以“我”为主，应用为王。五矿二十三冶始终坚持自主创新，形成了“设计—研发—运营一体化”的 ECO 新模式，以整体规划、自主设计为主导，内外结合，既确保系统自主可控，又建立与战略伙伴之间“共生共赢”的生态体系。

数字化转型已经成为企业一致性选择和政府政策共同牵引的大趋势，特别是新冠疫情倒逼之下，企业数字化进程更是按下了快进键。对五矿二十三冶未来数字化转型的发展路径，首先要让业务可视，能够快速、准确决策，实现业务状态透明可视，打造数字化交付体系。其次要拓展人工智能覆盖领域，实现业务自动化，通过业务规则数字化、算法化，逐步替代人工判断。最终要利用数据，让数据成为企业资产，打造差异化竞争优势，用数据为企业赋能，实现快速发展。

一个企业科技创新是企业发展的原动力，是一个企业能够实现健康持续发展的重要基础。一方面，要对内构筑数字化转型升级的平台支撑，实现工程项目现场管理的数字化，为项目、企业、行业赋能。另一方面，要对外培育壮大数字化生态体系，推动集团公司数字产业化，提供数智建造一系列解决方案。

“集成共享、数字驱动、数智建造”，是五矿二十三冶数字化转型的要求，公司同时专门成立了数智建造研究院，旨在对内、对外提供建筑智能化咨询、设计、施工、交付及创新平台研发的专业服务解决方案，真正践行五矿二十三冶人“建百年工程、筑传世精品”的历史使命和责任担当。

数字化让设计创意无限传承

文 / 云浪生

广联达科技股份有限公司高级副总裁

当前，世界形势正逢百年未有之大变局，亦有瞬息万变的外部环境和疫情的叠加影响，工程勘察设计行业面临发展格局之变、竞争模式之变、产业生态之变等诸多不确定性。数字化浪潮下，如何重塑企业掌控力与拓展力，全方位、系统性推进数字化转型，值得深思。

顺应潮流，抢抓机遇，工程勘察设计企业数字化转型势在必行。数字化赋能整个勘察设计行业的最终目标，不只是设计出模型或者图纸，而是将设计图里的建筑以最优的方式造出来，让建筑得到最好的使用，实现虚实融合的“数字孪生”以及“让设计创意无限传承”。

直击行业痛点，数字设计深挖全过程价值

住房和城乡建设部印发的《“十四五”工程勘察设计行业发展规划》（以下简称《行业发展规划》）提出“推动行业数字化转型,提升发展效能”，并明确“推进勘察设计企业管理信息系统升级迭代、推进 BIM 全过程应用、推广工程项目数字化交付、积极推进智能化标准化集成化设计”4 项工作任务。数字化转型成为“十四五”时期工程勘察设计行业高质量发展的重要抓手。

身处百年未有之大变局，一路疾行的工程勘察设计行业，既创造了辉煌的发展成就，也面临着时代大潮的新挑战。当前，以 BIM、AI、5G、VR/AR 等为代表的数字化新技术，全新赋能传统建筑行业，正悄然改变工程建造全产业链，成为“中国建造”做强、做优的关键抓手。

《行业发展规划》的出台，为“十四五”时期工程勘察设计行业数字化转型指明了方向。从“中国建造”走向“中国智造”，是我国建筑业发展的必然趋势，工程勘察设计行业加快数字化转型升级，不是一道“选择题”，而是一道“必答题”。

不过，做好这样一道“必答题”并不容易。工程勘察设计行业数字化转型，无论是在岗位层，还是在项目层、企业层，均仍有“痛点”待解：在岗位层，传统作业模式更多的是设计师的重复性劳动，手动创建、调整等低效劳动工作；在项目层，传统的项目管理存在流程割裂、专业间业务割裂以及业务环节间的数据割裂等问题；在企业层，随着组织发展壮大，企业内部项目生产、组织、资源往往呈现碎片化特征。

因此，行业数字化转型必须直击这些“痛点”，通过各种要素的数字化，将设计变得可计算、可分析、可优化以及可自动化，以数据驱动的一体化设计，打造全数字化样品，真正实现设计的全过程价值，让行业从信息化走向智能化，从工具化思维走向数据思维，从数据孤岛走向数字孪生。

赋能设计企业，数字设计推动转型升级

对设计行业来说，数字化发展是一个渐进的历程。甩图版、二维辅助设计的 1.0 版本，大大提升了设计效率；以文档为基础，三维辅助设计的 2.0 版本，明显提升了设计质量；以数据为中心，打造建筑全数字化样品的 3.0 版本进入全面的数字化阶段，数字设计是其典型特征，其价值是提升设计乃至全生命周期的整体效益。

数字化设计是设计企业数字化转型的基础。数字化转型是在促进人员、数据、流程融合的同时，通过技术重构业务，保持企业敏捷应对市场变化、持续响应客户需求的竞争优势，最终为客户创造价值。

数字化转型无法一蹴而就，而是一个逐步演进、不断提升的过程。设计企业的数字化转型，主线是在项目数据结构化和业务流程结构化相融合的业务数字化基础上，实现业务平台化，推动业务模式创新，再以内部平台化和外部生态化带来商业模式变革。

设计业务的数字化需要考虑项目数据的结构化和业务流程的结构化。多源异构的设计数据需要通过业务的数字化将其进行分类、编码，通过项目数据的结构化，使数据相互关联、组合、可计算。同时，业务流程的结构化通过数据和算法还原设计师的经验，将整个设计流程涉及的条件、空间、标准、系统、交付等内容以数字化的方式进行逻辑呈现，把整个项目组织起来。数字化的设计方式是将项目数据结构化和业务流程结构化相融合，产出既可规模化生产又适应个性化变化的最终项目成果。工业化可以实现规模化生产，而在数字化的加持下，"工业化 + 数字化"应用在建筑业，就能规模化地实现个性化生产，正是数字化带来了这样的可能。

在业务数字化的基础上，实现全要素数据的连接、各角色基于数据的协同，项目数据以数据资产的方式沉淀，整个系统的能力大为提升，其必然趋势是走向业务的平台化。基于数据平台和业务平台之上的业务运作，将促使

业务模式的创新。一方面，新的业务模式将打破目前传统模式中各专业间、各组织间的隔阂阻碍；另一方面，组织运营的敏捷性将大为增强，将驱动企业向高弹性、高韧性的方向变革。

在业务数字化和业务平台化的数字化底座之上，将带来众多商业模式变革的可能，其中涉及数字化交付、多场景数据服务、高效互通的敏捷组织、协同合作等，以及设计施工一体化、设计成本一体化等“设计+”一体化运营。将设计业务平台与外部的生态平台进行整合，又为商业模式变革带来更大的空间。

构筑开放健康新生态，“让设计创意无限传承”

设计数字化转型对行业高质量发展有着至关重要的作用，需要行业同仁的共同努力，需要中国设计行业管理部门坚定转型信念、中国设计企业创新求变、中国数字技术及科技企业突破性成长。

当前，整个设计行业正朝着设计智能化、业务一体化以及资产数字化的方向发展。从建筑全产业链、项目的全生命周期来看，让设计价值实现最大化，需要通过数字设计打造“设计成本一体化”和“设计施工一体化”等解决方案，以数据融合打通上下游产业链，将工程问题前置到设计阶段解决。

鉴于设计企业在项目层面和企业层面的数字化需求，广联达正在打造一个真正的自主技术平台，提供一体化的解决方案，助力工程勘察设计行业数字化转型升级。广联达还希望以自主可控技术为基础，以开放兼容为纽带，探索数字边界，发挥数据价值，为行业提供工具、平台和整体解决方案。

设计行业的数字化转型，绝非易事。打造健康可持续的行业生态，是事关转型成败的“必答题”。广联达希望通过自身的技术开放、内容开放和数据开放，联合全行业的伙伴和客户，共同打造行业的应用生态、内容生态和社区生态，建成一个开放、健康的数字化生态体系，让设计、建设、施工基于同一个数据源进行无缝协作，实现全过程设计价值，赋能整个行业的数字化转型，共建科技的、人文的、绿色的建筑产业。

数字化重构企业竞争力

文 / 吴爱国

中国建筑一局（集团）有限公司
党委书记、董事长

2021 年 9 月，北京市政府国有资产监督管理委员会（注：可简称“北京市国资委”）发布了《关于市管企业加快数字化转型的实施意见》，推动数字经济与国有经济深度融合，全面提升产业基础能力和产业链现代化水平。中央网络安全和信息化委员会于 2021 年 12 月印发《“十四五”国家信息化规划》（以下简称《规划》），提出要建立健全规范有序的数字化发展治理体系。

尽快落实数字化转型，推动我国经济在新一轮变革中抢占先机，作为国民经济中流砥柱的国有企业肩负着义不容辞的责任。近年来，国有企业积极推动信息技术创新应用，为数字化转型奠定了较为坚实的基础。

作为国有企业，中国建筑一局（集团）有限公司（以下简称“中建一局”）在《中建一局智慧建造业务专项规划》和《中建一局数字化业务专项发展规划》中明确提出了数字化业务的目标、路径与计划，落实到各部门的实施方案，通过利用BIM技术贯穿各业务流程与产业链，到2025年实现项目现场管理的一站式服务，打通BIM数据在各业务领域流转链条。

直面挑战，系统性推进数字化转型

企业要实现数字化转型，面临诸多挑战。

一是观念转变的挑战。数字化转型一定要和传统的项目管理融合才有价值。中建一局提出的高效建造体系，是搭建一个项目管理协同的有效路径，实现了全参与方的协同融合。以前的总承包管理是项目实施分包单位多，现场管理，信息不统一，各分包施工无有效组织，经常出现交叉施工。高效建造体系则是在确保工程项目质量、安全、环保要求的前提下，通过采用先进的技术和工艺，进行设计优化、周密计划、有序组织、合理配置、措施保障，确保项目施工工期处于同行业领先水平，并且施工措施投入降低，项目收益提升的一种标准化的项目组织管理模式。

二是人才的挑战。企业在数字化转型过程中，需要具有数字化思维的人才来助力转型的落地和推广。针对这一挑战，中建一局加大专业技术人才引进，成立了博士工作站，引进数字技术人才；建立了人才培养计划，加强学术型及复合型人才的培养；提升全局“数字化”素养，提倡终身学习，推动人才技能转型等措施吸纳人才、培养人才。

三是企业自身创新能力的挑战。数字经济更强调差异化竞争，因此，善于利用数字技术来实现企业的个性化竞争非常重要。中建一局搭建科技创新平台，推出了十一项创新业务规划，其中针对数字化建造，发布了《中建一局智慧建造业务专项规划》和《中建一局数字化业务专项发展规划》，提出了数字化业务的发展目标是“业务数字化，数字业务化”，实现治理高效化、数据要素化，赋能企业生产与管理。

面对诸多挑战，如何系统性推进数字化转型？中建一局从四方面持续发力。

一是搭建数字化转型的配套措施。站在未来看现在，立足现在看未来。技术虽然是中立的，但技术改造的业务有可能对人造成伤害。因此中建一局将技术向善作为企业的价值观。数字化转型应是企业、子企业、项目层级各部门协同合作的成果，需要企业自上而下地推动，需要从下而上逐步搭建。中建一局搭建了以董事会为决策管理层的数字化转型团队，以行业发展趋势和企业业务特点为基础，确立了“十四五”期间目标：通过数字化技术与管理、生产、产品的深度融合，助力企业实现“降成本、提效率、防风险、助决策”的目标，赋能企业数字化业务创新。通过设立执行及监督组织，保障组织任务落实能够贯穿中建一局三级管理层级，实现上下联动，协同工作。

二是制定数字化转型行动路线图及阶段目标。中建一局将数字化战略纳入企业“十四五”战略规划体系中，紧盯总目标，倒排各阶段目标及完成时点，细化各阶段目标任务清单，明确了战略执行的具体步骤，确保目标任务实现。中建一局以数字化管理部牵头，联动各部门，再由各部门联动子企业与项目，从基层项目管理着手，打通各管理系统工作业务流与数据流。此外，中建一局搭建了数字化能力衡量模型，根据企业在数据获取、表达、存储、传输、交付等方面的能力，将企业数字化能力划分为 5 个等级进行评估，最终形成数据驱动式业务体系，全面提升企业的业务运作效率。

三是搭建业务中台，简化企业业务架构。中建一局引入中台后，可以将中台作为对接枢纽，并将后台的各项系统进行封装，让前台可以直接使用这些服务，最大限度地简化企业的业务架构，发挥数据资产价值，提升局总部各部门内部、各部门之间以及局总部和子企业之间的协作效率，降低企业的运营成本。

四是建立数据治理体系，强化数据治理。中建一局通过建立数据资产管理组织，成立数据资产管理委员会，提供数据治理组织保障。通过发布数据开发和数据质量管理办法、流程及技术规范标准，提供数据治理技术保障。

通过应用作战指挥中心系统、各业务系统数据融合等，进一步提升数据治理效果。

打造数字闭环，实现企业全面数字化

数字化转型是一个业务问题，而不全是信息技术问题。数字化转型企业的关注点不应只放在数字技术的应用与变革上，更要放在思维方式转变和企业数字化的构建上。要将数字技术不断地渗透进企业的业务流程乃至产业链的每一个环节，实现物理世界与数字世界的映射与交互，将“数据＋算法”融入组织管理的全生命周期，形成一个闭环，帮助组织提高效率与效能，从而实现企业竞争力的重构。

中建一局坚持两大战略融合，构建三大平台一门户，抓住两条主线，把握两大关键因素，遵循一个基本原则，即将数字化战略纳入企业“十四五”战略规划体系中，通过搭建基础平台，实现业务在线化。按建造与地产两大核心业务板块，通过建立项目管理、供应链管理、智慧建造、地产类业务、OA 协同等应用，实现业务数字化。通过搭建数字业务化平台，实现平台大数据集成，汇集中建一局全域数据，包括管理类、建造类、投资与地产以及外部的相关数据，为各级管理人员提供业务分析、风险管控及决策支持服务。通过统一身份认证系统，实现各层级业务系统应用集成，建立统一的企业门户。通过项目物资全流程管理与产品线 EPC 工程总承包业务管理两条主线，最终实现物资管理全流程数字化和 EPC 工程商务数字化管理模型。同时中建一局致力于打造强大的数据中台平台，进行业务分析、风险管控及运营管控等决策，建立广泛链接的供应链生态圈。通过加强战略供应商的协同，优化供应链资源，降低企业可能面临的风险。始终瞄准目标，持续迭代，不断优化，最终实现企业的全面数字化。

数字化之路分为三个阶段：业务在线化、业务数据化、数据业务化。目前，中建一局基本实现了第一步，即业务在线化。中建一局自主研发了一局综合项目管理平台。该平台以项目全生命周期为脉络，以经济线为核心，实现项目管理从市场登记至项目竣工结算、清算的全过程、全功能覆盖，所有项目全部上线，助力企业实现“降成本、提效率、防风险、助决策”的目标，赋能企业精益建造管理。

综合项目管理平台形成了包括市场跟踪、人力资源、生产资源、工程项目、承包合同、收入、分包分供、成本、物资、资金计划与支付、结算、质量、安全、海外等 18 个一级模块、112 个具体功能模块、740 个业务审批流程综合项目管理平台。

业务数字化方面，一是中建一局将通过数据中台，融通中建集团（上级单位）与中建一局基础数据，建立健全主数据平台功能，打造中建一局主数据仓库，为各业务系统提供完备的组织、人员、项目、客商、物料等数据服务，构建各业务系统互联互通基础。二是建立完善的电子签约平台。制定统一标准的电子签约平台接口，实现中建一局及各子企业两层级的各业务系统多样化业务数据接入。同时，打造签约平台个性化服务，为局总部及子企业各业务系统提供各类合同、公函、电子档案、资产管理等个性化电子签约服务。三是建立健全供应链管理。加强战略供应商协同，优化供应链资源，降低企业成本管控风险，打造产业链基石。四是建立客户服务系统。本着服务客户理念建立健全客户画像管理，优化完善客户投诉管理，畅通客户沟通渠道，为客户提供优质服务。

数字业务化方面，一是积极开展数据确权工作。探索数据定价方法和数据价值模型，为数据流通奠定基础。二是持续开展数据湖和数据仓库的建设。以业务价值化为指引，依据业务系统建设情况，有序推进建筑行业和房地产行业全域数据治理，逐步实现中建一局数据资产化。三是加快企业内外数据要素流通。聚焦业务管控痛点，开展跨系统、跨业务的数据融通，减少重复录入，实现“数据多元共享，员工应用简单轻松”。四是深化企业内部数据价值释放。持续推进报表统一管理，加强移动端和可视化分析应用，逐步沉淀为中建一局业务分析知识库，深挖数据价值，辅助业务运营科学决策。五是打造适用于企业外部的数据产品。探索数字化转型新赛道，构建数据创新应用生态圈。

关于数字化在公司未来发展中的作用，中建一局有着诸多畅想。

一是资产数字化赋能资产。通过资产数字化，资产管理也变得更加智能化、高效化、精益化。资产管理的各个环节被打通，管理者可以实时掌握资产动态信息，实现资产全生命周期管理和精细化经营，资产运用和监管的安全性、针对性、及时性和有效性都得到大幅度的提高，企业在存量时代将拥有更大的竞争优势。

二是产业数联，共生共赢。基于数据的打通，企业实现了组织的社交化与网络化，使企业能够与客户、产业链上下游的合作伙伴以及其他利益相关者连接与沟通。企业与外部各个共生伙伴的合作方式从原来的线性、树状的平面结构，转化为网状的立体结构，共享与互动变成一件非常容易的事情，实现产业链的重构与价值提升。

三是搭建企业中台——企业的“指挥中心”，将企业的“发动机”从前场转至中场，把企业的风险控制放到事中甚至事前而不是事后，企业的核心能力在中台实现一体化的管理。

四是构建智慧的“企业大脑”以决策数智化驱动管理。通过挖掘大量内部和外部数据中所蕴含的信息，对企业整体情况的分析，发现业务规律，预测市场需求，改善工作流程，做出更好的决策，制定更加行之有效的战略，支撑企业的数字化营销、品牌建设、产品创新、智能制造，创造端到端的商业价值，从而实现持续增长、高效运营。

数字化是为企业的生产经营服务的。通过大数据服务用户，实现成本控制、造价控制，进而反向作用生产经营，提高企业的盈利能力。将客户、供应商以及需求方之间的关系，由以前的点对点联系，变成一种网络化的联系，把各个企业之间变成一个广义的社交网络联系起来。如今，数字化的飞速发展，正逐步重构企业的竞争力。

践行国企使命　争当数字化转型“先行者”

文 / 宋勤波

中国江苏国际经济技术合作集团有限公司党委书记、董事长

党的十八大以来，数字经济发展上升为国家战略。数字经济顶层设计正加速完善，系列政策部署在各地加快落地，做强、做优、做大数字经济，成为加快推动构建新发展格局、建设现代化经济体系、构筑国家竞争新优势、抢占未来发展制高点的必然选择。江苏省高度重视数字经济发展，明确把数字经济作为江苏转型发展的关键增量扎实推进，着力打造数字经济新引擎。

国有企业作为我国国民经济中的中流砥柱，亟须进一步增强国有企业推动数字化转型的责任感与使命感，凝聚国有企业数字化转型共识，主动把握和引领新一代信息技术和产业变革趋势，多措并举推动国有企业数字化转型，为数字化转型工作奠定良好开局。作为多元化发展的省属国有企业，中国江苏国际经济技术合作集团有限公司（以下简称“中江国际”）不断探索建筑、贸易、投资等相关业务领域的数字化转型发展之路。在主营业务建筑行业的数字化建设方面，中江国际牢牢抓住数字经济发展的“关键期”，聚焦“数字工程”，不断推动数字化转型发展，提升工程建设数字化水平，提高建筑业发展质效，建设数字新中江，构建竞争新优势。

完善数字顶层设计，规划数字化发展路径

数字化转型是一项长期而艰巨的变革，不可能一蹴而就，制定并把握合适的策略，企业数字化转型才能事半功倍。对建筑业企业来说，从设计到施工，再到运营管理，涉及数字化改造的环节“多而分散”，做好顶层设计，打造企业经营和战略管理的数字化闭环尤为重要。

近年来，中江国际砥砺前行，积极制定信息化建设规划和建筑产业数字化发展路径，逐步形成了集团数字化顶层设计思路。紧跟 BIM 发展趋势，中江国际高度重视 BIM 技术的发展，于 2017 年 5 月成立了建筑设计院 BIM 所，依托建筑设计院的技术资源，结合集团总承包优势，积极服务集团发展，打造了一支精通设计、施工及后期运维的全过程 BIM 团队。2019 年，进一步组建成立 BIM 研究中心和技术平台，依托中江设计院研发力量和省公建中心项目，积极进行 BIM 领域关键技术的研究和推广，不断丰富“数字化”内涵，创新“数字化”形式，提高“数字化”程度。当前，设计、施工、运维等环节都可以通过“数字图纸”呈现，建设周期、可行性，以及建设效果一目了然。BIM 成果荣获多个国家级和省级大赛奖项。

同时，按照省委、省政府部署，省级政府投资非营利性工程项目实行集中建设，由中江国际组建省公共工程建设中心（以下简称“省公建中心”），承担集中建设任务，履行工程组织建设职能。实践证明，省公建中心承担的政府投资工程集中建设项目，可以更好地推进建筑施工管理及成本控制方面的数字化转型，真正推动建筑产业融入数字经济浪潮，促进江苏省建筑施工管理、施工技术水平、数字化程度的有效提升。在此背景下，中江国际加快推进数字建设公司实质化运营，推动省公建中心设立全省数字建设技术平台，加快建筑信息模型、三维数字化协同设计、人工智能等技术集成应用，实现数字化与建造全业务链深度融合，为“智能建造”、集团数字化转型、省级集中建设模式优化创新提供科技支撑。我们还将引入广联达等数字化转型经验丰富的企业共建生态，助力江苏省由“建筑大省”向“建筑强省”转变。

释放数字化价值潜能，推动产业互通互联

2022 年 1 月 25 日，住房和城乡建设部印发《“十四五”建筑业发展规划》，提出“打造建筑产业互联网平台。加大建筑产业互联网平台基础共性技术攻关力度，编制关键技术标准、发展指南和白皮书。开展建筑产业互联网平台建设试点，探索适合不同应用场景的系统解决方案，培育一批行业级、企业级、项目级建筑产业互联网平台，建设政府监管平台。鼓励建筑企业、互联网企业和科研院所等开展合作，加强物联网、大数据、云计算、人工智能、区块链等新一代信息技术在建筑领域中的融合应用”。因此，打造建筑产业互联网平台既是推动建筑业“十四五”规划落地、实现建筑业高质量发展的关键举措，也是提升建筑产业基础能力和产业链现代化水平的关键支撑。建筑产业互联网平台的打造，国企是实践者，更是担当者。

中江国际紧跟国家战略规划，全力打造建筑产业互联网平台。以省公建中心非营利性集中建设项目为载体，积极筹建基于 BIM 的项目全生命周期监管平台，项目从立项到竣工的全过程开展基于监管平台的数字化技术运用，建成后将实现多个监管部门通过一个平台完成对所有集中项目的集中管控。着力推进产品创新数字化以及生产运营智能化。随着中江装配式公司的成立和成功运营，目前已成为周边省份规模最大、省内单厂生产规模最大、产品种类最全的装配式建筑企业，年产 PC 构件达 12 万立方米，实现了从设计、生产、安装、物流、模具和管理咨询等装配式一体化服务。同时，中江装配式公司积极响应国家绿色低碳环保要求，紧跟建筑工业化发展步伐，加快技术研发和成果转化，努力扩大新型建材产能，赋能绿色发展。

推动产学研深度融合，加快数字技术应用

持续深化与重点高新企业、科教单位的战略合作，与建设数字化新高地设想一脉相承。

中江国际与南京大学建筑城市规划学院建立全面战略合作关系，推进建筑学教育本科及硕士联合培养实习基地和研究生工作站的建立，为企业培养“数字人才”奠定了基础；成立数字建设技术公司，聚集信息技术人员，通过“投建运”一体化的方式，以投资带动数字化转型，为“智能建造”、集团数字化转型发展、公建中心集中建设模式的优化提供更多支撑。在进行多维度城市更新课题研究的基础上，筹划成立城市更新研究院，在城市更新项目的工作机制、实施模式和技术方法运用等方面取得新成果，力争探索形成可复制、可推广的城市更新经验做法。

当前，中江国际已发展成为集国内外工程总承包、城镇投资、国际贸易为一体的大型跨国集团，业务遍布世界 100 多个国家和地区，在世界工程建设版图上铭刻下坚实的“中江印记”，成为江苏企业开展国际化经营的“金字招牌”。

站在新的历史起点，中江国际将以打造江苏“一带一路”交会点建设支点企业和江苏建筑业转型升级旗舰企业为引领。一方面以推动成套公司 IPO（注：首次公开募股）为契机，充分利用国家适度超前开展基础设施投资建设的有利时机，开展全过程工程咨询业务，适时整合充实勘察、设计、检测、监理等力量，研究开发“双碳”咨询业务，大力发展造价业务。另一方面，城投公司、房地产公司、国投公司围绕集团主业，找准发展定位，着力在投（融）资和运营两端提升能力，致力在城市更新、旧城改造、乡村振兴、定销房及公租房等领域抓机遇、谋发展，通过产业链延伸拓宽发展空间，推进业务转型升级。中江国际将继续在“一带一路”建设和新型城镇化战略进程中展现新时期国有企业新作为，将国内数字经济成果向海外延伸和转化，以数字化转型升级赋能企业高质量发展，为打造江苏建筑强省作出新的更大的贡献。

谋创新发展新格局　构数字融合新路径

文 / 王军

中国建筑西北设计研究院有限公司
党委书记、董事长

文 / 常青

中国建筑西北设计研究院有限公司
数字化研究中心副主任

中国建筑西北设计研究院有限公司（以下简称“中建西北院”）成立于 1952 年，是中华人民共和国成立之初国家组建的六大区域建筑设计院之一，现隶属于世界 500 强位列第 9 位的中国建筑集团有限公司。

当今世界正经历百年未有之大变局，新一轮科技革命和产业变革深入发展，全球经济越来越呈现数字化特征。加快数字化发展，建设数字中国，是顺应数字时代发展趋势、构筑国家竞争新优势的战略选择，应准确把握数字化发展的机遇和挑战。在党中央加快“数字化发展，建设数字中国”战略方向的引领下，2020 年中国数字经济规模占 GDP 比重超过三分之一，同时保持约 10% 的增长速度，数字经济逐步成为国民经济主导力量。

2021 年 2 月，国资委印发《关于加快推进国有企业数字化转型工作的通知》，明确国有企业数字化转型的基础、方向、重点和举措，开启了国有企业数字化转型的新篇章，积极引导国有企业在数字经济时代准确识变、科学应变、主动求变，加快改造提升传统动能、培育发展新动能，快速适应数字经济新生态、新模式，实现产业转型升级。

如何加快建筑设计企业数字化深度转型，推进产业数字化向数字产业化发展，推动数字经济和实体经济深度融合，也成为国有建筑设计行业贯彻国家高质量发展原则的重要任务。建筑设计企业处于建筑行业产业链的上游，作为知识服务类企业，设计企业应围绕各自业务需求，结合自身在行业的首端优势，打造全维度的数字化转型体系及路径，贯穿全生命周期的数据管理应用，通过人工智能、云计算、大数据等技术的加持，将企业信息流转化为数据流全新业务系统。

构建行业数字化新生态已经是大势所趋，在行业整体产业革新的背景下，建筑设计企业核心竞争力的重心也在向数字化转移，以数字设计为核心不断优先构建完善的数字设计体系，在未来的竞争中能掌握更多的主动权。数字设计将以“数字设计平台”体系为核心引擎，全面满足各层级用户的个性化需求，让设计创意无限传承。

在“数字设计”引领下，数据驱动的高效化设计，助力设计师发挥创意，高效交付设计成果；数据融合的全专业协同设计，实现设计过程的最优化，推动全参与方协作，最大化建筑产品价值；数据资产支撑的一体化业务，形成设计数据资产库，降低专业门槛，实现设计算量施工一体化，赋能设计企业开展工程总承包与全过程咨询业务；数据赋能的智慧化管理，通过 BIM、CIM 平台、大数据、云计算等技术的应用，可加快提升建筑全行业智能化、智慧化管理的水平。

中建西北院作为国有大型综合建筑设计服务企业，在数字经济浪潮下，积极响应国家号召，发扬国企担当，依据中建集团信息化规划，紧紧围绕中建西北院“十四五”发展战略目标，对设计业务及管理过程中全要素数据进行收集与分析，重塑业务与管理模式，实现全新的数据驱动的业务与管理数字化，正在通过实践探索一条适合国有建筑设计企业发展的数字化转型之路。

组织机构建立与顶层规划设计

为推动企业全面数字化转型，成立由企业“一把手”亲自挂帅的数字化转型领导小组，组建数字化研究中心，负责数字化转型相关顶层设计、规划编制、技术研发、培训宣传、推广考核等工作，并与原有信息档案部融合，形成统一的“数字化转型研究 + 信息化建设保障”组织管理体系。

2021 年年初，中建西北院《“十四五”信息化规划暨数字化转型规划》正式发布。作为“十四五”期间信息化建设及数字化转型工作的顶层设计文件，从国家、行业、集团、社会环境、技术环境、区域环境等层面详细阐述分析了“十四五”期间信息化发展要求，客观评估院信息化发展现状及数字化转型需求，制定了“数字一体化平台建设”赋能“生产及管理工具全方位转型提效”的企业数字化转型战略愿景及总体目标。对数字化管理体系建设、数字化生产体系建设、数字化业务体系建设、数字化赋能生态建设等重点建设内容做出了系统性的架构设计，并从推进步骤、基础设施建设、软件与平台建设、年度实施计划、投资估算、保障措施等方面对数字化转型工作进行了详细规划。

聚焦设计主业，促进生产工具转型升级

自 2020 年数字化转型初始，中建西北院便提出以下转型策略：以二、三维协同设计数字化体系为支撑，提升设计过程及成果质量；以二、三维数字设计成果为导向，增强孪生数字成果交付能力；以实时信息交互的管理协作平台为核心，提升设计全过程管理价值；以孪生数据资产交付能力为突破点，提升设计在智慧城市的引领能力。

期望以生产工具转型升级为切入点，以问题为导向，持续推动包括二维图层级协同设计、三维正向协同设计为代表的协同设计技术强制替代传统离散式设计生产方式。

在二维图层级协同方面，完成了二维设计从流程—文件—图层级的数字化协作设计转变。为保障基于数字协同设计平台的二维协作设计模式的更好落地，编制并出台了《建筑工程二维协同设计标准》等系列数字化设计、应用及保障体系文件，涉及软硬件标准化体系、图层标准、协同规则、数据命名标准、数字系统使用手册、推广细则、考核标准等，实现了全院多区域不同部门不同项目，从前期策划管理、多专业高效协同设计到出图交付的全流程、多维度闭合统一管理。至 2022 年年末，二维图层级协同设计上线率达到 100%。

在三维正向协同设计方面，对标国内标杆设计院成功案例制定正向设计发展路线图。聚焦国内领先的软件及平台开发企业，引进并持续定制化开发以符合中建西北院业务发展需求。通过试点项目的实施在全院各生产部门建立“数字化设计小组”，通过激励政策、软硬件配套保障、建立健全人员发展晋升渠道等，实现部门协同推进内循环体系发展，通过内循环形成技术引领带动效应，全面提升中建西北院“三维正向设计”技术能力。

建立线上学习平台，完善员工协同设计技能培训与能力档案体系。目前学习平台已上线员工讲师自行编制录制的包括二、三维协同设计，软件基础操作，设计实战指导在内的培训教材视频，共 18 门课程近百个学时，共有近 1600 人次已通过线上学习平台完成了相关培训。

未来还将建设中建西北院大数据资产库，通过 70 年来的经验沉淀与以大数据、人工智能、云计算等为代表的现代数字化技术深度融合，为设计主业赋能，提升设计质量、生产效率及既有建筑更新设计能力。

重塑管理流程，实现管理职能效率提升

为实现职能管理部门工作信息互通、高效协同，提升管理工作效率，结合在实际职能管理过程中所遇到的痛点、难点，首先针对经营管理板块进行了数字化转型升级，分别开发了经营大数据分析及领导驾驶舱、投标资源库等平台工具。

大数据分析系统的上线运营，告别手工分析时代，通过抽取项目管理系统各业务模块的数据源，从投标、项目、收付、合同、排名、区域化等多维度展开分析，通过图形和图表更直观地对比，实时反映经营数据，保障数据完整性和准确性，为经营决策提供数据支撑，提升经营管理效率。

“十四五”期间，中建西北院将通过包括知识库管理、科研创新管理、IT 软件管理、AI 图档数字化等一系列新型数字基础设施系统的建设，致力于构建数据治理、共享开放、安全可控的企业管理数字化应用体系，全面提升全院经营和职能管理水平，实现对院生产、经营和管理的全方位数据体系覆盖和支撑，通过构建具有市场化、透明度、高效率的企业数字化运营管理体系，推进企业治理现代化。

建立数字化转型朋友圈、生态圈

近年来，中建西北院以价值共创为导向，以数字化平台、技术为纽带，与互联网、大数据、人工智能等企业跨界合作，共同构建开放、合作、共享、共赢的数字化朋友圈、生态圈。

在传统管理与业务平台建设方面，中建西北院联合多家软件研发企业，共同开发建设二维图层级协同平台、三维数字协同设计平台、设计交付与管理平台等数字化产品，推进软件正版化、国产化。

在“智慧+”业务板块，与数字孪生技术头部企业联合研发数字孪生运维管理平台，应用于智慧园区、智慧办公、智慧文旅、智慧医疗等数字化典型场景；基于中建西北院在传统文化建筑设计领域的优势，以国家文博、文旅产业数字化创新研究为核心，与中国文物交流中心等单位联合共建“国家文博文旅数字应用重点创新实验室”，研究并转化文创新试验成果，引领文博、文旅数字化创新发展路径。

建筑行业产业链条长、业务领域跨度大，实现各个业务部门、产业链条之间的良好协作是建筑行业数字化转型所追求的目标。低碳数字技术与传统建筑产业的深度融合，将逐步形成新型建筑业态和产业，而数字经济已成为加快建筑业数字化转型的核心引擎，正在加速重构建筑产业链格局，对建筑业创新链价值链的渗透和融合产生了深远影响。

聚焦建筑产业链“双碳”+“数字化”行业发展目标，联合多家高校及科研机构，共同探索研发绿色低碳装配式产业链数字技术应用体系，从而推进建筑工业化产业链上下游资源共享和联动发展。

联合人工智能领域领先企业，积极探索AI智能设计技术在设计业务全阶段的应用，并以存量历史图档数字化为契机，研究基于AI识别技术的图档数字化应用，从而保持技术先进性，增强核心竞争力。

推动数字产业化发展，形成企业第二增长曲线

在“十四五”中后期，中建西北院将在数字化业务形成较大规模基础上，持续探索数字产业化发展路径，打造全过程、全要素的数字化交付能力，融入市场化思维，通过内部使用不断迭代优化，强化数字资产效率的提升和数字资产智能化研发应用，携手生态伙伴共同形成以“‘智慧+’场景解决方案”“二三维协同设计体系”“交付与管理协作平台”“AI智能设计及图档数字化”等为代表的数字化成熟产品，加快推进数字化技术成果转化与市场化应用推广，力争在数字产业化方面取得突破，形成企业第二增长曲线，实现全面的数字化转型。

积极探索数字产业化和资本化发展道路，支撑市场化运行发展需求，催生平台经济、共享经济等数字化新业务和新模式，建立志同道合的生态圈合作伙伴关系，与行业、政府数字化转型深度融合，共同优化市场数字资源配置，提升市场良性竞争效率，为企业数字化转型创造一个公正公平的市场化发展新环境。

企业数字化转型是一个持续不断迭代升级的过程，只有起点没有终点，只有进行时没有完成时。中建西北院愿以国企担当为己任，通过数字化创新企业高质量发展新格局，构建产业数字化和数字产业化融合新路径，探索建筑设计行业企业数字化转型新业务新赛道，最终实现数字中国的美好愿景。

建筑业数字化转型思考与实践

文 / 王鹏翊
广联达科技股份有限公司副总裁

数字化浪潮席卷世界，颠覆、重构我们的生产、生活，让人们对世界的认知产生了颠覆性改变，也让技术范式的颠覆成为必然。数字化带来的新思维、新技术、新模式使人类社会的技术体系、组织架构、商业模式、产业形态被重构，行业、企业、市场、业务和技术的边界都在被重新定义，各行业先锋企业着眼未来纷纷开始数字化转型，重新建构业务版图。

作为一个传统的、重型的基础行业，建筑业对国计民生具有重要的和广泛的影响。首先，建筑业体量特别大，生产方式粗放、劳动效率不高、能源资源消耗较大、科技创新能力不足等问题比较突出，且近年来随着我国老龄化进程加快、人口红利渐退，导致现场施工的劳动力成本迅速增长。这些因素都成为制约建筑产业发展的瓶颈。其次，研究报告显示，建筑业的数字化应用水平仅高于农业，位列倒数第二。制造业是与建筑业较为接近的一个行业，其数字化程度在近年来得到了较好发展，而建筑业依然举步维艰，投入与收效长期不成正比。

数字化的本质指向决策

对“数字化”“大数据”“算法”等词汇，人们已经耳熟能详，但深究其根本，又很难解释透彻。数字化把诸多新的技术带到建筑业，并推动建筑业实现从设计到施工、交付的全流程变革。但从本质来看，数字化最擅长的就是运算决策，这是后台算法和数据的精妙之处，它能推测你想要买什么，根据你想买的给你看相关产品，做到比你更“懂你”。

首先，决策无处不在，事实上每一位管理者都是决策者，都要做出大量的决策。其次，无论哪个层级，项目还是企业，很多决策都会直接影响企业效益，比如是否采取合适的工艺和工序穿插方案？是否能根据价格趋势判断材料采购时机？供应商选对了吗？遭遇进度延误时是短期多派人手赶工效益，还是在较长周期内平衡效益更好？这些决策都会对项目效益产生较大的影响。

数字化就是把决策所需要的数据，进行有计划的收集、整理，便于后续应用。数据中台就是把原来分散在各个系统中的零散数据进行系统管理的载体。数字化转型，就是用这些数据资产，提升企业各个层次的决策效率的过程。

行业要实现数字化一般会经历三个阶段。第一个阶段是工业化，重点在生产过程的标准化；第二个阶段是信息化，考量点在于如何将标准化的动作应用于IT系统，形成管理流程的在线化；第三个阶段才是数字化，需要基于系统产生的数据，去优化内部运营过程，提升决策效率，进而将这种能力拓展到供应链中其他伙伴的业务往来中，形成更深厚的知识、能力沉淀，不断用数据反哺业务发展。

和其他行业相比，建筑业数字化道路有自身特点，即处于工业化、信息化、数字化三线并行的跨阶段发展时代。目前工业化还没有完全实现，信息化正处于系统建设的阶段，数字化治理才刚刚起步。

建筑工业化是以工厂生产的标准化加现场装配式建造为核心的“厂场一体”生产模式，更强调系统性思维。在强政策的驱动下，从结构体系、工艺标准、技术应用和管理模式上均需做出创新，目前这个工作还没完成。

在信息化层面，工程建设企业当前仅完成了 30%~40%，主要表现在商务侧的岗位，现场作业岗位至今很多还没有完成。经过二十年的信息化，企业管理的流程在特级企业基本普及，但应用的广度和深度依然需要付出大量工作。

当前数字化的两项重点工作，一是行业仍需补齐岗位级的工作和管理流程的信息化，较有代表性的便是施工现场中人机料的数字采集工作，即目前“智慧工地”的内容；二是基于已有的数据积累去深耕数字化治理，比如物资采购、计划履约、管理会计等场景。信息化、数字化这两个阶段都属于广义的信息化过程，但数字化和狭义的信息化有本质的区别。狭义的信息化是企业流程的标准化和在线化，本质是“人治”，即通过把更高水平的人放在流程上级节点，对这些决策进行审批，实现企业各个层级的经营和生产决策。而数字化的核心是将决策所需的知识固化下来，沉淀到系统中，实现从“审批流程 + 人”转化为“数据系统 + 算法”驱动的决策方式。从这个意义上来讲，系统建设的完成才是数据储备、积累与治理的开始。

很多企业对数字化转型的意识还停留在数字化技术本身，还没有意识到数字化技术带来的企业组织能力的变化。通过数字化，更多的知识和能力沉淀到公司，引起组织模式的变化，并引导公司发展为平台型的组织。基于此，过去依靠从集团、企业到项目的多级管理层级将大幅缩短，项目的决策能力会因为平台中知识经验的不断沉淀变得越来越强，逐渐形成闭环反馈。

数字化角度看 BIM、智慧工地

BIM 对应的是建筑产品的数字化。不过，过去狭义的理解是将 BIM 等同于三维设计，这是一个误区。广义 BIM 的定位包括客户需求的数字化、建筑物产品以其所需资源的数字化以及建造过程的数字化。其次在应用过程中，BIM 很容易忽略不同阶段对信息深度的精度要求。比如，BIM 有 LOD（Levels Of Development，发展阶段）的概念，但在应用目前具体的 BIM 软件时，总倾向要求一步建立最精细的模型和构件，这与产品设计以及施工过程中，信息的要求是逐步清晰、渐进明细的过程逻辑明显不匹配，也是 BIM 应用的难点；同时，建造工艺包含工艺选择、工序穿插、方案评估等各个阶段对信息的要求也不同，将来的 BIM 还需拓展概念，深化产品来满足这些需求。

智慧工地技术对应的是人、机、料等要素的数字化，近几年得到了快速的推广，如今将进入深水区。目前的关注点也需要由关注技术转化为关注场景，与项目管理做结合。另外，比如物料、劳务等场景已非常明晰，相关的产品都为后续系统性感知施工现场打下了基础。

智慧工地最终的价值是用数据和信息提升真正影响效益的一线作业的决策。因此，智慧工地不仅是企业建设的大屏和看板，而且是让一线人员决策更有效，工作更高效，若没有这个效果，数字化建设的方向是有所偏差的。

用运营思维来做系统建设

若不能明确数字化对企业战略的支撑，数字化往往被当成成本，得不到真正的重视和相应的资源投入。需要将战略目标分解为明确的数字化专项场景和重点指标，这不应成为被忽略的一步。

与此同时，数字化不仅是信息化部门的工作，它的导向是提升企业某一方面的能力，比如数字化采购、数字化辅助利润率提升、数字化人员管理与绩效评定等都是典型的数字化应用场景，分别对应采购能力、商务能力和人力资源能力。

在这里面有两个关键问题：一是数据治理关键在于谁用数据，谁就来确定数据的标准；二是要用运营的思维做系统的建设，数字化系统建设的结束，才是数字化运营的开始。关于数据标准的建立，需要基于业务确定数据标准，保证名称、定义、口径、来源、参照的统一，避免单一元素在不同系统间产生偏差，比如材料编码、企业名称等，这是非常基础且重要的工作，只有业务部门深度参与才能回答。

建立开放的、具有二次开发能力的数字中台成为关键。数字中台是企业针对业务、数据综合治理的集成式平台。具体是以技术中台为底座，通过数据中台与业务中台的构建与运行形成闭环。数字中台的持续运营能力非常关键，它不仅是 IT 系统的概念，而且是数据资产的运营平台，核心是要从不同的系统中不断地去采集、治理过程数据，形成数据资产，然后为业务赋能。如果业务能力没有沉淀到公司的某个中台部门，该项目大概率是借着数字化的名义，解决信息化的问题，需要重新审视。数字化运营的主导方是业务部门，IT 部门提供支持。

广联达目前在项目侧通过自身研发以及生态伙伴合作，共计落地了 20 余种软件、100 余种硬件，并与市场中常见的 300 家供应商进行合作，将数据按照统一标准接入数据中台，覆盖整体项目多达 50% 的场景需求。向客户开放能力，包括 BIMFace、数字项目管理平台是广联达在数字化方面最重要的举措之一，这也是广联达看到了数字化系统的运营属性。对施工企业来讲，数字化涉及基础工具的建设、平台系统的建设以及企业流程与系统的建设等。

在大多企业数字化建设的内容中，有 80% 的工作是相似的，倘若单个企业重复做此类建设，对整个行业来讲，它的投入产出是不经济的，此内容应该由数字化平台供应商提供，施工企业更应该注重自身企业中那 20% 的个性化数字需求建设。当然，数字化的最终目的是带来组织能力的提升，带来管理模式的改变。举个例子，目前很多重要的技术决策、资源调配决策都采用项目部决策、公司总部审核的模式；通过数字化，若集团工程部有能力把握和主导项目的技术方案选择，此时可根据远程项目部实时统计的数据进行全集团资源统一调度安排，这时企业对项目管理的模式便发生了重大变化，项目的风险得到更好的控制，项目效益明显提升，那么该数字化系统的建设就十分有效。因此，在系统建设启动时，就要思考对业务部门的管理能力如何实现提升，从而倒逼系统建设实现目标数据的积累。

人才培养与激励制度成为新话题

建筑产业数字化转型需要行业洞见和数字化技术的深度融合，同时也需要企业加强人才培养和激励制度的设计。数字化的项目考核、数字化技术人才的评估培养是一个新的话题，对传统考核、激励、培养方式带来很多新的变化。

一直以来，建筑业人才培养的周期非常长，一方面与工程项目的建设周期有关；另一方面传统评估模式还是以领导经验为主，存在较多的矛盾。

对任何一个技术人员，时时刻刻都会产生与之责任范围相关的数据，比如巡检过程发现了多少问题、后续整改的速度和效率如何等。基于此，技术人员在各个项目的表现都是数字化的，对其晋升、评级都可以提供准确的信息，而不是传统的答辩、上级评定等方式。人的培训模式也会发生变化，一些企业已经通过数字化系统发现质量、安全管理有短板的员工，对这些员工进行更精准的培训，快速提升他们的能力。最终，企业数字化水平的提高会降低项目管理人员的要求，项目经理、技术人员逐渐年轻化，企业、行业、产业规模化能力不断变强。

建筑业的数字化前路漫漫，需要全建筑业企业、全体建筑业企业管理者及其 CIO（首席信息官）们共同努力。用数字化为转型插上翅膀，重塑企业掌控力与拓展力，全力奔向高质量发展的辉煌未来。

建筑业企业数字化转型的逻辑与实践

文 / 李宗平
中国交通建设集团有限公司副总工程师

随着云计算、大数据、物联网等新技术和中台化、轻量化、微应用、数据湖等新概念的演进，数字化转型成为国家和行业倡导、企业关注的焦点。对企业来说，到底什么是数字化，什么是转型，目前仍没有完全统一的概念，笔者根据调研结合实践认为数字化是产品（或服务）按照一定的颗粒度将其要素和属性进行量化，以利于产品在生产和使用过程中的精细化操作、精准化管控、精益化运营；转型是企业将 IT 技术与企业经营紧密结合，对企业的发展战略、运营模式和运行机制进行优化、创新与变革，是主动顺应时代趋势、守正创新、拓展发展空间的过程。建筑业作为国民经济支柱产业之一，传统的粗放式发展已无法满足时代发展的要求，数字化转型是进一步优化生产关系、提高生产力水平的重要途径，是提升企业核心竞争力、打造世界一流企业的必由之路。

大型建筑企业具有经济规模大、管理层级和业务类型多、业务分布地域广、标准化程度低等特点，如何将建筑企业所涉及的数目繁多的产品（或服务）按照管理颗粒度要求将其构成要素和属性进行量化，用来实现产品全生命周期的可视化、在线化及智能化管控，以此优化建筑企业的商业模式、组织模式，提升运营效率和经营质量，同时为客户提升产品价值，需要我们在实践中去探索建筑企业内在的发展逻辑。

管理数字化先导，优化运营，透视企业管理

大型建筑企业所属企业众多、资产结构复杂、业务种类繁多和经营模式多样，同质竞争较为突出，须向系统化、规范化、数字化管理方向转型发展，构建数字化运营管理体系，依据实时运营数据分析对组织机构、资产结构、业务运行等方面不断进行优化。提升组织效率，对低效无效的组织机构进行兼并重组实现瘦身健体；提升资产质量，对低效无效资产进行处置，不断做优资产、扶优扶强，对发展好的企业、产业优化资源配置，促进企业高质量发展。

数字化运营管理就是基于互联网、云计算、物联网等技术，建立“经营预算 + 运营监控 + 绩效考核”三位一体的数字化运营管理体系，促进企业经营管理科学化、在线化和智能化。有力整合企业的人、财、物、产、供、销等信息，做好计划、协调、监督和控制等各个环节工作，打破“信息孤岛”，构建数字“价值链”。梳理企业和项目管理的主数据、字典和指标，形成能体现资产、企业和项目管理水平、管理能力的表单模板。建立运营监控平台，动态真实地掌控各企业和项目管理运营状况。设定管控指标阈值，分级进行预警处置。对问题企业和项目精准施策，实现对资产、企业和项目由管理转向治理，体现“放管服”的理念，以“高质量运营”推动企业高质量发展。

一是建立业务指标体系，运营管理数字化建模。建筑业企业应结合“两利四率”国资委考核要求与企业内生发展需求，梳理、分析和编制统一的生产运营业务指标标准，建立企业全业务运营监控指标体系，穿透各级法人组织直至项目，形成横向各业务、纵向各单位、内外各指标三类数据穿透打通，支撑经营预算、运营监控、业绩考核的“三位一体”数字化运营体系建设，规范各层级企业和项目运营。A 公司通过管理共性特征将业务划分为基建施工、设计咨询及科技、装备制造、投资运营、房地产、外经、金融、商贸、其他等九大业务板块。每个业务板块根据各业务管理的规律编制《生产运营监控业务指标手册》，建立企业和项目分析及评价模型，对比经营预算进行监控和阈值预警，同时对比行业发展要求进行运营状态健康评价，使管理更加有的放矢。

二是科学构建数据治理体系，夯实数字化发展基础。为支撑管理数字化运营和生产运营监控的数据采集，实现核心业务数据在异构 IT 系统间贯通，需要组织专业团队进行组织机构、人力资源、物资装备、项目管理等主数据和业务数据标准建设和既有系统数据的清洗。A 公司成立了主要由领导挂帅，包括决策层、管理层、执行层的三层数据治理组织体系，抽调各部门、各单位人员成立专项工作组用两年时间编制了九类主数据和各类业务数据标准，为全集团“书同文，车同轨”的数据贯通打下坚实基础。

三是建设运营监控平台，透视运营态势。根据《生产运营监控业务指标手册》对采集的生产运营的数据进行计算分析，对比经营预算指标和阈值标准进行绿、黄、橙、红判别，按照阈值预警标准进行信息发布，按照对应的责任体系进行预警处置，推动企业治理体系和治理能力建设，并定期对标行业指标发布企业运营评价状况（企业发展指数）和项目运营状况（项目健康指数），数字化运营通过过程保证结果，在企业内部在各业务板块建立相互比拼的赛道和“比、学、赶、超”的局面。同时依据国资委与总部管理需求，系统构建生产运营月报、运营监控月报、季报等生产运营分析体系，为企业战略规划、分析和企业治理决策的有效开展提供有力支撑与保障。A 公司通过内部梳理和外部对标相结合，开发出全集团运营监控平台，经过不断优化升级，能实时看到各企业运营状态和症结所在，为企业纠偏、做出决策提供了准确数据，使管理更有针对性。

四是推进财务一体化建设，规范经济业务管理。数据贯通不仅有技术障碍，还有“部门墙”“企业沟”的阻拦。而财务一体化要求所有收入和支出的相关合同与统一的财务系统对接，否则无法完成收支，其加强了企业对经济运行的管控力度，是推动庞大央企集而成团的关键，是智能运营的前提。A公司建立了全集团统一的财务标准和财务云平台，实现了所属各企业财务一体化和统一管理，推动了管理的规范化、数据的真实性和各层级管理数据的贯通。

五是研发业务管理数字化系统，赋能一线。根据各板块《生产运营监控业务指标手册》并结合各板块业务实际，细化管理颗粒度和时间频度，遵从主数据标准研发业务管理系统，在业务管理系统中首要任务是按照业务流程驱动，对业务生产过程赋能，并承载业务全过程产生的数据，实现业务全过程“可视化”和“在线化”。A公司在各业务板块中挑选领先子企业牵头梳理和编写该板块的管理数字化的指标体系，过程中组织板块内其他子企业参与研讨、对标、评审，并以此为依据研发出具有管理和服务双层功能的业务管理系统，使之与财务、运营监控等系统打通，达到数据真实有效、实时快捷，减免了大量的报表，真正为一线赋能。

管理被认为是计划、组织、领导和控制的实践活动，在管理数字化运营中，这一实践活动中的主观色彩将被最大限度地剥离，人的主观能动性和数据的客观科学性灵动地结合起来，让企业能够随环境的变化而快速调整、适应，从而掌握发展的主动性。A公司通过一年多管理数字化体系的运行和运营质量分析，强化聚焦主责主业、相近多元赛道，及时纠正冲动型、机会型的业务发展，整体发展质量得到了较好的提升。

产业数字化前瞻，数字协同，提升核心竞争力

产业数字化是以价值创造为核心，以项目为载体、以场景需求为驱动、以数据为关键要素，大力推进数字技术与产业深度融合，提升产业创新驱动能力，推动数字生态融合发展，实现生产智能化的一系列活动，按照“价值创造、创新驱动、融合发展、系统推进”的原则与管理数字化工作协同推进，支撑建筑企业全面建设具有全球竞争力的世界一流企业。

第一，发布产业数字化顶层设计，宏观布局。建筑业企业需要成立专项工作组对企业内外部进行深入调研，编制适合本企业的产业数字化顶层设计，明确产业数字化的发展思路、总体规划、重点任务、实施路径、保障措施，避免子企业各自为政、低水平重复建设，有效推动产业数字化发展。A 公司按照“业务引领、技术牵引，整体推进、重点突破，数据驱动、安全可靠，开放共享、合作共赢”的理念编制和发布了产业数字化总体蓝图，围绕建设基础设施产业互联网愿景，面向产业链数据贯通和生产智能化两个核心落实四个布局，构建“布点、连线、成面、构体”产业数字化架构体系，通过布点实现数字技术与主营业务生产的紧密融合，提高产业核心竞争力，适应创新发展需求；通过连线打通产业链各环节，实现数据贯通，形成合力，增强对市场环境变化的适应力；通过成面推动共性能力整合，实现技术、应用、数据、成果共享，适应一体化发展需要；通过构建培育产业链生态圈生态，推动行业价值开放和共享发展。部署了基础管理提升、数智平台建设、行业示范建设、数字化产业链培育、数字生态能力培育、数字产业化建设等重点任务。明确了按照“总体设计、迭代实施，整体推动、市场主导，标杆引领、生态集聚”实施策略，中长期将通过三个发展阶段，分别达到领域级、平台级、生态级三个里程碑；按照“三年见成效、五年全覆盖”实施目标，逐步完成主营业务核心产业链的数字化升级。在组织、机制、资金、人才上建立适应的保障体系，系统推进产业数字化发展。

第二，构建全周期数据贯通的 BIM 体系，夯实基础。产业数字化的首要任务是要实现全过程数据贯通，建筑企业总部层面需要构建适合企业产业全周期数据贯通的 BIM 体系，组建专业机构，明确支持预算，制定发展路径和管理制度，支撑产业数字化发展。A 公司遵循“统筹布局、重点突破、自主可控、国际接轨、引领发展”的基本方针，落实“数智公司”发展愿景，以服务工程项目全产业链为主线，以支撑产业数字化发展为核心，构建了企业主营业务数字化生态体系，打造以BIM为基础的业务数字模型创建、协同工作和数据资产运维三大类互联互通平台，形成所属企业间“共商、共建、共享”的基建行业数字化生态圈互联网。

企业BIM中心层面主要负责“数字创建、协同、资产运营”三大类通用平台搭建和通用基础功能研发，建立业务横向各专业协同，纵向各阶段间的协同规则和基本标准。所属企业BIM专业分中心层面主要负责在三大通用平台基础上，编制专业应用标准、研发专业应用产品和建设工艺工法库、族库（模型）等数据资源，为岗位级应用赋能。

BIM技术为主营业务打造六大增值服务功能：一是为设计咨询从工程项目计算模型向数字化模型快速转换和设计成果数字化交付提供支撑服务；二是为工程项目施工虚拟建造提供支撑服务；三是为工程项目施工管理提供支撑服务；四是为工程项目数字孪生及交付提供支撑服务；五是为工程项目运维提供支撑服务；六是为沉淀工程项目生命周期数据资产和主营业务发展赋能提供支撑服务。分为起步、完善、优化、行业贡献四个阶段稳步推进，同时明确支持预算和制定了BIM管理办法，全方位推进BIM技术研发和推广应用。

第三，开展产业数字化典型试点，示范引领。产业数字化需要标杆先行、示范引领，按照由简至繁、由低到高、由易至难的原则循序渐进地推进。在初期需要围绕数据贯通与生产智能化两大核心，按照量大面广、易形成研发成果并易于推广的原则遴选试点项目，采用积极的政策支持和专业部门系统推进，尽快形成成果，推广应用，让人们感受到产业数字化带来的价值，使各企业逐步被动变为主动，形成各企业进行产业升级的火热氛围，不断提升企业的核心竞争力。A公司选择具有较好数字化基础的单位，分别在投建营全周期数据贯通、数字化设计、智能化施工管控、智能化施工、智能化运维等方面和不同产业遴选了试点项目，总部投入引导性资金，经过半年的系统推进，在试点项目上效率凸显，如节段梁预制厂采用自动化流水线的理念，让节段梁的各工序流动起来，构建了工厂全要素智能管理系统 MES，辅以人机协同，与原来工艺相比提升效率两倍以上，且减少预制台座 50%，预制效率提升 30%，减少人员投入 30%，降低成本 5% 以上。

数字化转型能力统筹，集约发展，构建精益发展体系

建筑企业在管理数字化和产业数字化的推进过程中，先是点状、条块式的数字化应用系统，随着管理、流程、数据的逐步贯通，形成全方位、立体的数字化覆盖。在这个过程中，不仅数据标准要统一，软件底层技术、架构、格式等都需要统一，建立健全系统化、标准化、平台化的企业数字化发展能力尤为重要。A 公司在总部层面统筹推动四大能力平台建设，即业务能力平台、数据能力平台、资源能力平台、数字设施平台，形成共建共创共享的统一数字化平台，有效盘活各类数字化资源资产，形成知识、产品和技术共建共创共享的能力中台，降低研发成本、提高应用效率，助力各子公司数字化发展。

一是统筹业务能力平台研发，筑牢发展底座。构建企业级业务能力平台，以全价值链赋能为目标，聚焦支撑主业发展，在设计、研发、制造、销售、服务全过程进行生产工具、工艺、管理、过程控制的智能化创新升级。A 公司围绕人、机、料、法、环等生产要素的智能化管理，建设智慧工地平台，利用数字技术为施工过程和现场管控赋能，实现作业现场全要素自动感知、实时分析和自适应优化决策；围绕工程材料及预制构件生产与施工装备智能化升级，建设智能建造平台，实现生产工具、工艺流程、管理模式、过程控制升级，推动生产组织标准化、装备作业自动化、建筑构件工业化、施工过程智能化；围绕工程全生命周期标准化管理，建设基于 BIM 的工程项目管理平台，实现工程进度、成本、质量、安全、技术全流程在线，赋能项目一线管理和企业运营管控，并与智慧工地、智能建造平台联动，实现管理与生产的一体化贯通。

二是统筹数据能力平台研发，挖掘数据价值。构建企业级数据能力平台，连接融通各类平台与数据资源，实现工程项目生产数据、管理数据和外部数据的汇聚入湖，形成面向各层级需求的数据服务能力，支撑多样化场景应用和数据业务化的实现，促进数据资产价值流通。A公司依托管理数字化阶段已建成的集团数据平台和数据标准体系，围绕业务属性、技术属性、管理属性和工程属性，扩展制定工程项目生产数据集成标准；基于“采存管用”平台能力主线，实现结构化存储+对象存储+非结构化存储统一入湖；汇聚管理数据、工程项目生产数据，实现全链条、全周期、全维度数据标准化采集、汇聚、治理、应用，支撑产业链数据协同贯通实现。

三是统筹资源能力平台，共享科技成果。构建企业级资源能力平台，聚焦于全产业链的数字化产品、技术、服务、人员等各类资源要素，建立健全公平的资源要素准入机制、规范标准的资源要素管理体系、共创共享的资源交易服务市场，盘活数字化资产资源，推动产业数字化成果转化。A公司建立资源分级分类编码标准、评定标准、管理机制，汇聚各类数字化资源形成资源共享中心；采用AI技术和大数据技术对资源进行深度分析挖掘，构建知识图谱体系，提供知识分类、知识检索、知识推荐等服务，实现隐性知识显性化；建立资源共享交易机制，形成资源应用市场及交易市场，对基础较好、具有共性的产业数字化成果进行推广应用，逐步构建资源共享运营生态。

四是统筹数字设施平台建设，集约化发展。建设企业级数字设施平台，以泛在连接、云化服务、安全高效为核心，形成企业数字化的数字基础设施服务能力，全面支撑产业数字化能力平台运转。A公司构建云化协同平台，增强边缘计算能力，统一服务于企业数字化应用；开展泛在连接平台、边缘智能网关建设，满足企业国内外各区域、各项目部产业数字化网络访问需求；完善数据中心布局，推进边缘数据中心建设，整体支撑产业数字化各场景应用；推进数字设施平台的自主可控建设，提升数字基础设施本质安全水平；建设安全管理平台，实现云网边端一体化的安全防护与监测预警，构建云网边端一体化的安全体系；建设形成涵盖云网边端的一体化的运维管理、开发测试和标识解析平台，构建一体化的运维服务体系。

通过四大平台的统筹建设，统一企业底层的 PaaS 平台，降低开发成本，提升开发效率，核心是汇聚企业管理、业务生产全部数据，建立数据湖和数据中台，对数据进行分析，所形成的洞察力和知识驱动决策与岗位端赋能，形成螺旋提升的精益业务发展体系。

数字化促进企业层级化管理向平台一体化管理转变，促进条线化管理向共享化管理转变，支撑经验化管理向数据化管理转变，促进传统的建筑企业脱胎换骨式转变，赋能企业“数字化、智能化、绿色化”转型，推动企业实现高质量发展。

做好建筑业企业数字化转型必答题

文 / 李俊杰

中国建筑第七工程局有限公司副总经理

提到建筑业数字化转型，首先想到的是“十四五”以来，国家层面印发的一系列重要文件，如住房和城乡建设部在《“十四五”建筑业发展规划》中提出“推动智能建造与工业化协同发展，向绿色化、工业化、智慧化的建造方式转型”。中共中央办公厅、国务院办公厅印发的《关于推动城乡建设绿色发展的意见》要求“推动建筑业高质量发展”。

在数字化浪潮下，建筑业数字化转型已成为行业共识，也成为建筑业企业发展的必答题。随着数字化转型不断深化，企业越发认识到转型的不易，如何推进企业数字化转型，有哪些策略和路径，是建筑业企业在“十四五”规划中必须重点关注和思考的问题。在这里，分享一下我对建筑业企业数字化转型的认知与中国建筑第七工程局有限公司（以下简称“中建七局”）的具体实践，希望带给大家数字化转型启发。

中建七局数字化转型怎么转

同多数建筑企业一样，中建七局的数字化转型之路刚刚起步，仍处在数字化转型的初级阶段。中建七局顺应建筑行业发展趋势，响应党和国家发展及中建集团“一创五强”的战略要求，同时承接集团“中建 136 工程”要求，完成了工程局数字化转型的顶层设计与实施方案：我们称之为“1233 工程”。

它以一体化平台为信息化建设的技术底座，信息化治理与数据治理两方面治理为保障手段，以“管理信息化”“生产智慧化”“产品数字化”为三大建设路径，实现“全在线、全连接、全服务”的“三全”建设目标。

全在线。主要解决业务在线替代，实现管理、作业的完全在线处理，提高管理标准化、生产均质化水平以及生产效率。

全连接。主要解决现场物联设备接入及内外部业务系统的集成，实现数据的自动采集、流转及设备的控制，解决长期困扰企业的数据实时性、准确性及一致性问题。

全服务。主要致力于解决内外部用户能够使用 PC、移动端等多种方式便捷登录与使用系统。短期目标先解决内部用户的使用，长期规划打通产业链上下游系统，支持产业链上下游用户的接入与使用，初步形成产业互联网。

同时，在中建七局网信工作领导小组的统筹领导下，采取“六统一”原则开展信息化建设，即统一规划、统一投资、统一建设、统一架构、统一标准、统一数据。

中建七局数字化转型有哪些实践

目前，中建七局主要在市场营销系统、智慧建造平台、物联网平台、数据中台与数据治理、生产经营数据分析系统以及工程局网络安全规划六个方面做了大量工作。

第一，市场营销系统建设。它是中建七局整个企业的前端，市场营销系统的定位不仅涵盖 CRM（客户关系管理）的功能，还将工程投标与合同管理（这里主要管理工程主合同）纳入系统管理范畴，实现了从商机到合同的全流程在线管理，并支持竞争对手分析、客户画像、合同智能分析及数据分析等特色功能，可有效提升中建七局投标能力与合同质量，降低项目风险。

第二，智慧建造平台建设。它是中建七局数字化转型的核心系统之一，依托数据中台、物联网平台等满足项目作业与管理、体系与企业管理及决策分析的真正的项企一体化平台。系统以进度为主线，以成本控制为核心，通过数据驱动，实现业务协同；结合智慧工地系统，实现现场作业与项目管理的在线替代；同时结合企业管理制度流程，实现项企一体化。

第三，物联网平台建设。它是中建七局在施工建造业务中实现智慧化的关键支撑系统。通过物联网标准体系与运营管理体系，实现中建七局物联设备认证入库、业务系统软硬件解偶，降低项目采购成本；通过统一的物联网平台完成项目现场的物联设备、智慧工地系统的接入管理，实现数据的自动采集与流转、设备实时监控；针对智慧化场景，按照物联网标准体系，设计或改造智能化设备，可实现对应场景作业自动化与智慧化。

第四，数据中台与数据治理。它是数字化转型之路上必不可少的建设项目之一。数据中台的建设是为了集成业务系统，实现系统间数据共享与交换，支撑数据综合应用与分析。为了让数据中台发挥应有的作用，同时要在企业内部开展数据治理工作，制定数据标准，以实现各业务系统之间数据格式的统一。消除“数据孤岛”，建立数仓，数据按照主题域进行组织与存储，形成数据资产，以便后期按照不同的业务维度与指标对数据进行统计与分析，发挥数据价值。

第五，生产经营数据分析系统建设。它依托报表体系、数据中台与数据治理的建设成果，结合决策层、管理层的管理需求，对企业的生产经营数据进行统一处理与分析，按照不同的业务维度与指标，形成 BI（商业智能）分析看板，支撑各层级管理者管理决策。

第六，工程局网络安全规划。业务应用与网络信息安全是“一体之两翼”“驱动之双轮”，没有安全保障的信息化建设就如地基不牢固的建筑，无法安全地投入使用，一旦遭受网络攻击导致系统无法使用或泄露核心数据，影响正常生产经营活动，给企业带来不可估量的损失，为了适应这种变化，应对无处不在的网络攻击风险，中建七局开展了网络安全规划，以指导全局网络安全工作的开展。

中建七局数字化转型如何借鉴

个人认为，数字化转型有如下几个关键要素。

第一，企业决策层特别是主要领导的支持。数字化转型会带来组织的工作模式、组织形态等的改变，执行过程中一定会存在不小的阻力，因此主要领导及决策层的支持至关重要。

第二，充分的资源保障。资金、人力以及物资等都需要做好充分的准备，转型需要投入足够的资金，各业务体系投入足够的业务专家以及相应的物资设备，这样才能确保建设顺利开展。

第三，人才储备与培养。传统企业缺乏足够的数字化人才，特别是业务与数字化复合型人才，因此需要及时地引进、培养所需人才。

第四，管理与组织变革。数字化依赖并驱动管理与组织的变革，只有相互匹配，转型才有可能成功。

第五，良好的顶层规划设计。按照规划设计有步骤地开展数字化建设，并及时根据业务、技术的发展变化调整设计，转型才能朝着正确的方向进行。

第六，长期、专业的合作伙伴。传统企业缺乏专业数字化人才，数字化系统的开发与维护依赖外部力量，因此长期、稳定、专业的合作伙伴是转型的必要条件，也是自身能力的有效补充。

第七，坚持变革的决心与耐心。转型会影响、推动管理与组织的变革，势必有很大阻力，中间也可能存在挫折，这就要求管理层与数字化转型实施团队不能急功近利，需要保持耐心、勇于克服困难，这样转型才能持续开展。

建筑企业数字化转型何去何从

首先，建筑企业的数字化转型应立足自身业务发展，持续完善企业内部数字化建设，做好本企业管理经营支撑，服务好内部用户，打好数字化转型基础。其次，联合产业链上下游的材料设备供应商、分包商、业主、政府、金融机构及数字化解决方案技术供应商等生态伙伴，逐步构筑与完善产业生态圈，形成真正产业互联网，实现行业系统性全要素的数字化转型。最后，建筑行业的变革需要政府、学术界以及各领域的龙头企业共同努力推进，共同为建筑行业数字化转型探索出一条可行之路，带动全行业发展。

设施一体数字化助力基建行业价值重塑

文 / 付卫国
广联达科技股份有限公司助理总裁

驱动力：高质量发展引领下的行业转型

2017 年，国家站在长远发展的视角提出高质量发展的理念，这一理念成为各行各业近期及中长期需要坚持的核心战略。可持续的高质量发展也将引领基建行业实现更快的行业转型，继续作为国民经济高质量发展的支柱和支撑。

一是高质量的经济发展是推动基础设施行业产业升级的根本。党的二十大报告进一步强调高质量发展是全面建设社会主义现代化国家的首要任务。高质量发展的内核和实质是坚持质量第一、效益优先，推动经济发展质量变革、效率变革、动力变革，提高全要素生产率，不断增强创新力和竞争力。

基础设施建设行业作为国民经济的支柱性产业，同国家发展和安全保障的需求还不匹配，全面加强基础设施建设对保障国家安全，畅通国内大循环、促进国内国际双循环，扩大内需，推动高质量发展，都具有重大意义。高质量发展也必将推动基础设施建设行业由原来的注重规模和速度发展走向注重质量和效益发展，推动基础设施建设行业实现产业升级，实现经济效益、社会效益、生态效益、安全效益相统一，提高基础设施全生命周期综合效益。

二是高品质的基础设施建设是实现交通强国建设的基础保证。交通强国建设和国家综合立体交通网建设明确要求打造一流设施、技术、管理、服务，构建便捷顺畅、经济高效、绿色集约、智能先进、安全可靠的现代化高质量国家综合立体交通网，建设交通强国，为全面建设社会主义现代化国家当好先行。

高质量的基础设施主要取决于工程建设阶段的可靠性、先进性和环保性。所以，在基础设施建造阶段需要充分考虑工程结构的耐久性和安全性，同时也要站在全生命周期考虑基础设施的先进性以及能耗水平和污染排放水平。高质量的基础设施建设必将为高质量的基础设施运营提供坚实的保障。

三是高水平的项目管理是实现基础设施建设模式升级的必然要求。高质量的基础设施建设必将对基础设施建设管理提出更高的要求和标准。中国虽然在基础设施建设方面取得了举世瞩目的成绩，但是我们能看到事实是在成绩的背后，普遍现状仍然是依靠传统的机械和人工，通过艰苦奋斗而建成一项项工程。因此要想实现高质量的基础设施建设，必将要求项目建造管理水平实现质的提升，即通过更低的能耗、更低的成本、更快的工期建设成品质更高的基础设施。特别是随着基建行业 PPP、BOT、EPC 模式（注：PPP 模式指政府和社会资本合作模式；BOT 模式指建设—经营—转让模式；EPC 模式指工程总承包模式）的大力推广，势必对项目管理理念、管理手段等多个层面提出更高的要求。目前，各大基建企业正适应新形势推出“大商务”“大风控”“大监督”等管理理念，也属于适应新时代基础设施建设新模式的有力应对。

支撑力：数字化转型引领下的企业管理升级

随着国资委对数字化转型的高度重视和政策推动，基建企业作为行业排头兵已经带头行动起来，并且对数字化转型成为支撑基建高质量发展的核心手段而形成了共识，基建行业数字化转型的大幕已经拉开。

首先，数字化是解决行业壁垒和管理鸿沟的有效手段。基础设施行业体制改革一直在不断推进，但是仍然没有跟上行业规模的发展速度。到现在仍然存在由于体制分离导致的规划信息分布于不同的政府部门、规划设计不能充分考虑建造和运营、设计成果不能无损传递至施工建造阶段等影响行业高质量发展的壁垒和藩篱。同时由于过去的知识和经验没有形成有效的积累，大部分经验仍然停留在个人的头脑中，这样无形中就在管理过程中形成了一道道管理鸿沟，以至于不能形成有效的协同和配合。举个简单的例子就是，过去建成的大部分基础设施，目前仍然靠人和机械去维持运营，效率极低。

数字化转型的基础就是需要将过去的知识、人的经验、既有的哑物体实现基于结构化数据的数字化解构，这样一方面是让数据具备自由流转的基础，另一方面就是在某一方的主导下，完全实现工程建设全生命周期的数据同源和共享。

其次，系统性数字化是支撑企业数字化转型成功的根本。在数字化转型已经成为基建行业共识的背景下，如何通过数字化转型推动基建企业业务转型升级和提升核心竞争力亦成为一道必答题。过去众多基建企业在不同阶段以业务导向为主建设了很多垂直类的业务信息化系统，由于缺乏系统性的顶层设计，导致各业务系统之间虽然能实现基于同一门户和入口的应用操作，但是各系统之间的数据关系主要依赖映射和关联实现，信息化的真实价值大大衰减。

数字化转型的落地必然要求数字化建设模式由过去的分散式建设走向系统化建设。系统化数字化建设体现通过重视数据、连接和算法，助力企业真正实现掌控力和拓展力。系统性数字化首先要求数据必须准确、及时和全面，其次要求数据与业务必须实现深度的连接和融合，最终通过算法支撑项目精益管理和企业经营决策。因此，只有这样的系统性数字化才能支撑企业数字化转型真正落地并发挥作用。

最后，自主可控是央（国）企数字化建设的前提。由于基建行业数字化建设起步相对较晚，过去走过的路可以说是一边学一边做，所以遭遇过很多波折，甚至一度被信息化技术牵着鼻子走，没有真正考虑业务的实际需求和管理场景。所以新一轮的数字化转型和数字化建设必然要求基建企业站在自身战略和管理视角，充分考虑自身的管理诉求和业务特性开展数字化建设。

企业数字化建设的自主可控主要表现：一是数字化建设应实现以我为主和不受技术或外部势力“卡脖子”；二是企业应对企业自身的数据具有掌控性和挖掘潜力。基于系统和数据底层的国产化自主可控才是基建行业面临的重大使命和任务，也是数字化价值落地的基本前提。

保障力：设施一体化引领下的项目管理能力提升

基于系统性数字化的基本逻辑，通过数据与业务深度融合实现责权利清晰可靠的业务连接，最终目的是跨越行业体制的羁绊从而实现项目管理能力的真正提升。其中成本节约、生产提效和精细管控是衡量项目管理能力的主要指标。

1. 基于投资更优和成本节约的设计施工深度融合

施工预算更精准。通过设计和施工的深度协同，将施工过程中积累的丰富的工艺、工效、安全隐患、质量通病及施工组织方案等数据无缝共享至设计阶段，辅以丰富的地质数据、地理信息数据和市场材价信息，将助力前期设计可以真正站在全生命周期进行最优的工程结构、材料和工艺设计。基于此才可以实现真正的投资节约，而不是现在行业通行的在概算基础上直接压减20%作为建设投资的粗放做法。也在本质上避免了施工总包单位在建造阶段耗费精力增加工程变更、调价、索赔等二次经营甚至偷工减料，以至于超概现象屡有发生。

责任成本更客观。通过积累丰富的项目人员工效、设备工效、材料损耗水平等真实建造过程数据，通过算法建立更精准的责任成本模型，可以指导公司针对项目责任成本进行科学测算并确定最合理的责任成本，以此避免出现责任成本确定得不合理导致的项目与公司扯皮、项目普亏和亏损责任难认定等难题。

成本投入更节约。通过精准的工程量复核、工程量精细化分解、无人值守智能收料、智能化库存监测、限额发料、智能盘点、智能断料、自动化加工等新技术和新手段的应用，助力项目建设实现基于量的精细化控制，从而避免在多个环节粗放管理导致的材料浪费。

效益贡献更明确。通过建立基于同源指标数据与业务的关联模型，以实现全过程追溯和对比，即通过对比不同环节的设计概算、施工图预算、合同额、责任成本、设计成本等不同费用主体之间的逻辑关系，实现基于指标的各环节费用控制水平横向对比，以明确引起成本浪费或节约的具体指标、发生阶段以及负责人等，辅助实现精细化考核。

2. 基于工期更优和生产提效的设计施工深度协同

传统项目工期确定可能受到行政干预以及地质、天气、工艺等不确定性因素影响，工期或进度评估往往失真，由此导致的项目赶工虽然不一定影响总工期，但是由此导致不可预测的投入增加和工效降低。通过数业融合实现基于工期更优和生产提效是根本目的，具体表现为工期评估更加合理、项目策划更加精准、任务安排更加可行、指挥调度更顺畅等方面。

工期评估更合理。通过丰富的工程施工过程工效和工艺数据积累，基于智能算法建立地区、工程地质、地理环境、工程类型、施工方案和进度之间的关联模型，以此作为前期设计的参考依据，从而让工期评估更加合理并实现工期的节约。

项目策划更精准。通过建立不同类型工程的建造过程数据库，特别是丰富的工艺工法库和施工组织设计库，助力项目策划团队前期针对项目分包模式、项目驻地、场站建设模式、项目分段、人员安排等进行“一项一策”的针对性策划，以此更有序地指导项目后续生产组织。

任务安排更落地。通过在一个项目中实施感知和迭代施工过程关于人、机、料、法、环的动态数据，不断修正针对材料半成品加工、现场作业进展相匹配的工效和资源供应数据，建立拌和站产能、运输能力、现场作业面之间的关联模型，以此指导下一次的任务可以按照最优的工效和资源匹配进行计划指定，避免由于基建作业计划多变导致的任务执行难、资源冲突不匹配等问题。

指挥调度更顺畅。对施工建造过程中人、机、料、法、环数据的实时感知和呈现，一方面可以为管理者提供最真实和及时的人、机、料等生产要素和进度、质量、安全等生产进展状态的数据，另一方面可以辅助管理者对资源、作业面进行灵活的调整和高效的调度协调，以此极大地避免由于信息未知和不确定导致的人工窝工、设备闲置和资源不匹配等问题。

3. 基于品质更优和精细管控的设计施工相互赋能

在传统项目模式下，工程全生命周期的每一环节只为本环节的工作质量负责，这样的后果一方面是造成设计的冗余和投资增加，另一方面又可能增加施工建造的难度，这样就不能实现基于工程实际功能需求的综合效益。

工艺设计更合理。积累施工过程中详细的地质数据、施工工艺与安全隐患、质量通病的数据，将这些数据共享至设计环节，为设计阶段的工艺选择提供最具参考性的依据，从而避免由于设计师施工经验不丰富而只考虑设计质量而导致的后续施工难度大、复杂性大等问题。

质量控制更标准。通过传感器快速获取工程实体在施工过程中的受力、温度、振动等参数，通过算法辅助质量管理人员更精确地感知施工过程和复核结果数据，实现路基压实度、桥梁线性位移、大体积混凝土内部温度、隧道围岩应力等场景的质量控制，从而避免因人为操作失误或渎职导致的质量控制不合格等问题。

安全监控更有效。通过传感器实时感知和获取施工过程中的风险状态，助力管理人员提前发现边坡滑移、基坑支护变形、模板和支架变形、龙门吊运作状态、架桥机运行状态、隧道围岩应力、隧道内有害气体浓度、掌子面安全步距、地下人员位置等多种施工风险和实时数据。通过人防 + 技防 + 智防，避免由于人不能 24 小时监控或监控不到位的问题，助力重大危险源 100% 受控。

打破壁垒　EPC 模式下的设计企业数字化转型思考

文 / 郑娅荣
陕西建工股份有限公司工程设计研究总院院长

当前，我们国家正面临百年未有之大变局，新冠疫情交织、发展需求收缩、供给冲击、预期转弱等压力，不稳定性、不确定性显著增加。建筑行业作为国民经济的重要产业，也正在经历前所不遇的大变局，当然设计企业也不例外。在当前市场下行压力的冲击下，很多设计企业面临着转型和生存问题，如何继续站稳脚跟？如何迎难而上紧跟时代的步伐？如何另辟蹊径成为行业先锋？接下来谈谈我的思考。

企业"一把手"得做好顶层设计

数字化转型一定是"一把手"工程，数字化转型是基于企业战略发展基础上的企业变革，是需要从高层发起，统一规划、统一推动的。作为设计企业，要想实现数字化转型升级，企业“一把手”得深刻明白这个道理，看清未来行业形式和企业发展定位，有战略眼光地做好决策。陕建工程设计总院（全称为“陕西建工股份有限公司工程设计研究总院”）于2013年建院，目前不到十年时间，相较在市场上打拼了几十年的老牌设计企业，我们已经输在了起跑线上，那么如何在众多行业巨头面前打破壁垒、站稳脚跟？我们的优势在哪？哪些方面我们是和其他行业巨头处于同一起跑线上？我们需要走出一条差异化道路来实现弯道超车。作为总承包企业的设计院，我们具有同行不具备的平台资源，尤其是下游资源，所以我们要打破常规，跳出传统思维去看待企业发展路径，用好优势资源，找准突破方向，我们打破壁垒的生存之道——“数字化＋设计牵头EPC”。这是陕建工程设计总院的顶层设计和发展定位。

数字化人才队伍建设是关键

有了明确的定位和目标，接下来最先要解决的是人的问题。当前，数字化人才紧缺，如何在短期内培养、孵化一支强有力的数字化团队是设计企业数字化转型的关键问题。我认为团队核心人才是关键。俗话说“火车跑得快，全靠车头带”，对核心人才，要能识对人、用好，要敢于给机会，敢于容错，敢于投入。数字化道路本身就布满荆棘，没有路标，全靠坚持探索，我们能做的就是打消他们的顾虑，放手让他们去干。有了核心人才，人才培养机制就得跟上，优秀的人才可以培养出一批人，对数字化来说。建立人才引进和培养机制是重要一步。陕建工程设计总院建院之初就成立BIM中心，同时院里赋予其清晰的目标和定位，作为设计院数字化转型的核心力量，第一要务是实现并带动全院BIM正向设计，第二要务是通过数字化手段赋能设计牵头EPC项目高效落地。要想实现这两个核心要务，有效的考核激励机制少不了，俗话说“兵马未动，粮草先行”。我们在项目分配和绩效考核方面给予BIM团队最优惠的倾斜政策，就是让员工消除顾虑大胆去干，去探索、去尝试。另外，人才培养要推动其从“技术型”向“技术＋管理”复合型转变，这点很重要，也是实现设计牵头 EPC 落地的核心要求。

大家都知道，设计院是知识密集型企业，相较于传统施工企业具有明显的技术优势。但设计院转型从事 EPC 业务，就必须拥有“技术 + 管理”复合型专业管理人才。这就要求我们推动传统的设计技术人才向复合型管理人才转型，以此推动设计院从“技术型”向“技术 + 管理”复合型转变。我们的 BIM 团队设立之初就秉持这个理念，将团队成员划分为数字设计组和工程咨询组，其中数字设计组的成员都由不同专业的设计师构成，而工程咨询组则以具备现场施工管理经验的建造师构成，这样做的目的是让设计师和建造师发挥各自专业优势，通过数字化手段打通设计施工业务上下游衔接，从而实现项目高质量落地。我们称之为“设计师 + 建造师”的数字化融合应用模式，这也是实现设计施工一体化协同发展的核心要素之一。

数字化 BIM 正向设计是基础

要想实现设计牵头 EPC 真正落地，BIM 正向设计是前提。陕建工程设计总院自成立 BIM 中心起就始终坚持走 BIM 正向设计这条路，因为设计是实现项目多阶段、一体化数据协同的基础，是工程项目实施的开端，也是我们实现设计牵头 EPC 的核心基础。俗话说：良好的开端是成功的一半。我们要把头开好，把基础工作做扎实。为了实现 BIM 正向设计输出，我们做大量的数字化建设工作，其中标准制定是前提、有效的考核激励机制是抓手，人才培养是关键，试点项目是背书，协同设计平台是措施。有了这些 BIM 正向设计输出将不是难事，但对正向设计而言，出图不是最终成果，数据传递才是重中之重。曾经跟某个业主聊天，他说的一句话很触动我：“BIM 在我看来就是数字化部队指导常规部队作战。”我觉得这种说法非常形象，通过这个分享，我更加觉得 BIM 设计团队就是一支数字化部队，它的能力输出是决定战场上胜负的关键，这也是我为什么提到 BIM 正向设计是基础，要想做好设计牵头 EPC，最重要的是能否牵好头，作为数字化的关键一环，BIM 设计成果将是所有数字化数据源头，为后续下游应用奠定了重要的基础。

数字化赋能一体化协同发展

我们可以看到近些年很多企业在推广 EPC 总承包模式，包括 2022 年年初住房和城乡建部发布的《“十四五”建筑业发展规划》明确指出要大力推广总承包模式，其实核心就是在推广工程建设领域的一体化协同发展，陕建工程设计总院这两年也在紧跟国家步伐，通过 EPC 项目这个切入口，优势互补资源整合，也初步形成了一种较为默契的一体化协同发展的打法，我们在此过程中也在不断探索实践，总结经验并初见成效。当然，工程建设领域的一体化协同发展离不开精准的过程管控和精益化管理，数字化的手段提供了有效保障，尤其是以 BIM 为主导的虚拟建造技术，将项目实施阶段提前至虚拟环境中进行预演，有效地规避了项目实施隐患，达到高效落地。比如我们在自己的 EPC 项目实施过程中推行“设计师 + 建造师”的数字化融合应用模式，通过数字化手段将建造师甚至造价师的工作前置于前期设计阶段，打破时间的壁垒，让不同角色提前在虚拟设计场景中进行协同作业，在项目实施过程中让设计师全过程跟踪参与项目实施阶段，发挥设计对成本和质量把控优势，从而实现真正意义上的设计施工一体化应用，达到“1+1>2”的效果，让设计真正发挥龙头作用，实现项目高效落地。当前，这种模式已经在我们多个 EPC 项目中产生了显著的效果，下一阶段，我们将通过建立完善数字化协同应用管理平台，通过平台化、数字化应用提高设计、造价、施工三个阶段的一体化协同效率，实现设计由原先的横向发力向纵向发展。我相信，这也是未来行业发展的一大趋势。

最后，让我们把目光再次聚焦到建筑行业发展，物联网、数字孪生、CIM、智慧城市这些新词汇不经意间已出现在大家的视野中，它们的出现象征着行业数字化转型升级的序幕已经拉开。党的二十大明确提出“数字经济”“建设现代化产业体系”等目标，如今数字经济的发展浪潮已然来临，你是否准备好了做个弄潮儿？尼葛洛庞帝在其所著的《数字化生存》一书中提到“预测未来的最好办法就是将它创造出来”。同样，对我们设计行业而言，数字化转型不就是在创造未来吗？

建筑设计企业数字化转型的思考与实践

文 / 李日强

嘉博联合设计股份有限公司董事长、
高级工程师

文 / 代华岗

福建嘉业科技发展有限公司执行董事、
一级注册工程师、高级工程师

文 / 陈启明

福建嘉业科技发展有限公司总经理、
高级工程师

当今世界，从工业化到信息化，再到数字化，科学技术的进步推动着世界快速发展；区块链、大数据、云计算和人工智能等数字技术，大幅度提高了整体经济效率，并通过数据高效、多维度的连接，让个人、企业、社会交互更加畅通，资源利用更加合理，生产成本更加低廉，产品质量更加优秀，社会服务及方式更加多元。数字化技术已成为世界变革的强大驱动力，是中华民族伟大复兴的重大机遇，是政府大幅度提高社会治理能力的重要手段，也是企业转型再发展的必由之路。

过去30年，建筑行业从以手工为主、制图板绘图，到工程机械辅助施工、计算机辅助设计，再到机器人工厂预制现场安装、AI智能辅助设计，工作的目的没变，但生产工具和手段发生了巨大的变化，作业模式深刻变革，工作效率指数级提升。计算机辅助设计，主要还是体现了生产工具的变革；而数智时代，则将带来行业运营及业务生产方式的革命。因此要求行业和企业的管理者在管理方法、管理思维和组织结构上有全新的变革意识和方法。数字化变革给企业发展提出了新的、更高的要求，与传统的企业发展模式相比，将是质的不同。

数智时代，建筑工业化的进程将大幅提高，传统高耗能的建筑行业也在“双碳”目标的推动下迅速朝建筑绿建化方向转型。数智时代，传统建筑行业技术的进入门槛逐步降低，服务的要求则逐渐增高，跨行业、跨专业的技术融合和协作要求更加紧密。建设项目全过程咨询、EPC项目总承包、项目全生命周期管理等，是数智时代国家对建筑行业发展提出的业务方向；构建全国统一大市场，跨地域引入充分的良性竞争，既有利于行业更健康、有序、高效的发展，也给企业带来了的跨区域协同发展的管理挑战。这些变革必然带来建设行业生态的重大变化和重构，在这一过程中，每个企业都面临寻找自我发展定位的命题。这一系列行业生态及发展变革，将使行业数据的生产，数据的流转，数据的积累、管理、应用及迭代等，成为设计转型企业新的管理重点及企业研发投入的主要方向。

嘉博联合设计股份有限公司（以下简称“嘉博设计”）在建筑行业已深耕 30 载，在这一轮的数字化变革中，我们也在积极探索和实践中，总结以下几个方面的思考，供大家参考和探讨。

第一，企业的定位要改变。建筑设计企业作为传统的专业技术服务机构，要转变成为有信创能力的科技型专业技术服务企业，虽然服务的本质不变，但服务的范围、水平、方式、效率和服务的质量必须大幅度地通过数智科技手段全面提升。为此，我们在 2015 年成立了 BIM 技术研究中心，开始对 BIM 技术应用进行探索，并于 2018 年成立了福建嘉业科技发展有限公司，着力开展企业的信息化、数字化建设、研发和转型推动。有了相应的研发机构，借助市场上成熟的技术，再结合自身企业的业务、管理及发展需求，进行二次开发创新，让研发机构为企业转型发展持续赋能。同时通过相应的软件开发、技术专利申请、专项科研经费的投入等，嘉博设计已成为国家级高新技术企业。

第二，依据企业定位的调整，企业组织机构也要进行相应的变革。除传统的各技术专业部门、经营部、财务部、后勤部等部门外，我们设立了科技研发中心负责企业的信息化、数字化研发、平台建设及运维，开发各专业效率工具；BIM 正向设计研究与指导、BIM 设计咨询、BIM 施工指导、数字孪生技术等；企业数据中心，负责收集整理专业规范、图集、行业资料、企业标准、项目资料等，并形成数字资料以便搜索查阅；装配式工业化设计部，负责基于 BIM 技术的 PC 装配式深化设计、建筑铝模深化设计等响应建筑工业化发展需要的新兴的组织机构或部门。通过持续的研发投入，我们搭建了适应企业管理需求的信息化管理平台，适应标准化生产作业的数字化设计平台、专业协同平台，以及具备基于设计图纸多方便捷沟通能力的数字化成果交付平台，让设计公司与建设单位、施工、监理、勘察等各项目参与单位建立更紧密的数字联系，使设计信息的传递具备更高效的实时性、唯一性、权威性以及安全性。

第三，企业的数字化转型应在行业大生态的重构中找准自己的定位。根据企业自身的实际情况，打造企业专业的数智服务优势，深耕精细化领域的研究，使之形成企业特色的竞争能力，并坚持创新发展，走“专精特新”的企业转型之路。我们认识到，只在设计企业内部所谓的数智化应用，目前既难以带来设计效率的提升，又无法在项目建设过程中找到商业使用价值。数智化应用只有融入项目的建造、运维，方能体现其应有的社会价值。为此，嘉博设计积极地探索，并和福建省二建建设集团合资组建了福建二建嘉博数字建筑科技有限公司作为该领域业务发展的实践主体；以合伙人工作机制，构建了嘉博良造 & 嘉行造价，以利用数智化手段实现项目全过程咨询管理为工作目标；组建以 BIPV（光伏建筑一体化）、建筑碳中和为主业的专业机构——嘉博能源，利用数字化手段进行 EPC 项目管理及能源综合运营管理的业务实践。

第四，传统建筑设计企业的人才观念需更新。数字化转型需要传统企业全面拥抱数字化技术，需要两个不同领域的技术紧密结合。因此，同时具备两个领域技术知识的人才，将成为两方面技术融合的黏合剂。拥有建筑行业专业能力、同时具备数字化技术研发能力的专家，应成为设计企业转型工作中的核心力量。随着数字化技术的更高效、更便捷、更智能化方向的发展，建筑行业的技术人员拓展学习软件开发、数字化技术的门槛也将变得更低，鼓励建筑行业技术人员拓展数字化技术方面的学习，成为跨学科、跨专业的技术人才，也是企业数字化转型中新型人才积累的一个手段。企业可以组织相关的培训，制订科学的学习计划，结合生产进行实践，增强技术人员的内驱力，让企业和员工实现双赢。嘉博设计并为此组建了专门的企业组织——嘉业科技，并全面探索在新的业务领域以合伙人机制引进复合型人才。

第五，数字化时代是一个信息爆炸的时代，是一个打破数据壁垒、行业作业习惯的时代，传统设计企业应该秉持更加开放的态度，多维度、多方向地拓展业务，创建全新的企业经营形式。嘉博设计已将构建“互联网设计院”列入企业发展的研究课题，并着手安排将嘉博设计擅长的部分专业服务从线下拓展到线上，利用信息化、数字化技术，直接通过网络达成需求沟通、数据归集、成果交付、专业知识有偿服务等商业闭环，使我们的专业服务能够更加便捷地服务更多的企业和人群，让传统的建筑设计企业成为一个专业技术成果、专家知识的“电商”。我们将让这一“电商”平台不断迭代升级，让这类设计服务更加标准化、流程化、精细化，逐步从内部应用孵化走向市场化应用，让各建设企业服务成本更低、过程更高效、成果质量更高。

第六，数字化转型不是能够一蹴而就的事情，而是一个循序渐进的过程。因此，企业需要根据自身企业的业务特点制定自己的转型路线，设定自己的转型步骤，并在过程中不断检验转型成果，建立及时调整讨论的工作机制，追求转型实效，这样才能实时调整转型的轨道，不至于偏离目标。同时，也能增强企业信心，坚定转型的决心。兼顾企业转型及行业生态重构的过渡需要，嘉博设计结合设计实践开发的二维、三维设计出图自动转换软件，就在内部使用方及行业应用方获得了很好的评价。

第七，企业文化的重塑。传统建筑业企业的文化塑造大多聚焦在专业服务、精湛技术、团队协同、社会责任等方面，这些在设计企业的转型过程中都有必要得到传承和弘扬。同时，我们充分认识到数字化技术的发展非常需要有创新基因、突破性科研思维，而且这里所谓的创新还应不同于我们熟悉的传统建筑设计创新，因此需要将全新的创新、开放、活力追求的文化理念进行全新的解读，并在制度上推动企业员工成为创新的参与者和发起者，企业应成为创新的赋能者和实践平台。为此，嘉博设计已从原来的“建筑设计协同服务集团”调整为“建筑数智协同设计集团”。

第八，数字化平台和产品的打造。要充分尊重设计师、建造师的思维，要将建设项目全过程的数字应用贯穿始终。不要做成为了数字化而数字化的空洞的无实效的平台，否则不但增加了企业投入，而且加大了技术人员的工作负担。这样的平台和产品，缺乏实用性，不能为企业和员工赋能，不能发挥数据资产的作用，更不能推动企业的发展。嘉博设计十分注重成熟的数智技术和软件工具的引进、消化吸收，内部自研开发则重点放在高效智能的应用小程序、效能工具的开发，可简化生产管理流程，将设计师从繁重的、机械的重复工作中解放出来，内部设计实践总结的经验程序化等成为我们的关注重点。这些应用让建筑专业技术人员更聚焦于运用专业知识为客户提供更好的创意、更优的设计、更精的咨询服务工作中。

建筑设计企业的数字化转型没有定式，在当下行业大变革时期，建筑行业中许多企业不仅面临着转型问题，而且面临着十分严峻的生存问题。企业如何破局，需要国家政策的引导，更需要企业的智慧和创新来逆流而上。上述介绍尚不全面和完整，我们坚信，只有不断地实践、及时地总结提高，企业才能在数字化带来的大变革中找到发展的机会。我们一直在路上！

“5+2”模型　构筑数字地产新未来

文 / 徐颖

广联达科技股份有限公司数字建设方研究院院长

当前国内经济遭遇挑战，地产行业处于深度调整期，大建筑的产业结构也将进行重大调整，地产及大建筑行业都面临巨大挑战和压力。但危机中仍然蕴藏着机遇，数字建筑技术正在从底层重构地产及建筑价值链，推动产业转型升级。因此，怎么应对当下的压力和挑战，怎么抓住数字建筑的发展机遇，是当下房地产企业及建筑业企业都在思考的核心命题。基于此，本文将从行业发展新形势、产业互联新逻辑、数字建筑新未来三个维度进行具体阐述。

行业发展新趋势

我国经济将以实体经济为主。从国际环境看，“逆全球化”趋势下，全球的供应链体系正在被破坏，中国正在推动以内循环为主体，促进国内国际双循环的新发展格局。对国内经济环境，党的二十大继续贯彻党的十八大以来的政策，以发展实体经济为主，大力发展高科技、新能源等产业，经济结构将继续调整，对地产的依赖程度将持续降低。

稳健经营将是地产行业主基调。“房住不炒”仍将持续，在“三道红线”及房地产贷款集中度管理制度下，地产行业融资将受到限制，住房双轨制将持续深化，大建筑行业将面临重大结构转变。地产行业的整体规模将出现较明显的影响，行业规模将从18万亿元下降至12万亿元左右，地产行业玩家将大幅减少，且将进一步向国企和头部企业集中，稳健经营的企业未来将有进一步的发展空间。

投资驱动转向产品驱动。随着地产及建筑行业利润空间的快速下滑，房地产行业传统的三角平衡正在被打破，以前“资金大幅流入”“房价高增长预期”“高周转、高杠杆”的三角平衡不再有，“低负债”“房价负增长预期”和“资金限制流入”将成新常态。与此同时，地产的发展模式也将发生转变，从以前的以“资本驱动”的外循环转变为以“产品驱动”的内循环发展模式。

产业互联新逻辑

面对外部严峻的宏观环境及行业形势，“利润为王、降本增效、产品提质”成为各企业关注的核心焦点，地产也将进一步回归制造业的发展逻辑，从粗放的管理模式转向精细化的管理模式。过往粗放的管理颗粒度不再适应新时代的需要，建筑产业都面临从产业链提效的角度进行重构或重组，真正提效建筑产品本身的效率。所以，建造产品本身的精细化管控将是企业实现降本增效、利润提升的关键。基于此，我们打造了当下企业核心应对的“5+2”模型，即五大核心举措和两大核心支撑。

核心举措一：利润为王。企业需要基于利润的核心目标，全面监控利润达成要素，严防利润“跑冒滴漏”，确保利润目标落地。多数房企已经将考核目标从“销售”转为“利润”，例如央国企J企要求按照“IRR15%，净利润率15%”的标准来挑选投资标的，H企的公司投资标准是税后利润率12%。

核心举措二：成本压降。对提升利润而言，成本压降是核心，而成本压降中的核心是开发成本的压降。多年以来地产企业的降本主要聚焦在流程提效和组织压降层面，这一块未来的发力空间有限，而聚焦建造环节的产品本身的降本提效将是未来的核心。根据全国平均水平的地产项目成本结构来看，开发成本占比高达 37%，管理费用占比达 10%，以前高利润时代并不被重视的成本和费用项的改造，将是未来挖掘成本空间的关键，如何真正把产品这个“黑匣子”打开，全面优化其成本结构，将是未来成本压降的关键。

核心举措三：供应链打穿。低利润时代层层转包的模式难以为继，各地产企业均在思考如何进一步打穿供应链，真正从产品的人、料、机的成本构成入手发力降成本。例如，标杆企业通过 OEM（代工生产）的方式直连代工厂，将材料成本结构中的品牌费用、渠道费用、利润等省去，可以实现单品成本降低 25% 以上；另一些标杆企业，依托自身大总包强大的管理能力，减少转包环节，直接面向小型施工企业进行管理，在保障产品质量的同时，实现成本压降。对数字化供应链的成本压降也如此，大型规模地产企业、建企也纷纷成立科技公司，致力于压降某些数字化供应商过高的品牌费、渠道费和利润等成本，实现数字化成本的进一步压降。

核心举措四：甲乙方联动。目前诸多企业的管理已经遇到一定的瓶颈，纯粹处于甲方视角和工作界面，很多业务问题、无效成本、进度卡点、质量盲点无法得到识别，必须将管理界面、管理视角沉降至项目层、作业层，这样才能从作业界面的这个“根”上找到解决方案。所以，我们看到很多标杆企业都在通过数字化的方式，实现企业层、项目层、作业层、供应层四个层级的联动，一方面通过企项一体，让企业管理层直达作业界面，解决监管审核流于表面的问题，同时让作业层的数据直达管理层，为管理决策提供准确可靠的数据依据；另一方面实现甲乙方联动，打穿总包界面，打破甲方和乙方的组织壁垒，通过甲乙方业务和数据的联动，从作业场景层面真正提效。

核心举措五：协同提效。一是内部提效，以前“铁路警察，各管一段”的管理模式将被抛弃，真正基于项目的全过程一体化的闭环模式将成为主流；

二是内外提效，由以前内部的设计、采购、工程，外部的设计院、供应商、施工单位，三内三外组成的繁杂低效沟通模式转变为基于数字建筑平台的虚拟 EPC 模式，实现内外协同全面提效。

核心支撑一：组织升维。业务组织和 IT 组织均全面变革，一方面业务组织架构将淡化“投资、销售”等一级部门的影响，而真正强调“生产中心”“产品中心”等围绕产品提质增效的组织模式；另一方面，IT 组织也会全面升级，在支撑业务组织的战略目标、经营目标和业务目标的基础上，进一步沉淀公司的“数字资产”，为公司拓展第二曲线打下坚实的业务基础。

核心支撑二：建立数字组织。未来，所有的房企、建企都会从几个维度来实现数字化蓝图的落地。首先是作业场景全面在线，以某标杆企业为例，将面向客户、供应商、员工的所有作业场景进行梳理，一共有 157 个一级场景，会通过合理的规划用几年时间实现全面在线；其次是管理要素全面在线，以 Z 企工程管理的“精工体系”为例，“前 8、后 5、中 13”对应的工程管理的核心要素有 58 个，后续也需结合工程管理平台、智慧工程平台、AIoT（人工智能物联网）平台等，逐步实现全面落地，确保健全的工程管理体系的管理要素全面在线化；最后是风险预警和管理决策全面在线，依托强大的数字建筑大平台，实现数据驱动的实时管理和协作，识别业务风险点进行动态预警，同时通过快速沟通、快速协作实现高效的在线决策，真正提升风险管理水平和业务决策效率。

综上，企业需要通过利润为王、成本压降、供应链打穿、甲乙方联动、协同提效五大核心举措，以及组织升维和建立数字组织两大核心支撑的“5+2”模型来全面应对行业挑战和自身经营压力，全面提升精益管理能力，实现降本增效和利润提升。

数字建筑新未来

随着行业转向产品驱动的发展模式，以及数字技术的不断突破和日益成熟，数字建筑正在重构大建筑产业链，推动产业转型升级，助力企业构建精细化的管理能力。一方面大建筑行业回归产品驱动的主逻辑，开发视角的管理颗粒度已不满足未来需要，建筑视角的管理维度才能满足行业的发展需求，建筑本身的设计、施工成本、ESG（一般指环境社会和公司治理）成为企业的核心关注点。另一方面，我国乃至全球的各项数字技术正在快速发展和突破，建筑产业互联网会全面重构整个行业，新加坡、英国、美国都已经走在前列并具备成功经验，同时物联网中台、技术中台、数据中台等技术逐渐发展成熟，数字建筑已经具备一定的应用基础。

结合近年来国际和国内的探索，我们认为企业要真正实现智能建筑，一般分为以下四个步骤，从点、线、面、体四个层级来逐层推动 BIM 智能建造的落地。第一步，作业层数字化（点），即要素和活动的数字化。利用 AI、IoT、BIM、5G 等技术对“人、机、料、法、环”进行数字化赋能，以 BIM 模型为核心，围绕项目管理的质量、安全、进度、资料、商务、物料六大基础工作，开展各岗位的单项工具级应用和跨岗位的协同管理应用，实现高效作业。第二步，项目层数字化（线），即实现项目的生产要素管理一体化。基于项目全过程的视角，对项目的各流程、条线实现全面拉通，从项目角度确保各生产要素的管理一体化。第三步，企业数字化（面），企项一体，通过全生产要素数字化支撑公司整体决策。第四步，BIM 智能建造（体），在整个行业技术进步和建筑业务升级的基础上，建立从设计到施工的完整 BIM 智能建造模型，实现 BIM 智能建造的真正落地。

在此基础上，广联达科技股份有限公司（以下简称“广联达”）构建了地产及建筑业企业，横向协同、纵向打穿、数据驱动的全场景数字化转型蓝图。在横向协同层面，真正实现投资、方案、成本、招采、工程、客服的全流程闭环打通，企业管理层、项目执行层、岗位作业层均实现高效的横向协同，通过项目全过程数字化管理系统，实现各价值链环节的高效协同；在纵向层面，将管理视角从企业层逐层下探至项目层乃至作业层，将“大运营”“大成本”“大生产”“大客服”均实现“企业—项目—作业”的管理穿透，同时也实现作业层的数据上达项目层乃至企业层，实现更细颗粒度的数据分析与数据汇总，支撑更细颗粒度的管理决策的需要，真正将管理颗粒度从“万元”降为“百元”或“元”。在不久的将来，所有作业、管理、决策均会基于数据来全面驱动，作业的同时产生数据，同时基于数据通来推动业务通，通过数据技术实现更智能、高效的业务决策。

结合行业未来发展方向，BIM 智能建造是未来地产及建筑企业数字化转型的重要方向。广联达在十几年前已经开始储备 BIM 关键技术，最底层的图形引擎领域已经有十几年技术沉淀，基于自主图形技术的 BIM 产品也已经相对发展成熟。因此，广联达也将用 BIM 智能建造赋能行业，助力企业通过新的生产建造模式提升管理效益，大幅提高生产力，打造第二增长曲线。

同时，我们将打造数字建筑平台，全面支撑企业数字化转型的蓝图落地。我们的数字建筑平台将是融合前沿数字技术与先进精益建造理论方法的建筑产业互联网平台。贯穿工程项目全过程，升级产业全要素，连接工程项目全参与方，提供虚拟建造服务和虚实结合的孪生建造服务，系统性地实现全产业链的资源优化配置，最大化提升生产效率，赋能产业链各方，实现让每一个工程项目成功的产业目标、让每一位建筑人有成就的美好愿景。

工程造价咨询企业绕不开的“路”

文 / 丁众

北京求实工程管理有限公司总经理

我国工程造价咨询企业发展现状

改革开放40多年来，我国工程建设取得了巨大的发展，工程咨询服务市场得到了快速发展，截至2021年年末，工程造价咨询企业数量已达到11398家，单年营收达到3056亿元。

在经营市场方面，除少部分咨询企业外，绝大多数咨询企业都存在经营范围狭窄、服务内容同质化等问题，导致市场价格竞争激烈、拼价格不拼服务质量的情况成为市场常态。同时，人民生活水平的不断提升，导致属于知识密集型的造价咨询企业在人力成本投入上逐年增加，人均创造的年营收却低于人均成本的增加速度。

在工作模式方面，一直在享受政策红利的工程造价咨询企业大多早已习惯了依托定额为依据的计价体系模式，更多地以识图算量的准确性以及对各种政策文件理解的正确性判断工作的好坏，从而忽略了“咨询”两字的本质，对是否能够为投资人起到真正成本顾问的作用需要打个问号。

在生产技术方面，咨询企业经历了“扒图算量、翻定额计价”的计算器时代到利用专业工具软件的计算机电算时代，但工程造价咨询企业的双核心——数据、经验和作业标准化能力被忽视或难以借助，大多数作业文档和数据无法得到相对较好的利用。

数字化转型的动因

1．外部因素

（1）政策推动。国务院于 2017 年在《国务院办公厅关于促进建筑业持续健康发展的意见》（国办发〔2017〕19 号）中对工程咨询行业提出了推行全过程工程咨询的发展要求，旨在培育一批具有综合服务能力和较高服务水平的全过程工程咨询企业，对咨询企业的综合素质、整合能力提出了更高的要求。

近年来，工业和信息化部、国资委等相继出台了推动“数字化转型”的政策文件，“十四五”规划纲要更提出了推动“产业数字化转型”的要求，这标志着数字化转型正式上升为国家明确的政策方向，全社会各产业发展都要在数字化方面做出重要倾斜。作为咨询企业除了自身发展需求外，适应建筑业发展需求，适时做好数字化转型准备已不再是选择题。

（2）市场需求。无论是全过程咨询模式推动项目各参与方的协作和管理需求，还是项目管理方面的精细化管理需求，客户对新技术的应用能力正在不断提升，传统的服务模式已经不能完全满足客户的现实需求。同时近些年来，大多数建筑业相关方都在建立自己的数据库或项目管理平台，咨询企业拥有自己的数字化手段已是必要生存条件。

（3）技术变化倒逼。社会生产力水平一直在快速提升中，我们所接触的辅助工作的工具都在日新月异地发生变化，从各类画图、计算、分析软件，到管理系统、测量工具等不断涌现出新的产品，无论主动掌握还是被动接受，适应时代变化是我们不得不做的一件事。

2. 内部需求

（1）降本增效。作为知识密集型的咨询企业，人是第一生产力，而随着这二三十年的社会进步，社会人力成本也在快速提高，在激烈的市场竞争环境下，人力成本已成为咨询企业是否能够生存下去的重要决定因素。如何在有限人力的情况下创造更多的价值是我们必须面对的挑战，只有利用一切可利用的技术手段协助企业提高工作效率，才能降低企业成本。

（2）业务需要。咨询企业依赖优秀的人员能力、丰富的项目经验和数据资源生存，造价人员日常的咨询服务需要调取大量历史数据和市场数据，如何有效地存储数据并有效进行分析和利用是我们必须面对的一大课题，在这方面只能利用数字化手段才能解决，数字化手段也会逐渐成为未来咨询企业的第二生产力。

（3）经营和管理需要。随着企业规模的扩大，管理项目的数量级和企业人员的数量级已经不能用传统咨询企业的粗放管理模式满足。每年数百个项目的投标、数百个项目的运营和大量的人员管理、质量控制，只有依托于标准化的管理手段，并借助管理系统的支撑才可以让企业在高速运转的情况下持续、快速发展。

数字化建设路径

不是应用了某个或某几个数字化工具就可以称为数字化转型，只有企业对业务进行系统性、彻底的重新定义，对企业组织活动、流程、业务模式和员工能力的方方面面进行重新定义的时候，才可以借助数字化建设完成企业的成功蜕变。

一是与企业战略目标相结合。数字化建设一定要与企业自身的战略目标相结合，只有契合本企业的业务发展与管理需要的数字化建设才能真正对企业的健康发展起到至关重要的作用。企业高层应首先对自身的规模与管理体系、市场定位、客户群体、竞争对手等进行分析，制定好明确的企业发展方向，通过企业战略目标寻找数字化手段可以协助企业解决的问题。只有适合自己的才是最好的，切忌照猫画虎地将其他优秀企业的数字化建设模式拿过来直接使用。

二是做好数字化建设规划。企业的数字化建设与企业战略的实现一样，不是一蹴而就的，做好长期规划和短期计划，并在执行过程中不断修正，是保障企业数字化建设成功的必要条件。同时，数字化建设规划的制定除了要有耐心并持之以恒，一定要注意数字化建设的阶段性实现目标，选择一些能够在短期内帮助企业切实改善的实施措施，给予企业以持续建设的信心。

三是做好建设前的准备。企业数字化建设可以给企业带来大量业务和管理运营方面的数据，企业管理层再通过这些数据进行分析，辅助企业对经营、业务和发展方面进行各种有效决策。因此，保障这些数据产出的准确性至关重要，而数据的准确性就要依赖日常作业和运营中各方面的标准化。只有具备工作行为标准、数据标准，才能进行有效分析。企业在进行系统化的数字建设前，原有的制度和行为标准应与数字化工具相互结合，做好企业管理制度、行为标准、数据采集和分析标准等工作。

四是塑造数字文化。数字化建设需要企业全员的参与，是与企业所有人员工作相关的事情，对数字化转型的规划进行任务分解，形成全员各层的统一共识是保障数字化建设成功的重要条件。让公司各级管理层清晰理解数字化建设的目的，了解数字化转型这项工作对团队管理和业务工作中的重要作用和效果，自发地借助数字化手段帮助企业实现业务和运营方面的提升。同时，将传统管理和运营方面的工作与新的数字化手段相结合，在全员的日常工作中都依托数字化手段工作、分析、汇报，变为企业运营中的一部分，习惯它、理解它。

推动过程中的其他注意事项包括：

（1）“一把手”工程。数字化建设是系统性的，是辅助企业实现战略发展的手段，只有企业“一把手”推动，并由全员贯彻才能顺利实现。在企业内部的数字化建设方面，更多的是解决管理问题，往往带来的是对原有工作模式的改变和冲击，在推动前期管理效能并不会马上就体现出来，人们不愿改变的惰性驱使在前期的推动方面从基层到中层都有很大抵触。所以企业推动数字化建设，只有“一把手”推动才能有效率、效果。

（2）事前模拟。数字化建设在推动过程中最主要的手段是借助先进的平台系统对企业的业务和日常工作进行管理，在推动前期势必碰到员工重新适应新的形势或模式的情况，在这个过程中如反复遇到大量设置不合理或操作方面的问题，会不断加强应用过程中的抵触情绪，给数字化建设的推动带来很大阻力。因此，企业数字化建设团队一定要在新的数字化工具全员应用前或在做出重大功能或方式调整前，做好模拟运行的准备工作。在制定流程和行为要求时也要考虑其实践的可行性，判断是否符合现阶段的管理需求，并通过角色代入式的思考，和所有业务人员及业务上不同角色的人沟通，快速抓取员工的痛点、难点，提供解决方案，这样才可能在得到使用人员的认可后顺利推进数字化建设的后续工作。

随着新技术的快速发展，工程造价咨询行业的生产力和生产关系都面对大量的不确定性，开源越来越难，我们需要不断向节流、向管理要利润，坚定数字化是我们能寻求到的唯一可靠路径。基于数字建筑产业发展，我们应积极融入全业务、全参与方的在线化、数字化、智能化的产业，打通业务数据实现真正的生产力提升。利用数字化新技术重塑企业数字平台，充分发掘数据价值和平台的智能化应用，提升企业各类数据的采集和智能化分析能力和工作效率，通过“咨询+科技”实现企业全面数字化的转型升级，以“用最优的成本，最快的效率，为客户交付质量最高的价值”服务于客户。

勘察设计企业价值创造的数字化路径

文 / 祝波善

上海天强管理咨询有限公司总经理

文 / 赵月松

上海天强管理咨询有限公司副总经理

在消费升级拉动、行业环境驱动、产业发展倒逼、技术革新推动等综合因素作用下，数字化转型已成为建筑业发展的核心方向。对工程勘察设计企业而言，数字化转型意味着业务模式、运营模式、商业模式必须以数字化为特征，并且要发生实质性的形态变化，而不只是将数字化作为技术手段，只是将过去的业务变得信息化，数字化转型不等于“数字化”。数字化转型是利用BIM、云计算、大数据、物联网、人工智能等技术，对人员、流程、数据、技术和业务系统有效集成，实现从设计到工程的全过程、全周期、全要素、全参与方的数字化和智能化的一系列活动，最终实现组织运营模式和商业模式创新，最终目标是建成“数字设计院”。

从数据来看，设计院对数字化转型的认知主要包含数字化生产服务方式、数字化管理系统和数字化业务模式，整体认知水平逐步提升，尤其对数字化生产和数字化业务认知程度有所加深。认知转变进一步体现了设计院数字化转型的目的：通过数字化技术推动企业的生产服务方式转变和业务模式升级。

设计企业数字化转型面临的主要问题

整体而言，勘察设计企业数字化转型过程中目标普遍不清晰，具有明显的技术导向，多数采取“补丁式”建设方式，数据要素的驱动作用尚未充分发挥，数字化组织能力、数字化人才结构、数字化技术供给侧等尚不健全，数字化价值难以获得包括外部客户和内部客户（员工）的认可。

从管理数字化来看，普遍面临系统覆盖不全、管理信息系统运行效率低下、不同系统之间的“数据孤岛”明显、管理数字化应用成效不足等问题，无法有效支撑业务模式创新、跨组织协作创新以及智慧决策等。

从业务数字化来看，推进工作大多数仅围绕现有业务架构展开，聚焦现有的设计业务体系和二维、三维设计，普遍存在软件的集成与应用能效低、标准与数据基础较为薄弱等多方面问题，对外没有真正形成数字设计赋能工程全过程的价值，对内没有主动构建数字化治理机制与内部生态，所以导致数字化设计出现“投入成本大、内部协同差、价值感知弱”等诸多困境。

设计企业数字化转型的价值塑造

广联达科技股份有限公司（以下简称“广联达”）与上海天强管理咨询

有限公司（以下简称“天强公司”）的联合研究发现，对数字化的认知差异较大是造成设计企业数字化转型出现各类问题的一个重要因素。大部分设计企业没有真正对数字化的价值进行深度挖掘，很容易掉入“技术陷阱”或呈现“跟风状态”。

从调研数据来看，设计院认为数字化转型的最大问题是公司内部对数字化的理解和认知水平参差不齐，其次是缺乏支撑数字化的组织架构、文化保障和相关的专业人才。

对工程勘察设计企业推进数字化转型，首先要明晰数字化价值以及数字化价值释放的不同阶段层次。工程勘察设计企业的数字化价值可总结为三个层级的价值提升，即数字化赋能、数字化使能和数字化升能。

数字化赋能——价值体系优化

数字化赋能作为设计院数字化转型的初级价值体现，其内涵在于赋能传统存量的设计业务以及管理优化，主要集中在企业内部的价值链，主要通过利用 BIM、AI 等技术，获取效率提高、成本降低、质量提高等方面的价值效益，最终在企业经营中体现出更好的设计服务质量、更快的服务响应速度、更高的客户满意度，最终实现生产运营的优化。目前，大多数设计院的数字化价值创造处于该阶段，具体体现在效率提高、成本降低、质量提升三个方面。

效率提高。主要表现在推动设计院内部的数据流通、减少信息不对称、提升资源优化配置效率、利用 BIM 等数字化技术实现设计方案比选、进行净高分析等，促进各专业的协同设计，消除各专业间设计表达的信息不对称，提高设计沟通效率，为设计交底、施工深化设计提供准确依据。

成本降低。一是生产成本降低。通过数字化技术、数字化管理手段等多种方式，进行建筑性能分析、工程算量分析等，减少设计返工、降低人工损耗，在保证使用功能的前提下减少工程量，可以最大限度地对成本进行控制。

二是管理成本降低。通过数字化管理手段、数字化信息化平台等方式提高资源配置效率，减少由于人、财、物等资源浪费和无效占用所带来的管理成本。

从调研数据来看，大部分设计院数字化管理系统建设存在的主要问题体现在“数据孤岛”现象突出、系统覆盖面不足、系统使用效果不理想等，尚未有效地促进管理成本的降低。

质量提升。一是促进设计质量提高。通过 BIM 软件进行各专业模型间碰撞检测，提高管线综合的协调能力和工作效率，优化工程设计，减少设计阶段图纸误差。通过数字化技术提升设计质量，优化产品 / 服务设计、工艺（过程）设计等，提高产品和服务质量，稳定提供满足客户需求的设计产品和服务，以设计带动工程建筑全生命周期的质量提升。二是促进全要素、全过程质量提高。实现数字技术和质量管理深度融合，将质量管理由事后检验转变为按需、动态、实时全面质量管理，全面提升设计服务的质量管控和优化水平。

从调研数据来看，设计院的数字化生产基本处于二维设计为主，BIM 整体仍处于初级示范应用阶段，主要发挥可视化、虚拟建造、碰撞检查等功能，真正实现 BIM 正向设计的企业仅占到 5% 左右，对质量提升发挥了一定作用，但还没有根本性改变业务质量。

数字化使能——价值体系创新

从调研数据来看，设计院数字化生产与服务应用的阻力主要来自市场需求、技术标准以及投入产出。市场需求主要是指客户不愿意为 BIM 成果买单，投入产出主要是指持续的资金投入难以在短期内看到经济效益，所以找到数字化使能的关键切入点至关重要。

数字化使能作为设计院数字化转型的商业价值的核心体现，主要源于已有技术、产品体系的增量价值，沿着服务、产品链延长价值链，开辟增量空间。其内涵在于利用新一代数字技术和设计技术融合创新，在工程勘察设计的传统存量市场中升级原有业务的商业价值。同时，利用数字技术形成新的产品服务，重构新的商业模式和服务场景，推动新价值的创造。

传统业务的价值升级。一是促进主营业务增长。推动主营业务核心竞争力提升，从依靠传统的2D绘制、平面出图方式转变为依靠数字技术赋能提升设计水平，推进BIM正向设计，持续提升设计主营业务的核心竞争力。通过推动主营业务模式创新，依靠数据要素的可复制、可共享和无限供给的属性，实现设计过程的标准化服务流程，达到边际效益持续递增，不断通过满足个性化的服务需求等新模式，提升适应市场变化的能力，逐步提高市场占有率，实现主营业务增长。二是促进业务范围延伸。拓展全过程咨询服务、总承包服务、全场景服务等基于原有设计服务的增值服务内容，依托类似智慧建筑、智慧交通、智慧水务、智慧社区等智慧产品、服务，提供智慧运维等服务，沿着产品、服务的全生命周期和产业链提升产品市场竞争力和价值空间。

新业务的价值创造。新业务的价值创造核心在于充分发挥数据要素驱动作用，促进以数据为核心的经营生产与技术服务创新，积极推动新一代数字化技术创新应用，全面实现BIM正向设计，深入开展BIM、GIS（地理信息系统）、大数据和人工智能等的集成应用，深化数字化技术与工程建设全周期、全业务链的融合，通过互利共赢的合作生态大力拓展数字化业务，实现工程建设的全生命周期的数字化服务。

客观地说，实现数字化创新业务的价值创造是一个较长的过程。从调研数据来看，设计院在数字化业务创新过程中面临的重难点问题主要包括：无法有效实现数字化业务变现；无法准确定位客户数字化需求；缺少有效的内部激励机制与人才配置；没有建立数字化业务开展保障机制等。因此，面向客户挖掘价值需求场景至关重要。

数字化升能——价值体系重构

作为设计院数字化转型第三阶段的价值体现，数字化升能不再单纯聚焦企业自身生产运营效率的优化和商业价值的提升，而是利用数字化技术对工程建造的价值链、产业链进行全面化、整体化和重塑化的变革，最终达到生态链接、协同共生的状态。其内涵是依托新型产业生态场景，以价值共创为导向，以数字化平台、技术为纽带，与互联网、大数据、人工智能等企业跨界合作，推动产业链上下游企业间数据贯通、资源共享和业务协同，建立开放、合作、共享、共赢的数字化生态系统，将“产业价值链”转变为“产业价值网”，共同建设“工程建设命运共同体”。

生态共建。数字化转型的最终状态是重塑整个工程勘察设计行业的价值体系。与传统价值链视角下低成本、差异化、集中化的竞争战略选择不同，商业生态系统视角下的策略是扩展长板，在工程建设商业生态系统中占据生态位优势，并利用长板与其他企业进行合作。通过横向覆盖规划、设计、建造、运维等各个环节，链接一批数字化研发、产品、标准、技术服务供应商，有效聚合“智慧 +”等产业资源，形成广泛的数字化生态基础。

立足生态位的建设，设计企业要以产业全过程视角推进垂直服务产品体系建设，朝着“集成整合服务商”的定位迈进。以医养产品为例，设计企业需要兼顾投资决策、空间布局，并且将金融、文化、社区等元素考虑其中，绝不是传统延伸发展模式下多环节服务的叠加，而是一种系统集成，涉及面向产业全过程的策划设计、资源整合管理、数据资源挖掘以及服务创新等多线条服务统筹。

协同共生。链接与共生将是未来勘察设计企业重要的生存法则。勘察设计企业构建共生的商业生态体系，依据自身核心竞争力占据“生态位”，不仅是行业内企业抢占市场热点的主动突围，更是立足城市与产业融合发展新商业生态的积极布局，将有助于设计企业实现从项目式盈利向产品化、产业化盈利模式的创新转变。这就需要以市场化协同机制促进内部资源间、内外部资源间的有序、持续协同，打造面向客户价值的去中心型、网络化协同组织，更好地实现共生与链接。利用互联网技术改造原有的工作平台，增强人力资源的开放性和自由化，构建内外部商业市场化的协同平台。

从生态共建与协同共生来讲，以天强公司与广联达的战略合作为例，双方原本属于不同的领域，没有任何业务交集，但工程勘察设计企业数字化转型共同的需求场景让两家企业走到了一起。经过前期充分的调研沟通，双方以勘察设计企业建设“数字设计院”作为合作场景，共同成立“数字设计研究院”，发挥双方各自在数字化技术、数字化战略、数字化生态等方面的优势，以数字化转型的课题研究、数字设计院综合解决方案的产品设计、设计院数字化转型的资源生态圈搭建、设计院数字化人才的联合培养等内容为合作抓手，未来将联合更多不同类型的勘察设计企业，共同构筑“数字设计研究院”的生态伙伴圈，共同释放数字化力量，推动勘察设计企业跨越数字鸿沟。

新视点：

“168”战略打造建筑业企业数字化转型体系

李宁

陕西建工集团数字科技有限公司总经理

国家“十四五”规划明确部署，产业数字化作为实现数字经济和实体经济深度融合发展的重要途径，是当前数字经济的发展重点，也是我国经济结构调整和产业转型升级的主阵地。

陕西建工控股集团有限公司（以下简称“陕西建工”）作为集“投资、建造、运营一体化”的国有大型建筑企业，聚焦行业数字化转型痛点、难点，结合先行经验与发展趋势，高位布局、精准施策，高标准制定数字化发展“168”战略，创新市场化、公司化运营模式，建立起 6 个核心架构、8 大项目集群以及 88 个应用场景，率先探索构建建筑行业数字技术和传统业务深度融合的全业务流程数字化建设体系，加速打造建筑行业数字化转型标杆。

▶▶▶ “168”数字化转型战略明确行动纲领

在“数字经济”的国家战略引导下，住房和城乡建设部颁布一系列指导意见，倡议逐步建立智能建造与建筑工业化协同发展的政策和产业体系。国有企业作为国民经济发展的中坚力量，全面、系统、规范地推进数字化转型是大势所趋，也是必然选择。

当前，陕西建工的数字化转型仍处于 2.0 的部门级协同阶段，希望早日稳步迈入 3.0 的企业级集成性应用阶段和 4.0 的社会级互联性应用阶段，打造“数字陕建”“生态陕建”。

基于对陕西建工“十四五”发展战略以及信息化需求理解的基础上，结合行业趋势与政策导向，陕西建工的信息化战略可以总结为“1 个基本目标、6 项核心架构、8 大项目群”的信息化“168”战略。该“168”战略明确了陕西建工数字化转型基本路线与行动纲领。

“1 个基本目标”是指：到 2025 年达到国内同行业管理一流水平，到 2025 年达到国内同行业信息化建设一流水平。“6 项核心架构”分别为：业务架构解决以业务为核心的价值导向问题；应用架构解决信息系统功能和责任边界的问题；集成架构解决互联互通的问题；技术架构解决资源配置和安全稳定的问题；

数据架构解决数据资产有什么、谁来管、怎么用的问题；治理架构解决业务和 IT 融合及责权边界的问题。“8 大项目群”包含综合项目管理群、财务管理项目群、数字化项目群、人力资源项目群、科研设计项目群、建造一体项目群、集成技术项目群和基础设施项目群，以“8 大项目群”的建设为依托，打造数字化应用典型场景，推动数字化转型落地实践，建成数字陕建的高速网络。

具体来说，在核心架构内容方面，要提炼核心业务能力，建立业务全覆盖的信息化蓝图，形成坚实可用的数据底座，搭建稳定高效的基础平台。例如，陕西建工定义提炼了整个集团的核心业务能力，对业务流程、组织体系、协作关系等进行清晰描述，站在全流程优化的视角，对核心业务场景做出深层次的洞察并给出有针对性的解决方案。陕西建工应用架构设计横向实现了信息系统对职能领域的基本覆盖，纵向实现了对决策层、管理层和业务运营层的管控一体。陕西建工盘查现有的所有系统，清除了大量重复建设、低使用率建设等，并努力解决“对没有被应用系统覆盖到的业务怎么办”“新建系统由谁来做”“按照什么样的节奏做、怎么尽量避免重复建设”等问题。

此外，陕西建工通过将信息构建成模型，从海量的业务场景、高度分散的数据场景里捕获数据、加工数据、沉淀数据，把数据形成产品，以运营的方式推动数据在各层级的管理者桌面上进行消费，还构建数据的治理体系，不断提升数据质量。

在基础平台方面，陕西建工采用混合云架构。云的使用一定是未来整个 IT 技术底层的大趋势，未来将实现私有云和公有云的共同融合，形成各自处理各自擅长的领域、各自解决各自面临的核心短板问题的高度联动的体系。陕西建工将实现从主数据中心到双活或灾备数据中心，再到未来混合云平台的技术体系的 3 步演进路径。云体系的搭建为 IT 体系构建出一个夯实、稳定、高效的基础。

▶▶▶ 全面推进，5 大核心举措促进战略落地

在“168”战略引领下，陕西建工注重聚合优质创新资源，全面推进、多管齐下，通过 5 大核心举措落地数字化转型战略。

一是推进组织变革，放活体制机制。信息化治理方面，为保障数字化转型工作推进，陕西建工进行组织变革，成立数字科技公司，形成“1 部 +1 公司 +N 单位”的管办分离的 IT 治理架构，为集团数字化转型提供组织保障。其中，“1 部”是指集团及下属单位信息管理部，“1 公司”指陕建数科，“N 单位”指集团各层级、各部门的信息化需求方。

具体来说，IT 组织架构方面，陕西建工重点进行了两项变革。一项变革是业务 IT 融合，集团成立了信息化领导小组，主要领导挂帅，设立 5 个专业组，形成了业务和 IT 协同工作体系，厘清了双方在信息化、数字化方面的权责。另一项变革是成立了数字科技公司，形成与业务部门信息化专员、子企业信息部门的执行层，是规划落地的主责单位。借助管办分离、IT 业务融合，陕西建工形成了推进数字化建设的网状组织体系，为下一步的转型发展提供了组织保障。

二是明路径“三步走”，搭架构“三层塔”。陕西建工探索形成“三步走”加快数字化转型和“三层塔”提升能力建设的部署路径。

“三步走”是从点到线再到面的数字化发展路径。第一步，实现生产要素的数字化，把人、财、物、料等基本要素实现数字化描述与存储、数据化共享与应用，形成单一要素系统化、整体化。同时，实现生产与管控的数字化，最终构成基本作业单元的数字化。第二步，在生产要素数字化的基础上实现项企一体化。目前，BIM 技术应用和智慧工地管理系统共同构成项目管理层面的数字化升级，而业务系统、财务系统、人力资源系统等构成企业管理层面的数字化升级。项企一体化将通过技术升级，纵向打破组织边界，实现项目、公司、集团数据一体化，横向融合各业务线如技术、商务、生产等数据。第三步，构建产业互联网，将陕西建工的数字化能力向外拓展，形成对上下游产业链的支持能力。物流管理、供应链金融、劳务人员管理、政府监管等都将纳入统一的、相互连接的平台体系中，在数字世界中协作发展。

“三层塔”是从实际操作层面搭建企业数字化架构与能力。第一层，围绕云平台建设为数字化转型奠基，构建 IaaS（基础设施即服务）。目前，陕西建工正在打造企业私有云，未来将形成混合云模式，与公有云实现无缝连接。利用公有云强大的资源和组件能力快速提升业务创新能力，加速企业数字化转型步伐。

第二层，以主数据平台为核心打造数字底座，构建 PaaS（平台即服务）。通过主数据平台采集组织、客户、供应商、财务科目等核心数据，通过 IT 系统沉淀表单、凭证、过程记录等交易数据，再通过数据中台实现数据治理体系落地，充分挖掘数据资产价值，满足企业对数据从采集、清洗、汇集、分析、决策的数据闭环管理。第三层，构建 SaaS（软件即服务），根据集团不同业务特点构建双模 IT 发展模式，对稳态业务采用传统 IT 模式和集成技术保证业务稳定运行，对敏态业务采用云原生、微服务架构，融合 DevOps、容器等开发模式保证业务的敏捷和高效创新。为不同的业务模式适配不同的组织与流程，让专业团队在不同模块上进行业务运营，以快速实现系统迭代升级，适应市场需求，提升整体竞争力。

三是引入平台能力，推动技术进步。陕西建工希望自己对 IT 能力的生产像装配式一样，更多基于现场需要的实际解决方案做组装和有限的定制，加强整个体系的协同效率和标准性、一致性。其中，模型驱动的软件构建方法实现以业务需求为核心，处理好新建应用、升级应用、对接应用的关系，促进应用滚动式发展，逐步实现应用上云。

四是沉淀数据资产，深挖数据协同。通过盘点核心业务流，构建企业的数据资产地图。企业应对自己核心的业务域有数据建模的能力，能够用数据清晰、准确地定义业务对象、业务规则、业务场景，通过算法的赋能，实现数据资产化、数据运营化、数据产品化。

五是创新发展理念，构建合作生态。要在理念上倡导开放生态，始终保持对行业和科技的敬畏。陕西建工一直秉持“把专业的事交给值得信任的专业的人去做”的理念，努力营造出协同的生态。同时，引导合作伙伴将核心的能力和优势赋能于业务的长期发展，构建轻松、共赢的商业模式。

▶▶▶ 扎实落地，数字化转型带着成果再出发

2022 年，随着“168”战略的扎实落地，陕西建工的数字化转型已初显成效。

一是统一门户。陕西建工对门户的定位是数字世界的入口，希望门户面向岗位，每个人可以通过门户访问他有权限访问的系统、使用他有权去使用的数

据，形成集成的办公界面，高效协助工作开展。

二是全新 OA 迭代升级。经过 OA 系统的重建和迭代升级，日活、上线的业务流程数、实际的业务流程的迭代上线速度出现了倍增甚至 3 倍增，一些以前非统建系统无法解决的问题得到了有效的解决。审批功能的完善，实现了“让数据多跑路，职工少跑腿”。

三是主数据管理平台管理，引入低代码开发平台。完成核心主数据的标准制定，实现了组织、人员、物料数据集中管理，并对外提供以上各类数据的接口服务。已完成低代码开发平台搭建，管理员无须代码，即可构建出符合需求的业务管理应用，在逐步完善和推广低代码开发平台过程中，激发业务人员的信息化力量。

四是搭建物联网平台。陕西建工通过发布管理办法、建设标准、评价标准、平台标准、接口协议标准等一系列物联网体系标准，实现内部模式的转变。未来，陕西建工希望物联网平台能够做整个集团多层级、项目层面多层级的业务数据的洞察，不仅连接物联设备的数据，还打通劳务实名制系统、机电运维系统等，使它真正成为各层级统一的管理界面。

将陕西建工打造成一个数字化程度更高的企业，可以更好地服务于产业链上下游，推动建筑业产业链各参与方的深度融合、跨界融合。通过平台和数据将产业链参与方、政府、金融机构等利益相关方协同在一起，推进数据共享，加强业务协同，为建筑业发展注入新动能。

未来，陕西建工希望通过在企业、项目和产业链层面的数字化转型推动板块的融合、业财融合、项企融合，一起去做行业的深耕者、破局者、追梦者，共同打造一个新的生态体系，重塑价值链，重塑产业生态。

第3篇

新业态　重塑价值

产业数字化转型正提速升级，数字技术与传统产业加速融合，数字经济已经成为传统产业创新发展的新引擎，在此背景下，相关的新业态新模式正在强势崛起，数字技术应用场景不断延伸。在巩固提升传统主业优势的同时，它们或发挥数据和场景应用优势，促进数字技术与行业深度融合，赋能产业转型升级，培育拓展新兴业务；它们或发挥主观能动性，竞相迸发创新活力，不断涌现发展新思路，有效拓展企业发展空间；它们或强化生态合作，与数字化转型使能者一起，推进最新科技创新成果加快向现实生产力转化，呈现出巨大的发展潜力……数字经济为建筑产业转型发展注入了新的源头活水，让传统产业发新芽，让新产业开新花，在建筑行业发出数字建造高质量发展最强音。

数字链接　智慧赋能
以数字化转型驱动企业高质量发展

文 / 陈卫国

中国建筑第三工程局有限公司
党委书记、董事长

中国建筑第三工程局有限公司（以下简称“中建三局”）是世界 500 强企业——中国建筑集团有限公司（以下简称“中建集团”或“集团”）的优秀排头兵。面对数字经济的浪潮，中建三局秉持“敢为天下先，永远争第一”的企业品格，坚持“以客户为中心”的发展理念，坚持以数字化转型驱动企业变革，推动企业高质量发展。

推动企业数字化转型的背景

一是外部环境的客观需要。随着数字经济时代的来临，数据成为新的生产要素。传统行业的数字化转型，必然经历从资产数据化到数据资产化的蜕变过程。一方面，通过基础的信息化建设，围绕现实世界构建一个纵横贯通、承载业务的数字孪生世界，不断规范和驱动业务对象、过程和规则的数字化；另一方面，通过对数据的科学治理，将数据变成清洁、规范、高效、共享的资产，能及时变现和方便消费，通过数据资产驱动管理手段、组织效能和商业模式的迭代升级，实现从“数字”到“数智”的飞跃。同时，数字经济时代的到来，意味着企业可能冲破行业壁垒，实现跨界竞争，彻底改变产业经济格局和利益格局。中建三局作为大型建筑央企，必须把握时代潮流，主动作为，引领行业发展。

二是上级战略的明确要求。2020 年 8 月，国务院国资委发布了《关于加快推进国有企业数字化转型工作的通知》，提出国有企业要发挥引领作用，进一步强化数据驱动、集成创新、合作共赢等数字化转型理念，着力夯实数字化转型基础，加快推进产业数字化创新，全面推进数字产业化发展，打造行业数字化转型示范样板，促进国有企业数字化、网络化、智能化发展。

中建集团立足全局、着眼长远做出推动企业数字化转型的重大战略部署，制定了“中建 136 工程”实施蓝图。其中“1”指实现一个目标，即把建筑产业互联网作为数字化转型的目标；“3”指打造 3 大平台，包括技术平台、大数据平台和云计算平台；“6”指实施 6 大项目群建设。

中建三局作为中建集团的骨干子企业，结合自身发展实际，主动参与“中建 136 工程”，领衔和参与核心项目的建设，积极探索、先行先试。

三是自身发展的必然选择。经过多年的发展，中建三局正处于一个发展规模提速、业务形态多元、组织管理多跨的特定历史阶段。根据“十四五”战略规划，中建三局合同额、营业收入要分别从“十四五”初的 5000 亿元、3000 亿元，向“十四五”末的 10000 亿元、6000 亿元迈进，要在规模倍增的情况下实现高质量发展，推动数字化转型，突破发展瓶颈是必由之路。一是通过管理标准化、流程化和信息化建设，提升基础管理水平，实现管理均质化。二是通过管理效率的提升，促进组织体系的优化，在规模快速增长的同时保证组织的效率，实现扁平化管理。三是通过数字孪生技术的使用，改变传统粗放式的项目作业方式，实现智能建造、绿色建造、精益建造。四是通过数字技术构建新的产业协同关系，形成产业互联的高效生态，创新商业模式，实现企业转型升级。

基于以上原因，中建三局将加快信息化建设和数字化转型作为“十四五”期间一项重要战略任务加以推进。

中建三局数字化转型的实践

为推进企业数字化转型，结合行业背景和企业实际，我们在集团“中建136工程”整体框架下，高效完成数字化顶层设计，积极推动组织变革，大力推进管理信息化、建造智能化、产品智慧化、产业互联网，取得了一定成效。

第一，开展数字化顶层设计。中建三局信息化建设与数字化转型规划主要分解为“1253”整体目标，以“数字链接、智慧赋能、价值重塑”为战略引领，聚焦架构升级、模式升级两大升级方向，深耕管理信息化、建造智能化、产品智慧化、产业互联网、数字产业化五条发展主线，实现能力集中到一朵“云”、产业汇聚到一张“网”、应用归集到一个“端”的三个一蓝图。通过“数字链接”实现核心业务全在线，核心资源全连接，构建流程和组织变革的完整底座；通过“智慧赋能”实现能力共享复用，智慧产品赋能，为流程和模式变革积聚能力；通过“价值重塑”实现数据资产价值凸显，产业生态价值挖掘，为商业模式变革指引方向。

第二，推动企业组织变革。围绕中建三局“134”改革兴业工程，推动企业组织变革，逐步形成总部流程与信息化管理部牵头、业务系统协同、科研机构研发、实体单位落地的信息化组织体系。

一是变革与优化部门职能。在行业内率先将各级部门的流程管理与信息化相结合，对信息化部的职能进行调整，优化其他各部门的职能和岗位设置。

成立跨业务的柔性组织——流程组，负责跨部门流程的协调，建立业务与信息化联动机制，形成“业务主导、系统联动”的推进体系。组建创新业务部，统筹全局创新业务孵化和成果转化、推广应用。组建供应链管理中心，统筹推进全局供应链、产业链变革，探索构建产业互联网。在区域分公司层面组建商务中心、技术支持中心、总承包管理支持中心等机构，构建直接服务于项目一线的业务中台。

二是改革局属单位相关机构。成立数字公司，作为培育自主设计、开发能力，以及对内对外提供信息化服务的专业平台，打造数字化实施实体。成立科创公司，作为智能建造体系研究、装备研发、需求落地、产品和服务推广的创新平台。成立中国建筑先进技术研究院，负责智能建造底层基础技术研究，为应用拓展提供能力支撑。依托实体公司成立云采公司（供应链）、云构公司（智能机器人）、云科公司（信息化），服务企业数字化转型。联动城市投资运营公司、中建壹品投资公司、绿色投资公司等投资平台，将智慧产品能力落实到城市升级、地产开发、环境治理中，培育新的商业模式。

三是建立配套产业孵化机制。组建产业公司，作为局组装内外资源、孵化和发展创新业务的载体和投资平台，承担推进智能建造、数字业务、绿色建筑新技术成果转化等职能。建立产业公司与总部职能部门、局属单位协同发展机制，产业公司发挥专业化、协同发展、示范引领作用，服务成果转化，局属单位作为实施主体，具体承担产品孵化与成果转化、市场拓展，总部职能部门提供业务指导和资源、人才等相关配套支持。

第三，推进企业管理信息化建设。对企业的管理业务进行流程再造，通过管理标准化、标准流程化、流程表单化的过程进行信息化改造，实现管理全在线、业务全连接和数据全服务，提升组织效率。

一是完成以客户为中心的流程体系优化。全面梳理企业业务价值链，建立全业务的流程框架体系，将管理业务细化为具体的动作、表单和控制指标，同时消除流程断点，横向打破职能边界，纵向实现组织穿透，推动企业从传统职能型管理向流程型管理转变。

二是深入推进数据治理。沿着流程开展数据梳理，建立数据资产目录和数据标准，从源头上解决数据生产问题。通过识别业务流程中的共享数据，将点状的数据资产进行汇聚和链接。建设数据仓库，将全局共享的数据资产与业务场景进行结合，形成面向业务场景的数据服务，构建支撑企业各项数据使用和在建信息系统引用的共用数据底座。

三是加速业务系统在线。将流程优化与数据治理成果应用于业务信息系统建设，为企业管理业务全在线、资源全链接、数据全服务提供支撑。在决策支持维度，以数据共享和数据服务为指引，开展市场、工程、商务等系统数据集成，形成现场指挥和经济活动分析的数据服务框架。在运营管控维度，以流程优化的成果为基础，构建形成市场营销、供应链、财务管理等信息系统，基本完成管理信息化建设。

通过流程优化、数据治理、信息化建设，搭建企业整体的业务架构、数据架构、技术架构、应用架构，驱动组织整体效能提升，引领企业业务从粗放式管理向精细化管理升级，实现管理更精细、组织更高效、能力更集成。

第四，推进建造智能化。

一是提出“7+1+N+3”的“中建三局智造体系”，即开展设计、工艺、装备、建造、运维等 7 个方面能力建设，构建 1 个一体化平台，推动 N 个场景化应用，实现 3 种模式化推广。

二是构建基于 BIM 的智能建造平台，将现场智能装备、人、感知设备、相关方集成在一起，形成一个人、机、生产要素相结合的有机体系，拓展应用场景落地。通过统一的平台，对“中建三局智造体系”进行整合和落地。

三是开展装配式建筑体系研究。推动 PC、PS 装配式建筑研究，初步形成设计、制造、建造、交付的智能建造体系。开展专业部品化研究，初步形成从 BIM 设计、制造到仿真校验、现场装配实施、运营维护的完整体系。开展现场施工装配式工艺研究，推动现场作业工厂化。

四是开展一体化集成设计研究。以 BIM 和 GIS（地理信息系统）技术为基础，对项目规划方案和投资策略进行模拟分析，增强前端规划“造项目”能力。以协同设计平台为抓手，持续推动正向设计项目落地，实现建筑、结构、机电、装修景观全专业一体化协同设计。以 BIM 模型为载体，结合全生命期成本，开展节能、环境、抗震等建筑性能分析与优化，实现绿色设计、建造与运维。

五是开展智能建造装备研究。成立云构公司，作为智能装备成果孵化平台和推广应用中心，已打造形成空中造楼机装备体系、智慧工地装备体系、建筑机器人装备体系和现场临建装备体系。

六是开展智慧工地体系研究。初步建成智慧工地平台，实现平台化、在线化、服务化。按照“数据共享、异地协同、远程指挥”的原则，建设全局指挥系统。

第五，推进产品智慧化。中建三局致力于成为智慧建筑产品供应商、智慧园区运营商、智慧城市整体解决方案服务商。

一是构建智慧城市的企业标准和体系。发布企业《智慧园区（社区）》《智慧水务》《智慧停车》《智慧高速》等白皮书。主导 14 项智能化领域行业标准制定，参与编制智慧社区、智慧城市、智慧场馆 3 项国家标准图集和 7 项行业、地方标准。

二是打造基于自有知识产权的“智瓴”“智承”“智享”平台，构建基于 BIM 和 CIM 的企业级智慧城市管理平台，提供所有智慧类建筑、园区和城市经营的数字化服务。

三是建设一批智慧类项目，主导实施 80 余个智慧项目，沉淀智慧产品研发、实施落地能力。打造以北京中建大兴之星为代表的智慧园区项目，以武汉中建星光城为代表的智慧社区项目，以武汉东湖深邃为代表的多场景智慧水务项目，以十堰综合管廊为代表的智慧管廊运营项目以及以宜昌伍家岗长江大桥为代表的智慧基建运营项目。以“统一平台、多业务场景应用”思路，有效汇聚行业数据，持续打造自主可控的数字运营品牌。

四是形成智慧类产品的整体解决方案。依托中建三局投资、规划、设计、建造、运维全产业链能力优势，按照“总部平台化＋业务模块化”的思路，构建智慧产品的研究柔性体系，成立数字公司，为企业产品和服务升级提供数字化咨询服务、产品智慧规划、信息平台建设、数据治理和投资运维等全生命周期服务，助力企业拓展新赛道。

第六，构建产业互联网。产业互联网是要打通企业之间的界线，把整个行业产业链作为一个企业，把链条上的每个企业作为一个部门，通过开放平台和数据服务，构建跨企业的标准、规则、流程等，重塑产业价值链，提高整体产业的效率。供应链平台是产业互联网的一个重要组成部分，中建三局致力搭建由具有共同追求、共同行为准则、彼此尊重的上下游企业构成的事业共同体，建立良性生态圈。

我们积极促进产业协同，实现融合共生。一是拓展产业布局，建设开放式创新平台，打造建筑工业化产业生态，推进钢筋 BIM 集约化加工、机电预制化加工等产业化应用；探索新的合作发展模式，共建智能装备、智能技术产业链联盟。二是延伸产业链合作，与集团先进产业平台互通，依托集团全产业链优势，实现资源共享；加强与行业领军、龙头企业的总对总战略合作；输出标准范式，制定上下游共同认可、共同执行的跨企业共识。三是打造绿色供应链，树立绿色低碳采购意识，依托中国建筑先进技术研究院，加大新技术、新材料研究，从设计、选材、生产、物流等方面强化上下游协同。我们通过开展供应链平台建设，基本构建了连接生态的开放平台，逐步积累能力、构建生态、形成体系，实现生态融合与价值共生，争当产业链链长，引领产业生态升级。

企业数字化转型的思考

建筑行业数字化转型是一项复杂的系统工程，其建设工作不仅需要技术方面的持续迭代升级，更是企业文化、思维方式、管理体系的转变。

一是必须落实数字化转型“一把手”工程。数字化转型不是对企业这艘巨轮的“修修补补”，而是要站在数字化的视角对企业商业模式重新定位并获得持续的竞争力，“一把手”必须亲自抓。数字化转型是企业的整体转型，必须是业务主导、系统联动，除了企业主要负责人亲自谋划、亲自部署、亲自推动，还需要企业各个层级领导骨干全力参与，必须是各业务系统主要负责人亲自抓落实，一起形成领导“合力”，通过强有力的流程变革、组织变革、绩效考核推动企业全体员工深度参与转型与变革。

二是必须引导全员思维方式的转变。大型建筑业企业普遍存在组织层级多、管理不均衡等现象，只有通过扎实的流程建设和数据治理，转变思维模式，才能助力企业突破规模扩张、业务多元所带来的管理困境。这就要求各级管理人员主动用流程思维来管理各项业务活动，用数据思维来驱动业务转型升级。信息化说起来是信息化，但本质上是管理标准化，不能指望开发一个系统去解决所有的管理问题，必须坚持标准化筑基、信息化固本。信息化建设和数字化转型的核心不是为了记录线下业务的成果和过程，而是必须实现对线下业务的替代，再逐步向业务赋能和智能决策演进，必须坚持管理在线、业务替代，这是信息化建设和数字化转型的难点，也是关键。

三是要建立科学的数字化转型推进机制。中建三局通过构建“数字化协同铁三角”和“研产用创新铁三角”运作模式，提升组织效率，赋能全局业务层面数字化、智慧化能力构建，推动全局组织整体从部门制、层级化的治理模式向平台化、扁平化的运营模式升级。“数字化协调铁三角”由数字化管理团队、业务数字化专家、数字化研发团队组成，以产品为载体，推进项目敏捷互动，打破传统的“部门墙”与沟通不畅的问题，实现业务与IT的高效协同。“研产用创新铁三角”将研、产、用三个环节首尾相连，形成闭环，建立自循环、高效、敏捷的研产用创新铁三角，创新研发促进生产实施，生产实施推动用户使用，用户使用反馈至创新研发，优化智慧产品与数字化服务，高效应对市场变化与快速响应前端用户需求。

四是要加强数字化人才的培养。企业数字化竞争很大程度是人才的竞争。一方面，企业数字化转型需要懂技术、懂管理的数字化管理人才，需要能够将企业业务场景迁移至数字世界的数字化专业人才，需要能够将数字化的各种产品、数据用起来的数字化应用人才。另一方面，对传统企业来讲，除了配齐数字化人才，更要有相应的机制，让数字化人才能够有发挥的舞台和空间，推进企业在数字化转型过程中持续进化。

“数字链接、智慧赋能、价值重塑”，是中建三局数字化转型的核心主旨，也是转型的“三步走”任务，三者层层递进，旨在通过“十四五”时期集中建设，提升和积蓄企业在管理水平、建造过程、数据服务、资源整合及产品服务等领域的数字化和智慧化能力，重塑产业价值链，为行业高质量发展贡献三局智慧。

筑牢城市数字底座 CIM　赋能城市高质量发展

文 / 刘谦
广联达科技股份有限公司高级副总裁

随着数字技术的迅猛发展，社会加速步入数字化新时代。城市经济社会数字化转型成为大势所趋，数据成为新的生产要素，数据要素价值释放也成为重要命题。数字城市的建设要筑牢城市数字底座 CIM，驱动城市数字化转型，赋能城市高质量发展。

数字经济发展催生两类城市运营主体

从政策导向层面来看，国务院“十四五”规划纲要（注：全称为《中华人民共和国国民经济和社会发展第十四个五年规划和 2035 年远景目标纲要》）和《“十四五”数字经济发展规划》等都大力强调建设数字经济、数字社会、数字政府和数字生态，国家整体的“数字化转型”进入全面加速时期。数字化的技术、数字化的思维以及数字化的生产和生活方式合力推动了数字经济的快速发展。

城市运营与传统建筑业进行融合将形成一个更大的建筑产业。在此大建筑业背景下，通过发展数字经济推进产业高质量发展，特别是发挥数字化的核心作用就显得尤为关键，将与城市发展、生态治理密不可分。

当前，我国经济社会进入高质量发展新阶段，城市发展治理方式发生重大变化。城市数字化转型背景下，将出现两类融合的新角色：一类是物理开发城市运营商，将从投资、规划、建设、施工、运营整体来考虑城市治理；另一类是数字开发城市运营商，将通过融合整个城市治理和开发的数据，实现城市高质量发展。两类新角色的出现代表着生产关系开始发生改变，同时也意味着高起点规划、高标准建设、精细化治理正在成为城市建设发展的新趋势，智慧、生态、韧性将成为未来城市及园区的发展方向。

数据是驱动城市数字化转型的新动能

国务院于2022年年初印发的《“十四五”数字经济发展规划》明确指出，数字经济是继农业经济、工业经济之后的主要经济形态，已上升为国家战略。在数字经济时代下，数据成为新的生产要素，而且是核心生产要素。

数据想要产生价值需要与实际工作、实际场景相结合，并进行系统化、结构化的分析，才能转化为生产力。其中，数据治理与运营是支撑数据开放共享和数据要素价值释放的核心工作之一。在数据驱动下，通过数字孪生，实体城市的物理世界和虚拟城市的数字世界得以连接，可构建城市级数据闭环赋能体系，最终实现城市数字化转型。

当前，城市数据冗余、“数据孤岛”、数据鲜活度不高、公共数据难共享是数字城市建设的突破重点，为攻克数据难点，能够承载数据集成应用的一系列数字城市新基建，将是数字城市发展重要设施。其中，可作为数字底座的CIM平台是关键。

CIM平台是打造城市数字孪生体的时空载体，其本质是形成一个动态的、可持续发展的城市数据中台。它包含地上、地面、地下，过去、现在、将来的全时空信息，支撑智慧城建、智慧产业以及智慧生态等各类应用场景，可为城市治理、社会民生、城市建设等提供数据决策依据，支撑城市规建管服等垂直应用，全方位构筑城市治理综合体，服务智慧社会创新发展，使城市生命体更加智能。可以理解为，CIM是对城市物质空间对象进行数字化表达，并以数字三维模型为载体关联社会实体、建设行为、监测感知等相关信息，构建的城市信息有机综合体。因此，CIM平台被称为城市的数字底座，也天然具有技术集成、数据融合、业务协同三大特点。

总体来说，CIM是BIM、GIS、物联网、大数据、云计算等多种技术的深度集成。同时，数据融合是指空间数据和非空间数据等多源异构数据的融合，业务协同体现在技术与交通、民生、环保、社区等城市治理业务的协同。

CIM平台打造城市数字化的“三大中心”

建设CIM平台底座要分三层推进：首先在项目层，实现BIM+智慧工地；其次在监管层，实现CIM+属地管理、CIM+行业监管；最后在治理层，形成CIM平台底座+IOC，进一步实现市域现代化治理。具体来说，基于城市数字底座CIM平台，数字城市的建设需打造“三大中心”，即空间模型中心、城市数据中心、应用决策中心。

空间模型中心是以“地上、地下、室内、室外”的空间维度和“过去、现在和未来”的时间维度，融合多源异构空间模型数据，打造天地一体化、时空一体化的城市空间模型中心，从而构建起城市三维空间数字底板，相当于建成数字城市建设的“目录树”。该中心是通过城市场景模型和城市业务模型的融合，形成数字城市的新蓝图，而空间模型中心的数据基础越好，城市三维空间的数据就越好。

城市数据中心是基于空间位置和实体对象，融合关联多源物联网（IoT）、业务数据，形成城市综合信息模型，实现融合共享、智能分析和服务增值。城市数据中心的建设不仅需要统一的坐标系统、时间基准、编码体制和服务格式，还要通过规则引擎和AI识别，基于知识图谱关联空间数据与业务、物联数据，并注重多源异构数据的融合和高标准的数据治理。

最重要的还是数据的应用，将“死数据”应用于真实的场景，变成“活数据”，数据就产生了价值。

应用决策中心就是基于CIM模型构建“数据驱动治理”城市数字孪生发展新模式的集中价值体现，可实现动态监测、可视管理、智能联动、运筹帷幄。通过CIM建设，如CIM+规划、CIM+建设、CIM+管理，可实现虚拟城市“线上试错”，洞悉现实发展中的问题，由虚入实、智能操控，反向作用物理城市。其中，基于CIM城市大数据，可实现跨部门协同和城市运行“一网统管”，还可实现平时管理与紧急情况下管理模式切换的“平战结合”；基于CIM的住建大数据，可支撑行业监管决策，如行业市场监管和工地现场监管的“两场”联动；基于CIM生态大数据，进行生态环境仿真模拟，促进生态科学治理；CIM融合数据赋能，还可以形成数据要素市场。

从BIM到CIM，数字资产赋能城市高质量发展

作为城市综合信息模型和数据的有机综合体，CIM搭建的“全数据，汇融合，善治理，促应用”一体化体系，将更有效地实现城市各行业、各领域大数据的汇聚融合，赋能城市规划、建设、管理、运行等全生命期的智慧创新应用，助力城市高质量发展。

基于CIM数字底座，发挥数据这个核心要素的作用，可以沉淀积累城市数字资产，为数字城市建设、服务城市发展打下更为牢固的根基。具体来说，城市包含的多源异构、不同时态的城市大数据，如总体规划、经济运行、政务服务、建设管理、城市能源、市政管网、交通出行等数据，在统一的CIM数字底板下进行汇聚、关联和融合，不断沉淀积累城市大数据资产，从而基于数据提供面向政府、企业、民众的智慧创新应用。其中，面向政府部门可实现科学规划、建设监管、精细治理和应急防控等；面向行业和企业可实现传统产业升级、产业协同发展和新兴产业衍生；面向社会民众可提供便捷的民生服务和精准的公共服务供给等。这样就形成良好的“人人为我，我为人人”的城市数据应用方式。

CIM不是凭空出现的，BIM是CIM落地的关键基础。这是因为，数字城市的建设，离不开每一栋楼、每一个工程项目的空间数字化，也就是BIM。如果没有BIM支撑，CIM的闭环价值将无法打通，可以说，无BIM不CIM。

对新建建筑而言，可以采用正向设计达到BIM的构建；对既有项目，没有进行BIM的正向设计，广联达也提供了快速逆向建模的解决方案，通过国产自主可控的图形平台，可自动读取CAD图纸，快速进行逆向建模；对没有BIM模型，甚至连图纸都没有的工程项目，还可以采用AI+倾斜摄影的方式快速实现房屋的单体化建模，实现数据对象化（可看）、数字化（可管）、业务化（可用）的深层次目标。通过以上三种BIM落地的技术解决方案，可支撑CIM数字底座建立的最小空间单元的全量数字化构建，可有效解决城市级空间建模效率低、成本高的难题。

推进BIM与CIM的融合，需要将BIM贯穿到建筑行业规划、建造、管理、运营等各个阶段，将CIM平台作为城市管理、行业管理的中台。这样的平台才具有生命力，同时也能把城乡规划、工程建设、城市治理、行业监管等不同阶段协同起来，实现城市治理精细化。

此外，从BIM到CIM都需要解决三维图形核心引擎等关键技术问题。广联达依托工业和信息化部BIM重大专项实现了三维图形技术国产自主可控，在此基础上广联达还牵头承担了科技部国家重点研发计划“城市信息模型（CIM）平台关键技术研究与示范”项目，支撑从 BIM 到 CIM 的核心技术国产自主可控。

未来，通过从 BIM 到 CIM 的发展，筑牢城市数字底座 CIM 平台，将支撑从数字建筑到数字城市，构建数字空间基础设施，努力实现让城市生活和工作环境更美好的目标。

加快"数智化"转型　赋能高质量发展

文 / 刘勃
中铁四局集团有限公司
党委书记、董事长

党的二十大报告强调：加快发展数字经济，促进数字经济和实体经济深度融合，打造具有国际竞争力的数字产业集群。优化基础设施布局、结构、功能和系统集成，构建现代化基础设施体系。这为新时代中铁四局集团有限公司（以下简称"中铁四局"）持续加快数字化、智能化转型，推进企业高质量发展提供了根本遵循。

运用数字技术、发展数字经济，是建筑业企业主动迎接新一轮科技革命和产业变革新机遇的战略选择，必将推动建筑业企业竞争力重构，也将成为经济增长新引擎。为此，中铁四局积极应变、主动求变，立足产业探索传统建筑业数字化转型新模式，坚持数智化布局，在企业管理数字化、建设工程信息化、物联网技术应用、智慧工地、智慧工厂等方面开展了大量的实践，形成了一大批科研和管理创新成果，为服务企业以及行业高质量发展提供了重要支撑。

落实创新驱动战略，强化高质量发展要素保障

中铁四局紧跟行业趋势，围绕现场需求，推动一系列信息技术的集成化创新和协同化应用，确保新兴领域的技术突破和关键核心技术的自主可控。

构建转型研发体系。围绕“组织文化、领军人才、资源保障、激励转化”四个方面，以生态系统构建为基础，以客户及相关方为中心，以打造动态组织为保障，数据驱动价值创造为最终目标推进研发体系的建设，不断聚集 GIS+BIM 技术、物联网技术和智能建造技术等创新要素，提升自主科研能力。其中，中铁四局研发的隧道智能雷达检测系统作为国际行业首台（套）完全拥有自主知识产权的隧道智能雷达设备，在 2022 年世界制造业大会上进行了发布。研制的国内首台无砟轨道智能铺轨机组，初步实现了轨道铺设智能化。

打造信息集成平台。深入推进信息贯通工程，以中铁四局云为数字化底座，各业务系统作为基础数据支撑，构建了从数据采集、存储、处理到应用的多元数据集成共享平台，并围绕工程进度、安全、质量、成本等业务与管理场景，建立了系统完整的信息化管理架构，实现了跨系统、多层级的数据交换，做到数据共享、企业级智能决策分析，为局、子分公司和项目部“三个层级”的数字化转型提供了全场景、全流程应用服务。

紧抓新基建机遇。围绕“网信基础设施、云计算中心、建筑智能化系统”和“工程质量检测与安全监测”，联合人工智能独角兽企业成立中铁奇智，着力推进“新基建 + 人工智能”的技术研究和产业孵化，加速培育拥有自主知识产权的核心技术和产品。

深化数智工程应用，夯实高质量发展基础支撑

中铁四局聚焦企业数字化转型、智慧建造发展趋势，推进信息化、数字化、物联网、建筑工业智能化、绿色化技术融合应用，培育智慧建造整体解决方案。

聚焦工程项目管理。坚持以施工现场实际需求为导向、以提升项目管理质效为目标，不断加大技术攻关力度，打造集人员实名制、安全质量、工程进度等信息管理系统于一体的智慧工地综合监管平台，显著提升施工现场管理水平。先后开发了 BIM 快速建模工具、BIM 族库管理平台、电子沙盘等应用工具，利用统一的三维模型贯穿建筑全流程，打破信息孤岛问题，实现建筑业多专业协同设计、一体化建造、标准化交付和智能化维护等，打造了牡佳铁路、太湖隧道、济南地铁等一批 BIM 技术应用示范项目，推进工程项目提质增效。

聚焦智慧工厂建设。成立专家型创新工作室，与中南大学、厦门理工学院进行产学研创新联动，开展工程施工智能建造以及桥梁新结构新材料等技术研究，合力攻关机制砂厂、预制构件厂等智慧工厂项目，形成地材生产运营、预制构件生产（梁场、板场）、钢筋数字加工、混凝土拌和等绿色智慧工厂整体解决方案和一站式服务，目前已打造多个生态产业示范项目。中铁四局建设的霍山机制砂智能工厂、旌德机制砂智能工厂等项目，在机制砂市场已经形成较强的产品竞争力，在安徽区域实现滚动发展。

聚焦新型装备制造。遵循“核心设计 + 关键制造 + 专业资源”的发展思路，围绕工艺设计、规划布局、中控系统等方面加大培育力度，先后研发了泥浆综合处理设备、泵顶一体智能钢支撑轴力伺服系统等新型装备，以及水务环保、综合管廊、市政道路等重点领域的主体健康安全监测系统，并在百余个单位推广应用，取得较好成效。

聚焦智慧物联赛道。成功应用了工程设备物联系统、危大工程安全监测、无人值守称重影像系统等系列产品，自主研发的“工程设备物联网”获中施协“微创新”技术大赛一等奖。

加快技术成果转化，释放高质量发展强大动能

中铁四局以市场化导向推动技术成果向现实生产力转化，有效破解“用工荒”，降低建造成本，提高建筑产品建造与运维的质量、安全和绿色化水平。

推动全产业链协同创新。积极探索产业链上下游合作联合研发的模式，参与筹建了“高性能建筑用钢产业技术创新联盟”“中国 BIM 发展联盟”“中国铁路 BIM 联盟”等，与同济大学、上海市政工程设计研究总院等开展产学研合作创新，并以市场化产品为目标，以经济利益为纽带，建立共同体研发团队的合作模式，明确了责、权、利，尤其是成果转化的利益共享细则，实现了全产业链的协同创新。中铁四局与产业链上下游创新研发的新型结构体——叠合装配式管廊，成功运用于海口综合管廊的建设中，实现节能环保、缩短工期、降低成本等目标。中铁四局与有关公司合作开发的“安全质量隐患排查治理系统”等被行业内各单位广泛推广和使用，研发的混凝土减水剂、自密实混凝土黏度改性材料、环境友好型矿物掺和料等新材料，已形成系列化产品，销量位居行业前列，均创造可观的经济效益。

增值信息化咨询服务。中铁四局依托 BIM 技术持续研发成果，大力推进信息化咨询服务产业。在国家大力推进全过程工程咨询服务的大背景下，逐步形成以“一套解决方案、一组应用模型（含专项应用）、一个信息平台、一部科研标准、一项培训服务”为核心的五大咨询服务，并开拓 BIM 咨询业务市场，实现了由技术研发到技术服务落地的转变，为中铁四局的咨询业务开拓了新的领域。

加快产业成果落地转化。中铁四局先后承担科研课题 55 项，其中中国工程院、住房和城乡建设部“中国建筑企业能力提升工程”国家级咨询课题研究 2 项，研究成果获国家、省部级、行业协会等奖项 15 项，6 项科技成果被认定为国际领先和国际先进水平，“智慧建造平台”应用案例被住房和城乡建设部收录为第一批“智能建造新技术新产品创新服务典型案例”。目前已累计实现成果转化合同额超 4 亿元，形成科研成果转化收入 2.6 亿元。

加强数智化发展，对推动新型建筑工业化、数字化、绿色化发展至关重要。中铁四局将坚持以全链条数字化协同、全周期集成化管理、全要素智能化升级为主要模式，最优化配置要素资源，最高效提升生产施工效率，最大化提高建筑质量，全面赋能企业高质量发展。

价值驱动企业数字化转型

文 / 汪少山
广联达科技股份有限公司高级副总裁

要综合长短期效应看数字化价值。数字化价值简单来说就是数字化给企业带来的正向效应或影响。有些价值是可以量化的，也是大家最有感触的，如项目成本降低、安全隐患减少、个人和组织的工作效率提升等；有些是不能量化或看长期效应的，如管理能力提升、市场影响力扩大等，像“鲁班奖”工程对整体管理能力提升、对公司市场影响力扩大等；有些价值要长短期效益、局部和全局效益结合起来看，短期也许增加成本，数字化重构后可能导致局部工作的增加换取全局范围内工作的减少，价值评定时也要以终极思维来看当下的影响。

数字化转型是个系统工程，数字化对企业带来的影响必须通过组织去落地才能实现价值变现，充分考虑人的因素，遵循组织对数字化认知和接受规律，以点带面，由易到难，迭代实践，过程中价值牵引。工程项目是建筑企业的利润来源，也是企业赖以生存和发展的基础，以下以项目管理为中心，从案例中简要总结数字化转型给企业带来的价值。

点：单点应用覆盖全要素，岗位提效明显

人员、物资、施工设备等各类生产要素是项目现场管理的最小单元，是重点管理对象，也是项目成本、安全风险源。将这些生产要素的流动特征和数字化的技术优势结合，可以在不同的管理点上采用一种或多种数字化技术集成应用。一方面，可以实现对各类生产要素过程消耗、运行状态等精准管理，及时识别发现过程中的成本异常、安全隐患等现象，避免负面效应进一步扩大；另一方面，可以通过对数据的积累、分析，基于真实数据优化生产要素的管理要求，实现管理水平的动态提升。调研发现，数字化技术的应用，可以降低 30%~50% 的人员安全、违规用工等风险；及时发现钢筋、混凝土、周转材料管理漏洞，减小这些物资的单项成本损失 5%~30%；对塔式起重机等大型设备的运行过程跟踪，安全隐患识别率接近 100%，使重大安全事故发生率降低 50% 以上。

一些具体应用点价值如下：

劳动力用工的数字化方面，劳务实名制管理系统可以将劳务工人情况进行完整准确的记录，避免现场劳务工人冒名顶替，降低 30%~50% 用工风险和恶意讨薪等问题的发生率。此外，在智能安全帽中埋入芯片，对劳务工人的行动轨迹进行跟踪，可以更精准地了解项目上各个分包队伍究竟有多少人进行作业，完成了多少工程量、出勤情况如何等数据。施工总包方可以根据这些数据对劳务队伍的出勤率、完工情况等做综合评价排名，企业可以在年终根据这些信息评估各个劳务队伍的贡献情况，每个项目对所有劳务人员及劳务分包的综合效益可平均提升 10%~15%。

项目现场物料的数字化方面，如智能地磅，用手机去数钢筋、钢管，这些都是借助物联网方式实现比以前超过十倍的效率，同时能够准确地了解到施工现场实际使用了多少物资，可以对供应商进行分析、评价，逐步提高对材料商的要求和标准，项目的物资管理标准优化率提升30%左右。

机械管理的数字化方面，塔机检测可以通过人脸、指纹等进行身份认证，数字化显示现场塔式起重机的幅度、高度、质量、倾角等运行数据，异常告警自动化推送，实现安全隐患识别率接近100%。远程查看塔式起重机实时数据的同时，可以对塔式起重机进行施工工效分析、历史数据保存，便于远程监管并积累项目生产数据，综合工效提升20%左右。施工升降电梯监测可以实时监测升降机的载重、轿厢倾斜度、起升高度、运行速度等数据，一旦出现运行风险，现场真人语音报警提示，实现远程监管提升作业效率，降低安全风险。

点状应用除了提效降本价值之外，还是数字化转型中关键要素数据的来源，通过技术手段，在岗位应用的同时，能够持续、及时、准确地反馈数据，为智能决策提供各要素的有效数据。

线：数据连接业务线管理闭环，管理目标最优

工程项目管理习惯上会根据管理属性分别设置进度、成本、质量、安全等管理目标，在具体管理中需要围绕管理目标，通过一系列的管理活动、动作，由各专业岗位组织实施。这是一个动态的管理过程，受过程中可变因素影响，通过期间敏捷复盘和总结可以及时识别风险、及时纠偏。面对复杂的工作环境，实际上往往因为过程管理数据难获取或工作量大，造成这一复盘周期长，不能及时制止风险，使管理目标很难达成，最后造成重大损失。据统计，80%以上的项目亏损是因为过程管理不到位导致的，项目进度目标达成率不足50%，成本和收益目标负偏差率30%是普遍现象，项目结算或收尾阶段才发现某项成本严重超支。进度、成本的影响60%以上原因是质量返工造成的，90%以上的重大质量事故是过程隐患没及时识别、制止而造成的。因此过程数据的及时性、真实性，以及复盘总结的敏捷性是及时降低过程风险、避免损失进一步扩大的关键。单点数字化应用中，生产要素数字化解决了一部分数据的真实性问题，借助互联网技术、云计算、AI 算法等技术，一方面可以进一步实现数据的汇总或闭合分析，缩短复盘周期；另一方面可以提升业务条线的管理水平，制定并持续优化可落地的管理标准和要求。

各管理线上一些具体的应用价值如下：

进度管理的数字化应用方面，以往在项目建设的不同阶段，生产经理对当下生产资源的投入和消耗量不能及时准确地了解，这将导致由于资源无法及时匹配造成进度风险，利用数字化技术，生产经理可以实现对生产要素情况的实时掌握，根据进度计划及时匹配相关生产资源，保证工程进度的顺利推进，生产进度的综合执行率可提升 30%。同时，对所积累的生产数据进行分析，可以沉淀优化项目资源配置方案，提升进度管理水平，实现进度目标达成率 20%~30% 的提升。

成本管理的数字化应用方面，过去项目在不同建设阶段的成本投入，项目管理人员无法及时、准确地了解项目的阶段成本，这就导致成本超标的问题不能及时被发现，等发现时已造成无法挽回的局面。利用数字化技术，可以实时获取项目各个业务条线和各个阶段的过程成本投入，与项目的目标成本对比，能够及时发现成本超标问题并形成调整方案，实现项目成本控制率提升 30% 以上。

质量安全的数字化应用方面，以往项目管理者会根据经验指出质量、安全问题要求进行整改，但是这些问题的执行情况如何、有没有新的风险等都是不可控的，隐患的及时发现、整改、检查不能很好形成闭环。而通过数字化应用，将每一个施工板块的质量完成情况、安全情况在数据系统中完全留痕，便于管理者全面、及时监督问题的整改情况，避免小的质量问题积累成重大质量缺陷、小的安全隐患扩大发展造成重大事故。对一些工程项目的追踪显示：没有用数字化的工程项目，其生产任务的单周完成率一般是 40%

左右；使用数字化进行管理之后，任务完成率达到了60%以上，而且质量和安全问题的整改率也提高了50%以上。同时，企业根据质量、安全管理过程中所积累的数据进行分析，可以更好地优化质量、安全管控要求及管理流程，降低质量安全问题发生率可达到30%以上。

面：数据支撑项目综合决策，实现项目精益管理

项目管理是以成本为主线、以履约为目的进行综合项目管理。即使在项目策划阶段已经确定的施工方案，面对外部条件的不确定性，某个阶段可能牺牲某项单业务线阶段目标来降低其他业务线管理风险，在确保履约的前提下实现项目收益最大化。项目在实施过程中一定程度上是在权衡进度、成本、安全、质量，这就需要根据项目实际情况综合决策，实时调整策略和方案，如当劳动力数量不及预期或期间因其他原因导致不稳定，物资因物流、管控等与计划有重大偏差，方案、试验与进度脱节，资金收支与进度不匹配等，这就需要能够综合多方面信息进行综合决策。调研发现，因信息不完整或不真实、业务和财务数据不一致等情况而导致的决策失误所造成的成本浪费在20%~30%；30%以上的项目停工和60%以上的停工重大损失都是这类原因导致。以下以项目综合成本管控和集中决策系统，简述数字化带来的变化。

当下，项目成本压力与日俱增，需要从过去单纯对财务进行管理升级为“以成本为主线的综合项目管理”，基于综合成本对全过程、全要素进行成本综合管理，通过更细致的管理实现综合成本的降低。利用数字化将公共业务及数据统一处理，避免在各业务系统中单独处理的重复投入，以及数据标准不一致所导致的数据不互通。项目财务人员基于数字化应用了解到现场包括进度、物资需用、工人投入等情况进行财务管理和支持，实现预测成本与实际成本的动态一致性对比，及时发现成本风险。业务人员则根据资金收支、应收应付、工程款进度向财务人员进行合理有效的申请，实现产值收入与成本支出的动态及时对比，提升收支数据的一致性与时效性。利用云计算、AI算法等方式进行多数据对比，自动识别问题并及时提出解决建议，从而实现决策效率30%的提升和准确率50%的提升。

体：数据驱动跨组织协作，实现企业资源最大化利用

管理的本质就是决策，决策最大的价值就是时效性，客观信息是决策的依据。项目作为建筑企业的利润来源，需要各组织通力协作，按照各自分工，集体资源使用效率最大化，才能实现项目目标最大化，这就需要企业所有相关方都能客观、及时了解项目情况，以便按照各自的责任分工识别项目风险、了解困难、项目实施，完成符合公司整体要求的目标。传统的沟通和协作方式基本是线性的逐层传递（少量电话、微信等点对点传递），了解项目信息要经过作业现场、项目部职能部门、主管领导、公司职能部门、公司主管领导等，上层的决策也以此类推，由上而下逐层传递。这种协作方式传递的信息必然有一定的主观性，时效性也大打折扣，很难做出科学有效的决策。调研发现，最快的决策也就是“2日内答复”，以周为单元的决策非常普遍，企业大多看到的是“上月”的报表，收到的问题大多是“重大问题或事故整改方案”，项目部基本采用周例会的方式解决上周的问题。造成这种情况的主要原因是传统传递方式无法实时了解项目情况，或信息不对称等不敢迅速决策。借助数字化可以最大限度实现项目信息及时、透明，同时实现跨组织信息传递，决策时间基本可以到小时级，整体效率可以实现指数级提升。例如，在点状应用中生产要素的数字化信息不受物理空间限制，为突破“部门墙”提供了数据基础，不同组织间的信息沟通，一些应用已经可以利用数字技术逐渐替代传统的人力审批、审核，如资金超付、采购超限自动拦截或预警，塔式起重机超重自动制止作业等。当然，现在离理想的数据采集、分析、预警、决策执行还有差距。

一些现阶段已经在应用的实际场景如下：

企业集约化经营方面，利用数字化可实现多项目资源共享的项企一体化，利用包括BIM、云计算、大数据、物联网、移动技术、人工智能等核心技术，通过对项目的实体数字化、施工要素的数字化和项目全过程的数字化，实现现场作业可控、项目指挥高效和企业决策精准。“项企一体化”能够实

现数据的互联互通，通过“管理”上的项企一体化和“数据”上的项企一体化这两个维度，真正打通项目与企业数据，最终创造数据协同价值。企业想了解某个地区有几个项目、各个项目的进度情况，数字化系统可以穿透到一个具体的项目里面，对具体项目进行多维度的分析，这些数据在某种程度上将改变企业对项目的管理方式，经过多年的积累在系统中形成丰富的数据集，将来企业能够依托这些数据做更好的技术方案、更好的供应商选择、更好的合约规划。项目整个的策划过程都由大数据做主导，这样将来企业对项目的管理方式会发生非常大的变化，企业在主导、赋能，项目在快速进行。

企业在集中采购业务的数字化应用，通过结合互联网思维、整合理念、平台化运营模式，可实现企业的线上招标投标业务，并通过交易不断积累数据，强化资源整合力度，以线上一站式采购平台与便捷服务简化采购流程，逐步使企业形成规模化的谈判优势，同时降低各级沟通成本，达到降本增效的作用，并促进外部合作和企业内部的优势资源共享互补。通过集采数字化的应用，企业采购成本及资金使用成本可节约 10%~20%，采购履约风险可降低 30% 左右。

遵循事物发展规律，积小胜为大胜，构建高质量发展

目前，整个行业还处于数字化转型的成长期，对数字化转型的价值也处于摸索、实践过程中，加上时间有限，总结还做不到很全面，后续还需要持续迭代做实价值，结合实际案例不断提升总结质量。

数字化转型升级是实现企业高质量发展的必然选择，各企业的实际情况有所不同，路径选择也必然不同，数字化转型是一个不断创新的过程，遵循新事物的发展规律，确定好战略目标之后，先易后难、由局部到全局，在迭代中探索是行之有效的方法。从以上价值分析也可以发现，由点到线，到面，最后到企业的所有组织正是遵循这一规律。点状应用作用比较直接，基本类似于传统工具替代，只是对个别岗位工作习惯、工作方式的改变，所以价值体验也较为明显，影响面小，接受度高；由点到线、面、体会逐渐对原有的管理流程、方法、机制，甚至逐渐会对组织体系设置等产生影响，是个逐渐从表面向企业经营管理内部渗透、影响，逐渐到变革的过程。转型越深入遇到的问题、阻力越来越复杂、越来越大，同时价值反馈周期也会越长，甚至有些价值很难量化。如公司争创“鲁班奖”的过程，从局部看可能在管理、成本、质量、进度等投入方面并不经济，但对公司各项能力提升、市场拓展等方面都会有深远的影响，这种效应很多是很难在短期内、一个项目上量化出来的。华为引入 IBM 管理咨询，在最初几年也是各种不适，短期经济账也很难算清。转型过程需要耐心，只有战略引领，找对切入点，以价值为牵引，遵循规律持续实践，创新性迭代，才能“积小胜为大胜”，成功实现数字化转型，提升企业的掌控力和拓展力，推动建筑行业的高质量发展。

数字化转型背景下国有资本投资公司发展模式研究

文 / 苏跃华

甘肃省建设投资（控股）集团
有限公司党委书记、董事长

数字化转型的本质是信息化技术引发的系统性变革，产业数字化、数字产业化是变革机遇，也是发展大势。其最大价值在于，企业需要革新思维，制定面向未来的数字化战略，推动研发、生产、用户体验的全面转型。党的二十大报告指出，建设现代化产业体系，要加快发展数字经济，促进数字经济和实体经济深度融合，打造具有国际竞争力的数字产业集群。

2020 年 8 月 21 日，国资委印发了《关于加快推进国有企业数字化转型工作的通知》，对推动国有企业数字化转型做出全面部署，建筑业作为国民经济的支柱产业，存在科技含量低、管理粗放的特点，是数字化转型的重点行业之一。国有企业数字化转型已是顺应时代潮流、响应国家政策、适应行业竞争和市场需要、实现高质量发展的重要路径。建筑业数字化不仅是技术上的突破与革新，更是企业商业模式的跨越与创新。建筑业国企作为国民经济中的“头部企业”，在建设世界一流企业的道路上，任重而道远。

实现数字化只是技术手段的革新，而在数字化背后的企业发展模式，则是实现真正数字化转型的“底层逻辑”。甘肃省建设投资（控股）集团有限公司（以下简称“甘肃建投”）作为基础设施建设投资企业和地方建筑业龙头企业，近年来，积极推动新一代信息技术的创新应用，加快推动生产经营数字化，着力培育数字新模式、新业态，已为数字化转型奠定了一定基础。但在推进数字化转型的过程中发现，通过技术手段对企业数据分析，支撑管理决策并不难，如何在数字化转型的进程中，找到企业的发展密码，才是关键所在。

甘肃建投曾是劳动密集型的施工总承包企业，以传统的单一房建施工为主，在完全市场化竞争中被动承揽任务。面对多年来思维理念前瞻性不强、主动谋划能力不足、经营模式固化、产业链条短、市场话语权低、发展空间受限等突出问题，甘肃建投一直在努力寻找适应自身的发展模式。

特别是自 2019 年甘肃建投被确定为甘肃省国有资本投资公司试点单位以来，从一个安身立命于传统建筑施工领域数十载且一度面临生存困境的老企业，成为具备“投建产”协同发展能力的国有资本投资公司。在高质量发展的背后，有其发展的内在逻辑和“建投密码”——提出以“投”为引领，以“建”为依托、以“产”为支撑，投建双驱、产融结合的协同发展战略，积极开展投融资和产业培育，加快优化国有资本布局，大力提升“投、融、建、管、退”一体化运作能力，优化布局一系列重点产业，加速推进一批重大项目，促进发展动能转换、资源优化配置、经济模式创新，激发了产业实体活力，实现了效益更好、作用更强、产业更优、效率更高、机制更活，走出一条独具特色的国有资本投资公司转型发展之路。

以"投"为引领：聚势赋能，服务甘肃经济发展大局

近年来，甘肃建投在投资战略导向上始终坚持服务国家战略，顺应时代发展，充分发挥投资引导和产业培育功能，推动核心资源向核心产业和关键领域集中，站在产业链前端主动谋划项目、创造项目，在"两新一重"、公共基础设施、公路交通枢纽、水利水电、林草生态环保、风光电基地、城市运营与管理等新领域以公司前所未有的力度谋划了超千亿元规模的新兴产业，投资实施了一批重大项目，形成了兼顾现在和未来的产业投资布局，为公司发展储备动能，打开发展新空间，不断做实内涵式高质量发展。围绕落实党中央积极扩大有效投资、适度超前开展基础设施投资部署，紧盯甘肃省"十四五"规划和基础设施短板，谋划布局基础设施投资建设项目。

聚焦产业基金新兴金融业态，布局有基础、有特色、有潜力、有需求、有效益的产业及项目。充分发挥产业资本的"引导"和"放大"功能，探索"基金＋产业"模式，及时成立私募基金管理公司，在新能源、乡村振兴、县域经济和新型城镇化建设等领域深入布局。把握"双碳"机遇和落实省委、省政府"打造新能源千亿级产业链"决策部署，布局新能源产业。投资成立绿色新能源公司，参与河西地区沙漠、戈壁、荒漠风电光伏基地开发建设，助力河西走廊经济带建设。融入黄河流域生态保护和高质量发展战略以及黄河上游生态功能带建设，布局生态治理产业。在甘肃省内实施林草生态治理、国家储备林建设等项目。围绕落实甘肃省打造"千亿级产业和百亿级园区"战略部署，布局产业园业态。投资智能制造产业园、垃圾综合利用绿色循环经济产业园、国际陆港园区等项目。融入国家乡村振兴战略，布局水利水电、新兴农业。实施综合引水工程、供水保障、生态水源保护、乡村振兴基础设施及产业一体化等项目。聚焦提升新型城镇化建设质量和城市基础设施建设，大力参与城市更新行动。积极创新投资模式，从传统投资模式向 EPC、PPP、EPC+F（Financing，融资）、EOD（Ecology-Oriented Development，生态环境导向的开发模式）、ABO（Authorize-Build-Operate，授权—建设—运营）等模式转变，深度参与城市更新。

以“建”为依托：强基固本，构建全产业协同发展格局

在“不变”中坚守初心，于“求变”中与时俱进。数字化转型不仅是技术上的革新，更是企业发展模式上的革新。在我国经济面临“三重”压力、建筑业需求回落发展面临转型升级的关键时期，甘肃建投主动摆脱传统路径的依赖，跳出单一产业模式的束缚，打破“传统建筑承包商”藩篱，印上“投资商、服务商、运营商”的新标签，“全产业链”现代化建设投资龙头企业不断走深走实。

产业决定未来，着眼未来看发展才能让企业处于优势地位、立于不败之地。近年来，甘肃建投着眼于打造甘肃省建安产业“链主企业”，着力延链、补链、强链，塑造全产业链竞争优势，在强基固本中汇聚可持续增长动能。不断延伸建筑产业相关的装饰装修、机电安装、绿色建材等领域，持续拓展公路、铁路、水利水电等相关领域，着力强化项目包装、策划、投资、建设、管理能力，延伸产业纵横链条，促进细分市场走向“专、精、特、新”，持续增强核心节点控制能力和多方协同能力，形成了既能“单指发力”亦可“握指成拳”的产业链聚合效应，使全产业链竞争能力大幅提升。甘肃建投具有科研、咨询、勘察、设计、施工以及投资、建设、运营一体的“全产业链”竞争优势和市场化机制。着眼于服务甘肃省重大项目建设，强力提升“建”的实力和关键核心技术赋能，在重大项目攻坚中挑战难题勇攀高峰。聚焦超高层建筑、大跨度空间结构、快速建造、绿色建造等核心技术攻关，着力提升“高大难特”项目攻坚能力，建成了一大批结构复杂、技术含量高、施工难度大的重点项目，不断刷新“建”的高度、难度、广度。着眼于服务构建甘肃综合立体交通网，下功夫提升实力补短板求突破，在创新发展中壮大发展肌体、提升发展质量。深入贯彻落实省委、省政府“把甘肃通道优势、枢纽优势转化为经济优势”的要求，紧盯甘肃省“十四五”实现县县通高速目标和打造支撑国家战略实施的枢纽通道新高地，组建专业化交通建设公司，取得了公路工程施工总承包一级资质，实现了甘肃建投公路施工总承包一级资质零的突破。着眼于落实甘肃“强县域”行动，出实招、见行动、显担当，在服务和融入地方经济中不断发挥重要影响力。在甘肃省内成立多家区域公司，进行县域业务对接，成为甘肃省属企业中唯一实现县域全覆盖企业，与当地政府在城市公共设施、工业产业园、特色小镇、生态保护、文化旅游等领域共同谋划投资建设项目，形成了融入地方经济发展的独特模式。着眼于服务全省经济社会发展和增进民生福祉，充分发挥新的“甘肃速度”精神，在急难险重任务面前勇于担当不辱使命。积极投身异地扶贫搬迁、地质灾害移民搬迁、疫情防控、抢险救灾等重大民生工程，在甘肃省内作为主力军承建生态及地质灾害避险搬迁工程。积极投身全省生态环境保护治理，全面参与山水林湖田保护治理、矿山修复、城乡人居环境整治提升、特色小镇等投资建设，推动经济建设与生态文明建设“双赢”。着眼于抢抓甘肃省“最大机遇”，争做内陆省份开放的排头兵，在“一带一路”建设中大显身手、引领甘肃外经业务发展。作为甘肃省唯一一家具有外交部驻外机构馆舍建设总承包资格和商务部对外援助成套项目总承包及援外技术援助项目资格的企业，为甘肃省参与“一带一路”建设奠定了坚实基础。作为甘肃最早“走出去”的企业，摒弃机会主义，笃定海外布局，创新实施人员、经营、管理、资本“四个属地化”，从“走出去”“走进去”到“走上去”，成为甘肃国企走出国门的先行者，也成为践行国家“一带一路”倡议的实践者和受益者，相继在非洲、南美洲、东欧及中东、南亚等 20 多个国家和地区深耕布局，在国际工程总承包、工业园区、海外贸易仓、国际贸易等领域深入拓展，持续提升在“一带一路”沿线国家的市场份额。同时，积极带动甘肃省特色产品“走出去”，将海外质优价廉的原材料和产品“引进来”，不断扩大经贸规模，推动实现“走出去”与“引进来”双赢，成为甘肃省名副其实的海外业务“链主”企业。

以“产”为支撑：转换动能，领跑产业赛道重塑产业发展新优势

甘肃建投的发展扎根于产业实体，也成长于产业实体，面对传统建筑产业链条短、资源消耗大、产品层次低、废弃物循环利用率低、价值链没有闭合等弊端，坚持换道加速与弯道超车并进，以调整优化结构为主线，重塑传统产业向绿向新，培育新兴产业做强做精，深入推进“强龙头、补链条、聚集群”，培育“专精特新”，领跑产业赛道，传统产业焕发新活力，新兴产业竞相绽放、生机勃勃，新能源、生态治理、装备制造、绿色建材、装配式建筑、现代商贸等新兴业态，重构产业版图、重塑产业格局，产业集群初具规模。

服务于国有经济布局优化和结构调整，产业资源整合加速推进。敢于打破企业固化的经营管理形态，适时“吐故纳新”，相继完成了设计咨询、建材生产、装备制造等板块的整合，退出了传统建材产业和低效的建筑机械制造产业，培育发展绿色新兴建材和先进装备制造产业，促进了产业向价值创造能力、市场竞争能力强的领域集聚。服务于推动建筑业转型升级和高质量发展，装配式建筑产业集群强势崛起。敏锐把握建筑业发展趋势，积极响应国家大力推广装配式建筑的号召，率先在甘肃省打造装配式建筑产业集群，打造兰州新区装配式产业园、天水绿色装配式建筑产业园及榆中创新科技产业园，建成了西北最大装配式建筑生产基地，具有完全自主产权的技术体系，掌握装配式建筑大跨度、大空间结构核心技术，形成了装配式建筑集投融资、科研设计、新型墙板研制、绿色建材生产、钢结构加工、住宅开发、施工安装于一体的具有鲜明特色的产业化生态圈，被住房和城乡建设部认定为“全国第一批装配式建筑产业基地”。服务于“双碳”目标和绿色环保经济，绿色产业加速集聚发展新优势。抢抓国家大力推广绿色低碳建筑和既有建筑绿色节能改造机遇，加快推动全产业链绿色低碳发展，厚植绿色发展底色，提升高质量发展成色。以科技赋能绿色发展，积极推进绿色建筑、智慧建造、新型建材、建筑工业化、BIM 技术、节能环保等领域的关键技术攻关，积极参与智慧城市、海绵城市、韧性城市建设，建成了一大批绿色建造示范工程、智慧建造项目和绿色工厂，应用 BIM 技术的项目占比达到 30% 以上。建成年产碎石 1000 万吨的西北地区最大砂石骨料生产基地永靖绿色建材生态产业园，是全国砂石行业首个 5G 智慧矿山。大力拓展清洁能源业务，在风电、光伏及荒漠化治理领域持续深入布局。不断推动生态治理产业做大做强，打造了“一站式”环境治理解决方案的新模式。服务于先进制造业高质量发展和甘肃省“强工业”行动，新兴装备制造加速转型升级。着力振兴工业装备实体产业，向智能化、高端化、自动化方向发展，推进产品和服务迭代升级，拓展了新型建筑设备、工程装备、安全环保设备、环境类成套装备。服务于提高产业链供应链稳定性和现代化水平，现代供应链体系更加成熟高效。积极创新商业模式，围绕建筑产业链上下游材料、机械、设备、物流等，打造“建投大宗”集采平台，构建了大数据支撑、网络化共享、智能化协作的供应链全链域生态体系。整合三方交易通道，创建链式金融业务新场景，所出资企业资产经营公司成为甘肃省首家在上海票据交易所上线“票付通”业务的企业。

当前，“数字建投”全面启动，按照“共建一张网、共享一朵云”理念，强化内部信息联动、基础数据共享，推动数据链、资金链、产业链、供应链、创新链有效闭合与深度融合，促进全业务闭环管理。升级完善了“智慧建投”协同办公平台、运营管理平台，正在推进构建覆盖全集团的一体化综合管控平台，优化智慧工地、智慧工厂、智慧园区、智慧矿山、智慧物流、智慧物业及供应链、财务、人力、行政等数字化应用系统，为企业运营高效化、决策科学化和管理现代化提供技术支撑。而在技术发展的背后，企业的发展模式才是夯实数字化转型根基的根本保障。

以“智慧工地”赋能建筑业高质量发展

文 / 陈宏伟

中铁十七局集团有限公司党委书记、董事长

党的二十大报告指出，加快发展数字经济，促进数字经济和实体经济深度融合，打造具有国际竞争力的数字产业集群。近年来，随着建筑工程技术进步、新技术跨界融合和城镇化进程加快，中国建筑业逐渐呈现出规模体量大型化、构造功能多样化、工艺流程复杂化、现场管理精细化等特点。基于传统建造技术的工程管理模式，难以适应行业高质量发展的总体要求，如何通过新技术的引入和应用，实现现场施工科学、高效、安全、有序且低成本的管理，成为新时代中国建筑业和建筑业企业面临的重要课题之一。在此形势下，建筑业企业引入“智慧工地”系统，搭建起集安全、质量、进度、设备、物资、劳务管理、环水保监控于一体的集成化管理平台，实现施工管理智能化、数据采集自动化、过程监管可视化、组织结构扁平化，对建筑工程项目建设的全生命周期进行高效率管控，就显得尤为重要而且必要。

智慧工地是大数据、云计算、人工智能、无线传感等新一代技术在建筑施工领域成功应用的典型范例，其本质是建立在高度信息化基础上的一种对主体与客体实现全面感知、互通互联、协同共享、数据分析、预判控制的新型管理手段，其基本特征可以从技术、管理、实践等层面描述。从技术层面讲，智慧工地就是聚焦工程施工中人、机、料、法、环等关键要素，以岗位级实操作业为核心，综合运用 BIM、物联网、云计算、大数据、移动通信、智能设备和机器人等软、硬件信息技术的集成应用，实现效率最大化、成本最小化、资源配置最优化。从管理层面讲，智慧工地就是通过应用高度集成的信息管理系统，基于物联网的感知和大数据的深度学习系统等支撑工具，“了解”工程的过去，“厘清”工地的现状，“预知”工地的未来，对项目质量、安全、环保等生产过程及商务、技术、进度等管理过程加以优化改造，在提高工地现场生产管理效率的基础上，对已发生或可能发生的风险给出最优应对方案，为科学决策提供依据。从实践层面上讲，智慧工地通过收集、整合、分析、共享包括但不限于进度、物料、劳务、环保等各子系统的数据信息，为现场人员提供工地实况、操作指引、安全生产等方面的智能辅助，提高工作效率、降低安全风险；为管理团队提供简单明了的数据界面、提供真实可靠的决策依据；为建筑业企业提供数据垂直上升、措施垂直落地的管理界面，积累来自一线的宝贵数据资产。所有项目成员在这样一个平台实现了“隔空对话”，使项目高效率的扁平化管理更加易于实现。可以说，智慧工地有望从根本上改变建筑业传统的管理模式，赋能行业高质量发展。

作为国有大型建筑企业以及基础设施建设行业技术进步的引领者和实践者，中铁十七局集团有限公司（以下简称“中铁十七局”）始终以科技创新为动力，注重顶层设计、技术研究、人才培养的系统性推进，持续加大研发投入和示范推广力度，自 2019 年以来先后建设并成功上线运行了劳务实名制管理系统、项目成本管理系统、工程管理监控平台及财务共享中心 3.0 等一系列子系统，覆盖项目信息管理、工程质量管理、安全生产管理、环保扬尘管理、成本劳务管理、设备物资管理、项目协同管理等施工生产各环节，成为国内铁路施工领域应用“智慧工地”取得较好成效的企业之一。

以“智慧之眼”强化施工现场监管。建筑施工工地，尤其是铁路项目现场占地面积大，设施多样、功能复杂，需要管理的生产要素较多，对施工场地科学优化、合理布置提出了更高要求。在空间管理方面，管理内容包括办公区、生活区、材料加工区、材料码放区、施工作业面等；在组织管理方面，管理内容包括行政监管、业主、企业管理、项目管理、劳务分包、专业分包、监理等。传统的现场管理，需要管理者持续不断地发现和解决工地管理过程中的问题，但管理者的时间、精力、能力及关注范围是有限的，对庞大复杂的工地很难做到全面而具体的管理，稍有疏漏就有可能带来严重问题。

引入“智慧工地”管理系统后，管理人员可随时随地通过电脑网页、手机 App 等进行线上操作，实现工地管理实时化、移动化、全覆盖，保证生产目标下达清晰、风险预警及时、纠偏措施得当，使用较少的管理人员即可对工地全要素全过程实施监管。例如，中铁十七局福州新店外环项目建立覆盖全工地的影像监控系统，在工地、营区周边等重点位置安装定向摄像头，在四台塔式起重机顶部安装旋转式摄像头，并采用无人机动态巡航封堵监控死角，管理人员在 PC 及手机客户端随时调整角度、路线、对焦等数据，足不出户即可将工地全貌尽收眼底。同时，“智慧工地”系统提供了固定镜头单画面显示、多镜头轮巡显示及个性化设置界面，管理人员一键即可直通所关注的现场。中铁十七局晋城文化艺术中心项目在运用智能监测系统加强自身现场管理的同时，还响应当地政府要求，将“视频监控”“扬尘监测”等系统接入山西省建设工程质量安全监管信息系统，适时上传相关监测数据供管理部门分析决策，做到资源共享、实时监控。该系统的引入及应用，不仅极大地便利了工程项目现场管理、降低了管理资源的投入和成本消耗，更在心理上促使作业人员自觉执行规范操作和安全守则，为安全优质高效推动工程建设提供了保障。

以“智慧之手”加强生产要素管理。“智慧工地”对生产要素的管理集中在“劳务用工”“物资材料”两大板块。劳务管理方面，针对建筑劳务市场上人员流动频繁、技能水平参差不齐、部分分包商管理不规范等问题，中铁十七局在“智慧工地”系统框架内引入“劳务实名制管理”子系统，规范劳务管理、规避劳动纠纷，保障劳务工人合法权益，有效提高企业管理水平和经济效益。该系统将工人姓名、年龄、工种、入职时间、技能水平和资质许可等信息录入数据库，并对劳务人员的年龄构成、性别比例、属地来源、季节性影响等因素进行研究分析，实现对劳务队伍的优化选择和预见性管控。实践应用中，项目采用人脸识别、指纹采集、虹膜验证、门禁闸机、智能 IC 等技术手段，实时核验并记录作业人员身份、班组、工种、进出场时间等信息，协助管理人员完成考勤登记和工时统计，为劳务人员工资结算和考核奖罚提供真实可靠的依据。项目依托北斗导航系统的定位功能，通过智能安全帽、智能手环、手机 App 等设备终端，可实现对现场作业人员心率、体温、作业状态、所处位置、运动速度等的实时监测，并在数据异常时自动报警，有效防范安全事故。同时，部分具备条件的项目还可以将该系统接入地方政府的劳务就业管理系统中，不仅能够有效保障依法合规用工，同时也对项目成本测评及劳务队考核发挥重要作用。

在设备物资管理中，通过搭建“智慧工地”系统下的工程物资管理系统模块，通过软硬件结合、运用物联网技术，将物资管理与监控系统进行联动，实现对现场物料的全方位管控。以中铁十七局福厦客专项目为代表，该项目将物资管理系统与 BIM 平台打通，物资管理人员根据施工进度计划导入供需模型，系统可自动生成物资需求量清单及不同物资加工、进货的周期表单，为管理人员科学、合理地制订采购计划，做到物资进场及时、采购量精准提供保障。订购过程中，物资管理人员通过线上采购平台向供应商发出订单，供应商确认无误后进行供货，材料出仓后即可通过电子标识实时掌握运输物流状态；到货存放时，通过高清视频监控对工地存料区进行 24 小时监控，确保物资存放严格按施工平面布置执行、材料码放区设置电子显示标识牌，并对材料信息进行实时更新。借助物资采购供应各环节数据的实时反馈，管理人员能够更加清晰和高效地进行统计分析和成本核算，提高项目精细化管理水平。

以“智慧之脑”赋能复杂精细建造。以 BIM 为代表的 3D 可视化技术，通过收集建筑全生命周期的数据信息并以三位立体模型方式展示，消除了传统施工中的“盲盒效应”，使高精度复杂建筑的施工建造从分散化转向集成化、从高造价转向低成本，将不可能变为可能。中铁十七局成立 BIM 研究中心及多个创新工作室，加强相关技术研发应用，实现以房屋建筑、市政工程、城市轨道交通等为主的项目建造信息系统的创建、管理和共享，将工程规划设计、构件生产、施工管理、运营维护等印上数字化属性。中铁十七局贵州省图书馆项目造型复杂、管线繁冗、智能化要求高，多项技术为全国首创。该项目团队将 BIM+ 智慧化管理、3D 扫描、3D 打印建设等技术有机融合，以高效的数据采集、智能的挖掘分析和准确的综合预测，将重点施工位置精细化到每一道工序、每一条管线、每一个螺钉，保障工程质量、安全、进度、成本等目标顺利实现。中铁十七局南京江北新区综合管廊项目按照属地政府生态环保要求，在规划设计、施工建造、运营管理等全生命周期融入“智慧工地 + 绿色建造”理念，通过采用人工智能辅助分析、大数据管理、巡检机器人、多元传感器及可视化监控系统等，有效降低管廊建设及维护中的碳排放，实现节能环保、过程安全、精益建造、品质保证、价值创造。

智慧工地是新时代中国建筑业打破规模扩张、低价放量的发展路径依赖，实现创新驱动的重要技术手段，也是建筑企业高质量发展的重要方向，其本质是对工程项目管理资源的重新整合和更新，从而将本无联系的各个独立系统和缺少逻辑顺序的碎片化管理行为统一到以人工智能为核心的网络管理平台上来，提高管理效率、降低管理成本。“智慧工地”的研究、创新、推广和应用，将深刻改变我国当前项目现场管理模式与施工水平，对推动建筑业信息化与工业化深度融合、加快建设现代化建筑产业体系发挥无可替代的作用。

聚焦核心业务成功 系统推进企业数字化转型

文 / 刘刚

广联达科技股份有限公司副总裁

当今世界，发展与变革同在。作为时代变革的集中体现，数字化成为各行各业应对不确定性常态的有力武器。党的二十大报告明确提出，加快发展数字经济，促进数字经济和实体经济深度融合，打造具有国际竞争力的数字产业集群。建筑业既是实体经济的典型代表，也是公认的数字化程度较低的产业，加快数字化转型成为必然。数字化转型也成为建筑业企业的当务之急。唯有锚定转型目标、明确转型路径、把控转型关键，建筑业企业才能扎实推进数字化变革，从根本上提升生产力、优化生产关系、提高生产效率，灵活应对各种不确定性，实现可持续发展。

锚定目标：以数字化转型促进业务成功

自数字化转型首次提出，到各行各业纷纷投身实践的当下，数字化转型已走过十来年的历程。作为一个持续演进的过程，数字化转型在每个发展阶段，呈现出不同的趋势特点。虽有智慧，不如乘势。只有看清数字化转型的未来趋势，才能更好地布局未来。

四大趋势引领企业数字化转型走向新征程。从转型重点看，数字化转型从运营管理的数字化向核心业务数字化转变；从转型方式看，数字化转型从企业碎片化应用向一体化集成场景转变；从转型动能看，数字化转型从业务流程化驱动向数据价值化驱动转变；从转型模式看，数字化转型从封闭企业信息化向开放数字生态转变。

趋势已来，认清数字化转型的本质，是企业数字化转型的前提。提质增效、节本降耗是企业数字化转型的动因。近年来，新冠疫情、贸易摩擦、地缘冲突等因素动态叠加，不确定性常态凸显，给企业带来前所未有的挑战，迫使企业更多“向内看”，在自身可控的范围内提质增效、节本降耗。一般而言，传统企业在现有优势下，随着发展会呈现对数增长曲线，最终企业管理的边际成本越来越大，效益却难突破瓶颈。而数字化转型借助数字化技术优化资源配置效率，助力企业提质增效、节本降耗，推动企业突破增长瓶颈，实现指数级增长。根据麦肯锡的研究报告，数字化赋能可以使设计和工程成本降低 10%~30%、整体生产力提升 3%~5%、质量成本降低 10%~20%、人员生产率提高 44%~45%。

通过数字化转型，强化核心竞争力，支撑建筑企业核心业务成功，是转型的根本目的。众所周知，工程项目是建筑企业发展的业务原点。依托BIM、云计算、大数据、物联网等数字技术，提升项目精益化管理水平，打通工程项目商务、生产、技术等各管线环节的数据梗阻，以数据驱动达成协调沟通零障碍、施工作业零窝工、物资材料零浪费、工程质量零缺陷、施工安全零事故等，实现单个工程成功（进度快、成本低、利润高、质量优）。

以每一个高质量成功项目为鉴，不断积累优化精益管理经验，支撑企业的集约化经营，进而实现所有项目的成功，推动企业的规模化高质量发展。

找准路径：系统性推进企业数字化转型“三步进阶”

目标既定，建筑企业要想数字化转型成功，需要明确转型路径，推进“业务数字化—能力平台化—数字业务化”三步能力进阶。

第一步，业务数字化，重塑业务。通过全面梳理核心业务，建筑企业利用数字技术赋能，用数据驱动业务流程，以项目精细化管理为重点，推动业务模式的优化与创新，进行业务重塑。场景数字化是业务数字化的关键，以 BIM+ 智慧工地一体化、项企一体化、业财一体化等场景数字化为重点，提升业务整体效能。

BIM+ 智慧工地一体化，实现项目精细化管理。通过 AI、大数据、BIM 等技术与项目现场智能硬件的结合，依托数字项目集成管理平台，以基于 BIM 模型的三维虚拟建造为指导，以项目现场各岗位作业数字化为手段，形成基于价值指标的数据驱动项目管理，推动虚实结合的项目现场过程精细化管控以及数字化集成交付，实现建造过程数字化、智能化升级。以成本、进度与安全管理为例，借助 BIM+ 智慧工地一体化，可实现贯穿物料、加工、使用、分析等全过程的成本管理，为企业降本增效；同时实现数据驱动计划协同、进度管控、风险预警的生产管理，实现工期零延误；还可以实现数据驱动的“人防 + 技防 + 智防”安全管理，从而达到重大危险源 100% 受控，实现安全生产。知识城南方医院（九龙新城综合医院）建设项目，是该场景数字化的代表性项目，也是住房和城乡建设部发布的智能建造第一批案例入选项目之一。项目定位为国内知名的综合性三级甲等医院，总占地面积为 85395 平方米，总建筑面积为 201189 平方米，通过搭建基于 BIM 的智慧工地管理平台，管理效率提升近 40%，质量安全整改率提升 60%，项目资金节约达到 600 多万元，显著提升了项目效益。

项企一体化，促进项目集约化管控，推动企业整体效能升级。项企一体化是企业管理与项目管理的深入融合，最直接的效果就是从集团公司到分子公司再到项目部的数据的互联互通，打通业务与职能数据，最终创造数据协同价值，从而实现企业整体管理的系统性和高能效。以上海宝冶为例，其构建了项目管控信息平台，以数字化平台为基础，通过横向打通部门间的业务协同、流程互联、数据互通，纵向打通项目部、分（子）公司和集团的三级数据，完成项企一体化的数据融合，实现了数据的智能采集和互联互通，帮助企业构建数据驱动型 BI 决策体系，实现了企业级多项目的精益化管理、项目风险远程实时监管，赋能企业管理项目的效率提升 50% 以上，综合成本节约率降低 1.5%~2%，用数据互联互通创造价值，推动了企业的数字化转型和管理变革。

业财一体化，实现业务、财务同步同源，助力企业控本提效。借助数字技术，实现建筑企业四个核心业务系统（项目管理系统、财务系统、采购平台、共享中心）的数据流动互通，促成项目管理系统与财务系统之间的有效对接，同时与采购平台形成共享中心数据，实现数据一源多用，提高管理效率，提升企业的财务风险防控能力，为企业决策提供参考。荣盛建设通过搭建项目管理系统，促成了业财融合，不仅优化了成本目标控制，实现了全过程的成本风险动态管理，还推动管理效率提升 30% 左右。

第二步，能力平台化，重塑管理。围绕建设能力、资源配置能力、技术能力等，沉淀建筑企业的核心优势能力，打造企业级的平台，在企业内部推动核心优势能力的共建、共创、共享，使管理更加高效。业务中台、数据中台以及物联网中台是平台建设的核心。其中，业务中台的关键在于企业的核心能力组件化、核心业务模块组件化，企业可以根据发展需要来进行灵活地组合和封装；数据中台重在通过主数据建设与数据治理规范化，消除“数据孤岛”，推动企业真正实现基于真实数据的有效决策；物联网中台则打通了企业信息系统与施工现场物联设备之间的连接，实现数据驱动的劳务管理、安全生产、机械设备监测等智慧化服务。北京建工集团通过沉淀企业核心能力，构建数据中台，对主数据进行治理，对各个系统产生的大量数据，充分有效地拉通、交换和共享，以工程项目管理系统中的数据为基础，以成本管理为中心，以过程监管为手段，以成本、进度、质量为主要控制点，推动降本提效。

第三步，数字业务化，重塑经营。充分发挥沉淀的数据资产的价值，实现数据驱动管理、数据驱动决策。充分挖掘沉淀的数据资产价值，实时监测企业整个运行管理的状态，在对真实数据进行统计反馈的同时，可以进行预测性分析与指导性决策，使企业更智能。以中国五冶数据驱动风险管理为例，通过数据驱动的风险指标预设，能够提前预判企业经营的水平如何以及是否存在风险。当产生风险或管理问题时，通过核心算法和指标抓取，能驱动业务系统采取相应措施，比如整个进度超标了，相应的指标会触发预警显示，业务系统就可以立刻进行进度管控。

把控重点：抓住数字化落地关键成败要素

数字化转型是一个系统性推进的过程，需要不断创新与迭代。建筑企业要想顺利转型，必须讲究策略方法，抓住影响转型成败的关键要素。

指标牵引，贯穿数字化转型全过程。要聚焦企业战略规划，进行分解剖析，将集团战略目标逐层分解为“可量化、可度量”的指标体系。这些指标体系，一定程度上决定了企业需要构建哪些数字化系统来支撑业务目标的实现，反过来也会形成对相应的数字化系统应用成效的衡量，更与企业数字化转型的成效评估、绩效评价密切相关。指标体系的牵引，让企业战略目标的落地有据可循，使数字化系统的建设可检视、可改进，更好地支撑企业战略落地。

分级协作，内部分工与外部采购并行。在数字化转型的过程中，涉及大量数字化系统的建设。建筑企业需要立足自身实际，围绕IT项目管理，对内明确分工，哪些由集团统筹统建，哪些由业务板块负责执行。同时，不做数字化转型的“孤勇者”，对外加强与数字化生态伙伴的通力合作，采购其成熟的平台与应用系统，推动数字化转型加速落地实施，快速实现应用推广。

应用为王，对准价值实现，实效为先，避免“唯技术论”。建筑企业的数字化转型，是个逐渐递进的过程。转型伊始，企业不应该基于未来的理想场景，试图通过建立统一的大平台来解决所有问题，落入“唯技术论”的陷阱，而是要结合自身的业务特点，选择适合该业务的 PaaS 平台或技术平台等，推进快速落地。然后渐次推进各平台之间的连通，如财务一体化和建造一体化各选择相应的技术平台，来支撑应用快速落地。以看得见的转型成效，增强企业持续开展数字化转型的信心，最后促成统一大平台的建设。

建立数字化转型管理体系，激发转型动能。企业的数字化转型，首先是管理问题，其次才是数字化问题。以数字化转型的管理需求为基准，企业要进行自我管理流程的优化升级，利用数字技术重新规范管理流程的输入输出及目标设定，加快构建相应的指标体系、数据标准、制度流程、组织结构等配套体系，更好地支撑转型落地。

找到对的使能伙伴，“两类主体”融合创新、共生发展。数字化转型的推进，既要“心中有数”，深耕行业、沉淀大量行业数据；更要“手中有术”，懂转型所需的数字技术。传统建筑企业即使探索成立数字科技公司，短期内也独木难支，亟须找到兼具专业能力、技术能力与服务能力等系统性能力的数字化使能者，实现转型共创共赢。只有传统建筑企业和数字化使能者“两类主体”融合创新、共生发展，才能为建筑业转型升级提供有力支撑！

建筑央企数字中台建设实践与创新

文 / 高峰
中铁云网信息科技有限公司总经理

数字中台成为赋能企业数字化转型的新动能

党的二十大报告中提到，到 2035 年，我国要“建成现代化经济体系，形成新发展格局，基本实现新型工业化、信息化、城镇化、农业现代化”；“建设现代化产业体系，坚持把发展经济的着力点放在实体经济上，推进新型工业化，加快建设制造强国、质量强国、航天强国、交通强国、网络强国、数字中国”。工业和信息化部近年来持续加快数字基础设施建设，加强技术产业支撑，深入推广行业应用，打造现代产业集群，积极引导企业数字化转型，全面深化数字化应用，推进数字经济与实体经济深度融合。

当前建筑业企业面临着盈利空间收窄、运营效率不高、核心优势不强、创新能力不足、信息化应用深度不够等问题，归根结底是生产力和生产关系变革不快、协同不高造成的。数字经济是新兴技术和先进生产力的代表，数字化转型的本质就是企业信息化自我革命。数字化转型就是要创造新流程、变革新管理范式、新结构、新人才体系、新商业模式和收入流、新合作伙伴生态系统，在新兴技术中打造高集成度、高可扩展性和高适应性的新平台，有利于高效引导各类要素协同向先进生产力集聚，推动建立与数字生产力相匹配的新型生产关系，实现传统产业和产业链协同改造、商业模式创新和产业结构升级相互促进，激发新活力、催生新动能、推动新发展、培育新经济。

数字中台是“平台 + 建设 + 评估 + 组织”的综合框架体系，主要包括业务中台、数据中台、技术中台和 AI 中台。数字中台从技术和数据两个方面驱动业务创新，支撑产业链、投资运营、勘察设计、工程施工、科技研究等全领域的闭环分析，实现对业务和运营的洞察和预测，将数据这种“生产资料”转化为持续增值的“生产力”，成为企业数字化转型的新引擎。

中国中铁数字中台建设实践及创新

中国中铁（全称为“中国中铁股份有限公司”，简称“中国中铁”）是国家基础设施建设主力军，是国资委管理特大型中央企业之一，是集勘察设计、施工安装、工业制造、房地产开发、资源矿产、金融投资和其他业务于一体的特大型企业集团，连续 16 年进入世界企业 500 强，2021 年在世界 500 强企业排名第 35 位，在中国企业 500 强排名第 5 位，30 万员工分布在全球 90 多个国家和地区，先后在亚洲、非洲、欧洲、南美洲、大洋洲等多个国家建设了一大批精品工程。中国中铁打造“信息贯通”和“数智升级”两大工程，构筑中国中铁数字中台，旨在“推动信息化技术与企业深度融合，杜绝多头建设，注重顶层设计，更加强调投入见效和成果共享”。

一是夯实技术中台，助力业务系统快速建设。技术中台为“云大物移智链”等新技术的构建和运维提供全新的模式和效能，整合内外部技术能力、资产、数据，应对智能化业务快速响应需求。为了支撑软件快速开发、部署，制定了符合公司特点的信息技术标准体系，建立软件研发、硬件设备、信息安全、数据编码、接口展现等技术规范，构建统一技术研发平台，打造新的软件生产线，具有随需应变、灵活集成，众智协同、敏捷开发、轻量服务、普适访问等特征，保障各核心业务系统升级改造平滑过渡。坚持智能建造与创新发展相结合，与BIM、数字孪生、物联网等数字技术与工程建造深度融合，推动全面集成。持续推进自主创新建设，强化软件产品连通能力，为业务应用的敏捷创新赋能，提升在建筑行业信息创新领域的核心竞争力。

二是强化数据中台，促进全域数据资产赋能。通过湖仓建设，实现了中国中铁人力、财务、营销、工程项目管理等38套统建系统，二级单位成本管理、财务共享、安全隐患排查等156套系统的数据颗粒归仓。以“开放的平台能力，助力企业更深入利用数据”为服务理念，编制数据管理规范、数据共享规范、数据服务规范，开发数据中台，采集和汇聚各级单位的业务数据，通过数据指标结构化、规范化的方式实现指标口径的统一，向上提供各类数据服务，面向业务构建统一的数据服务接口与数据查询逻辑，提供数据的分析与展示，支撑中国中铁各级单位的数据共享和数据应用需求。

开展顶层规划、统一数据标准，在数据汇集基础之上，明确数据治理归口，分步推进数据治理，形成人力、经营、投资、生产、财务等10类资产目录，实现数据“一本账”管理。形成机构、人员、合同、工程项目、供应商、物料等8类核心主数据，逐步实现中国中铁主数据的标准统一、规范共享、服务高效。

三是丰富业务中台，支撑全链条数据运营。建设以“一个平台入口、综合业务处理、高效沟通交流”为目标的全面业务融通一体化工作平台，承接中国中铁“信息贯通工程”核心贯通任务。成功解决了“系统多、入口多、密码多”“账号管理难度大、安全风险不可控”“待办事项分散、处理不及时”等问题。已有128套系统入驻一体化工作平台，有效支撑了业务系统的技术贯通，为用户提供财务、人事、行政、合同、项目管理等核心业务的一站式办公新体验。

建设统一报表门户，完成包括数据指标中心、数据模型中心、数据开发中心、数据应用中心和预警管理中心五大核心功能的设计和建设工作，以“平台 + 数据 + 工具 + 能力”建设为业务赋能的模式，实现报表快捷开发，极大降低了业务人员开展数据分析的门槛，助力用数据说话、用数据决策的数据思维与数字化文化在中国中铁快速推广和普及，为公司内部信息交流、数据分析和经营决策提供有力的支撑。

四是构建 AI 中台，辅助管理人员高效作业。AI 中台以 AI 技术为核心，探索人工智能技术在智能建造中的应用，支撑中国中铁内部信息化建设，聚焦施工现场人、机、料、法、环五大要素，通过人工技能技术与施工生产过程、施工管理过程的融合集成，实现作业现场全要素自动感知、实时分析和自适应优化决策。目前，正在探索使用基于语义向量表征的文本匹配 AI 能力、OCR（光学字符识别）能力、智能搜索规划等 AI 技术能力支持业务管理决策。建设智能报销和智能审核系统，通过 OCR 技术进行票据智能识别和智能审核，一键报销的同时调用审核规则对报销单据进行前置校验，实现了“高效率”和“高质量”双赢。开发视频人员安全行为识别和电子围栏等精准算法模型，保障现场安全作业；开发基于北斗（卫星导航系统）的桥梁转体精准对接模型，实现桥梁安全快速合拢；设计基于人工智能的盾构掘进控制系统，实现盾构自动掘进等。

在智能建造中创新特色智慧应用，通过在生产过程中将 AI 技术融合北斗（卫星导航系统）、云计算、物联网等，积极推广劳务实名制、物资设备管理、风险控制等多种类、多场景数字化场景研发应用，实现智能化环境感知、自动化作业，创建了“随手拍”质量控制、“一码通”智慧讲解等比较有特色的应用，基于中国中铁 BIM 数字孪生，打造了桥梁、车站、高速公路等数智示范工地，支撑高效生产、绿色生产、安全生产、智能生产等，为现场管理赋能。

数字中台的形势研判和建议

方案日趋成熟，支撑数字化转型升级。在“互联网+”行动计划和“智能+”的推动下，数字产业化和产业数字化成为数字经济的两大基础，以构建数据资产体系、释放数据资产价值为核心的数字中台，被推到了广阔的舞台中央。数字中台作为信息化的下一站，未来将持续赋能新经济新业态。解决方案日趋成熟。一是支持全量数据的集中存储、建模、计算；二是支持高效的一体化开发工具，极大程度上实现敏捷研发的自动化；三是支持体系化的数据资产、数据血缘、数据安全管理工具；四是支持一站式的数据服务发布能力，缩短数据到应用的路径；五是支持敏捷的多维分析BI，支持不同颗粒度的分析。

应用任重道远，仍将长期面临挑战。一是企业对数据治理的认知跟不上，盲目追求大而全，存在应用失败的风险；二是数字中台比较偏定制化的解决方案，很难形成一套适应全行业、全领域的通用产品；三是打通多系统多源异构数据费时费力，对技术要求高，业务部门数据共享意愿低，实施成本不好控制。

产业厚积薄发，未来发展趋势向好。一是深入下沉市场，产品更加标准化。数字中台的核心在于共享和沉淀能力，随着数字中台在行业头部及领先企业逐渐落地，中台供应商经历了各类业务场景能力沉淀的过程，可以更好地提炼和整合数字中台的服务，为客户提供标准化的整体解决方案。二是细分领域，场景越加精细化。激烈的市场竞争会使差异化成为供应商采取的产品战略，形成以阿里、腾讯等技术雄厚的头部企业侧重提供底层架构技术、其他中小供应商侧重提供行业化服务和产品的竞争格局。三是产业应用规模进一步扩大，产业贡献度持续增强。通过降低数字中台建设成本、提高数据治理效率，激活数据商业价值，为有大数据基础、多元化经营的各行业赋能。

中国中铁作为全球最大的建筑工程承包商之一，统筹发挥公司“十四五”战略引领作用，坚持顶层设计，按照“总规、总集、总控”的建设原则，构建数据资产管理体系，聚焦企业持续发展的价值效益，打造中国中铁统一的数字中台，围绕工程量、成本、物资、机械设备、劳务等项目管理要素，沉淀全域数据资产，建设数据开放服务能力，实现数据驱动业务的效率提升和创新变革，赋能中国中铁数字化转型升级。

我们要坚持以习近平新时代中国特色社会主义思想为指导，深入贯彻落实习近平总书记关于数字中国建设的重要指示精神，以“需求驱动、价值导向、数据引领”的核心举措，加强关键数字技术创新，夯实数字基础设施，提升数字应用水平，完善数字安全和治理体系，不断完善“产学研用”机制，构建协同发展的建筑产业创新生态，激活和释放企业高质量发展活力，推动数字中铁、智慧中铁向更高标准、更高质量迈进，赋能数字中国建设。

如何通过数据驱动 重塑企业成本力

文 / 只飞
广联达科技股份有限公司高级副总裁

我国“十四五”期间各行各业都在通过数字化推动行业、产业的升级变革。嗅觉敏锐的银行业，通过数字银行重塑业务流程，实现营销、服务和风险管理的效能提升，运用数据洞察客户需求，不断提升客户体验；大家熟知的制造业也进入数字化转型赛道，用数据作为底层支撑，实现生产的自动化和准时化，通过数据驱动，有效促进供求对接，优化资源配置，实现精益管理。

从银行业和制造业案例我们不难看出，数字化转型有两个共性：一是用先进的管理模式做牵引，它指向成本节约、管理优化、为企业创造更高的价值；二是数字化平台支撑，它指向数据标准化、数据驱动、流程再造，达成为企业创造价值的目的。

回归到成本，成本的数字化转型已经有了很多的实践，也在不断向其他领域的标杆企业学习，我认为成本的数字化转型的思考原点还是要回归项目本身，如何实现项目价值更优。

数据驱动项目价值更优

过去成本管理工作核心聚焦在合同价款支付管理，所以围绕着合同价款支付的招投标环节、结算支付环节做了很多的工作。这跟建筑业的高速发展密切相关。随着建筑业的发展逐步趋稳，很多企业已经在考虑如何基于全生命周期的角度管控成本。我认为，要想管好工程成本，需要做好如下方面：

从建设方来讲，不光要管好合同价款支付，更重要的是要关注决策环节，确保整个项目的投资价值更优。成本管控贯穿前期决策到后期合同管理以及中间过程中的设计控制，把这三条线串起来。前期定合理，后续执行好，才能达成建设方角度的成本节约。

从施工方来讲，不能只考虑拿工程，也要考虑拿到一个工程就要对其利润负责，所以除做好收入的合同价款支付管理之外，还要做好整个项目的内部支出相关的成本管理工作，让收支两条线能够平衡，这样才能够让每个项目都有利润。

要想做好这些，我们需要注重市场数据和现场数据的积累去反映工程的实际成本，用数据赋能项目的精细化管控。

数字化平台建设，赋能多业务场景

成本的数字化转型不可能一蹴而就。其建设路径可分三步走：第一步，实现成果数字化，重塑业务数据，让固化的定额数据变成反映市场实际情况的数据，让造价工程师可识别的数字变成系统可识别的业务数据；第二步，实现管理数字化，重塑管理，消除在管理过程中的信息孤岛和人为的壁垒，实现成本岗位级作业数据与成本管理纵向数据可通，成本管理与招采管理、财务管理、工程管理等横向数据可连接，达到数据赋能精细化管理的目的；第三步，实现参与方数字化，重塑业务能力，实现内部人员能力重塑，让数据业务化，利用数据进行快速的决策及运营效率的提升。

实现不同客户群数字化的应用场景，还需要三中台的技术支撑。三中台的架构模式可以支撑企业业务灵活多变、可拓展的特性，其中业务中台可以满足因企业规模大中小不同而需要的产品不同的业务诉求；数据中台可以满足数据加工过程清晰、分析、归集自动化、算法多样化及大数据下的算力诉求；技术中台可以满足安全性部署的需求。有了三中台之后，通过平台 + 组件的产品架构，针对不同的客户群体形成不同的前台应用，包括数字新成本、数字新服务、数字新审计和数字新咨询这几个典型的应用场景。

在这里分享一下广联达在数字新成本方面实践的全面解决方案，有以下四个部分内容：

第一个是基础配置中心，针对企业内部数字化应用来讲，要有相应的权限流程组织或者标准体系的管理。

第二个是成本数据中心，里面会对整个项目标准数据进行处理加工分析，包括经济指标、消耗量工程量清单、分包指导价格、企业定额，以及人才市场价格等，作为整个项目的数据输入和输出的中枢。

在这个基础上形成的是第三个，即成本作业中心。通过区分发承包双方不同的业务场景，建设方开展价值管理，从投资估算一直到动态成本分析。施工方开展从经营收入一直到支出成本的核算。然后针对各自的企业形成不同的企业 BI 或者驾驶舱，形成整个项目的数据整体管控。

最后一个是服务中心，为了实现这种精细化的管理，从外部会提供一些信息服务、招采寻源的服务，以及一些行业政策、行业数据的有效支撑。

借助这些内容，达成建设方和施工方成本精细化管理的目标。

分享一个案例：陕西某地产企业，通过我们标准的数据体系 + 成本数据库找到了企业成本设计环节更优的点，仅地下车库就为企业节省了近千万元成本，真正通过数据实现成本的优化。过程中有了大量的项目数据分析作为指导，目标成本尽可能估得准、测得准，基于目标成本可控制招采限价和过程成本偏差及时预警，项目结束后，数据驱动科学复盘，沉淀经验数据，优化成本管控基准，让估算更精准，通过这些数据让成本持续优化，实现整个价值更优、利润更优。

合力推进数字化转型，促进企业高质量发展

随着数字化转型的持续深入，建筑业正摆脱传统粗放发展模式、探索高质量发展新局面，要想实现数字化的应用场景，需要各参与方共同努力完成。成本的参与方主要分成以下三个部分。

第一部分：行业的治理方，也就是行业主管部门，需要从标准的制定、共享机制、动态数据等，做好线上的行业数据服务。第二部分：项目服务商，咨询企业、建设方、施工方等，需要从原来的阶段性的成本管控，向全过程的成本管理工作进行转变，对业务模式、管理模式进行升级，重塑数据价值。第三部分：平台服务商，作为数字技术的提供者、数字平台的支撑者，需要升级信息化平台，通过技术来赋能整个行业转型升级，用数据形成更多的智能应用，赋能整个行业精细化管理。

数字化变革时代，建筑业需要创新思维，顺应产业数字化和数字产业化的发展趋势，破除当前项目成本管控中的痛点、难点、堵点，形成降本增效合力，提升企业项目成本管控数字化水平，促进企业高质量发展。

数据驱动企业数字化转型落地

文 / 张新红

国家信息中心首席信息师

在数字化大潮下，未来建筑业数字转型要达成什么目标？前进的方向在哪？是人人都是设计师，是 3D 打印楼房成为大趋势，是建筑机器人取代现在的建筑工人，还是每个建筑物就是一个发电厂……

个人认为未来建筑业有无限的可能，当下我们怎么想、怎么做，决定着未来建筑业的发展。本文围绕数字化转型话题，从研究者的角度，从认识论的方向上进行分享。

重新认识数据的价值

大数据的概念从兴起发展到今天，整整经历了十年，其重要性不言而喻。但如何利用大数据促进建筑业深化应用和转型升级，需要我们对数据价值和数据创新进行深入的了解和认识。数据的基本价值有三个：一是了解事实，用数据说话；二是辅助决策，靠数据决策；三是指导行动，依数据行动。

如何利用大数据进行创新？需要关注“数据创新三要素”。第一个要素：数据思维。这是数据创新的前提。要学会用数据的眼光看世界，发现事物的本源、本质和变化规律，将数据使用起来，才能充分发挥数据价值。第二个要素：数据能力。这是数据创新的关键，也是数字时代的核心竞争力。它分为数据的获取、加工和应用能力等，不断提升这些能力，才能在未来数字化转型中起到事半功倍的作用。数据能力等于学习加实践乘以创新，即不断学习新知识，掌握数据运动变化的基本规律并用于指导实践，在实践中不断创新、迭代创新，数字化变革之路会走得越来越通畅，效果也会越来越好。第三个要素：数据融合。这是数据创新的路径，也是数字创新的催化剂。实际上单一的数据价值有限，但是数据融合就可以带来无限的创新机会，未来全面的数字化转型，也是全面的数据融合，其中数据开放将是最重要的突破口。

企业数字化转型的八个驱动力

企业的数字化转型将朝哪个方向发展，推动力是什么？数字化转型的“天龙八部”是未来数字化转型的八个驱动力。从技术的角度来看，分别是数字化、网络化、数据化和智能化；从应用的角度来讲，有平台化、生态化、个性化和共享化。每一个变化里边，都有它的内在规律，我把它称为“数变法则”，即数字变革所遵循的一般法则。

数字化对应的数变法则是重新定义一切。即我们所理解的、熟悉的一切事物都已经发生了变化，需要重新理解、重新定义。

网络化对应的数变法则是网络重构一切。网络成为继政府和市场之后资源配置的第三种力量，网络能够直接地供给与需求，是传统产业所不能具备的。

数据化对应的数变法则是数据驱动一切。数据可以帮助企业做出分析与决策，推动业务发展。

智能化对应的数变法则是把更多的事情交给机器去做。机器越来越聪明，凡是机器能够做的事情交给机器去做，而人更多地去做机器做不了的事情。

平台化对应的数变法则是“无平台不经济”。将来所有的行业、所有的企业尽量去做平台，如果做不了平台，就应该利用好平台，加入平台建构，这样企业的能力才会得到大幅度提升。

生态化对应的数变法则是从独木到森林。企业和组织的扩张将从原来的规模化和多元化思路走向生态化扩张。在生态化的体系里，任何一个元素的增长，可能都会对其他元素造成外部正影响，即大家都能受益，而不像产业链那样，你多赚了钱，别人就只能少赚一点。

个性化对应的数变法则是每个人都是唯一。我们搜索关键词的结果会不一样，我们看新闻过程中接收到的推送广告也不一样，因为每个人都是唯一的，未来价值的创造将越来越依赖于个性化的产品与服务提升。

共享化对应的数变法则是所有能共享的终将被共享。我们的行业、企业用共享的思维将自身优势资源发挥更大，获取紧缺的资源，将越来越关键。

企业数字化转型的“思维魔方”

企业的数字化转型到底如何落地？数字化转型“思维魔方”就是一个策略选择。具体为画三条线作为魔方的三个边：第一条边，技术加持，即数字化转型的八个“化”；第二条边，各个要素，可看成竖轴，包括产业或者企业的直接要素和间接要素都纳入进来；第三条边，变化的环节，各个要素在不同的环节发挥的作用不一样。这样就构成了一个魔方——这个魔方里边由若干个区块组成，每一块里边，凡是薄弱的地方也是将来我们要着力强化的地方。我们把数字化转型的八个“化”与所有要素及其每个变化的环节一一对应，就会找到无限多的创新机会。总结成一句话：将来所有的生意都可以重做一遍，这就是数字化转型的意义所在。

让数据运营成为建筑业企业数字化转型的内生动力

文 / 杨一心

中国水利水电第八工程局有限公司

党委副书记

数字化转型现状

数字经济是当今中国社会最热的话题，随着习近平总书记对发展数字经济提出的一系列重要论断，数字经济上升为国家战略，各行各业都将数字经济作为未来5到10年产业变革的大趋势。数字化转型也成为建筑业企业之间不可不聊的一个话题。信息化行业从不缺乏热炒的概念，从信息化到数字化的跳跃极其迅速，仿佛昨天还在为信息化建设而苦恼，一转眼却已然向数字化企业发起了冲锋，快得连大多数建筑业企业还没有做好心理准备，就已经被拉进了数字化的浪潮。

可是身处浪潮之中，到底数字化该怎么建，转型又要怎么转，行业内也没有统一的定义。更多的企业还在延续之前信息化的建设思路，热衷于追逐新技术、新名词。试图通过搭一个平台、上几套系统来掌握企业的生产数据，仿佛这样就可以实现数字化转型。可现实往往是系统不好用、员工不想用、领导不敢用，数字化转型最后成了空谈。

在笔者看来，信息化与数字化最大的区别在于，信息化是用计算机语言将业务流程转变为结构化数据，减少空间和时间障碍，提升业务的效率；数字化则是利用数据为客户创造价值，以及推动自身业务管理模式的转型。数字化转型绝不仅仅是实现数据的自动化和精细化采集，更重要的是建立科学的数字模型，对海量数据的发展趋势进行研判，最终找出风险点，以帮助业务管理进行快速调整，建立新的经营模式。数字化转型不仅仅是新技术的堆叠、罗列应用，更应该视为组织结构、业务模式等多角度的转变与提升，需要建立相应管理体系统筹推进。

建筑业企业要实现数字化转型，面临几大难题。

一是如何定位。数字化转型是为提升传统企业管理水平所提出的新思路、新方向，这关系到企业的战略布局。虽然行业内都认为未来数字技术将引发颠覆性改变，但真正落实到企业自身，如何将数字化与企业战略融合，产生新的商业模式和市场，对企业“一把手”是充满未知的挑战，这需要有敏锐的洞察力和足够久的战略定力。

二是如何规划。目前的建筑行业被热炒的技术有很多，像云计算、BIM、数据中台、物联网、数据湖等，每一项技术都代表了不同的使用方向和场景，用什么样的标准去评判各项方案的优劣，多长的周期去衡量，怎么找到适合企业自身发展的数字化建设方案，至少在目前来看，行业内还没有成熟的案例可以借鉴。

三是如何实施。数字化投入，对企业来说应该看作资产而不是成本。在资产积累的过程中，以尽量小的成本产生足够大的回报是所有企业最希望看到的结果。所以，需要找到企业管理的关键用户和关键环节，在较短时间内产生效果，才能推动数字化转型工作不断深入。

数字化转型关键要素

笔者认为建筑业企业数字化转型，更多体现在生产场景的数字化、管理模式的转变和解决客户的个性化需求三个方面。建筑业企业一定要由传统粗放型管理模式加快向高质量、智能化发展转变。

首先，要推动生产场景的数字化。建筑业的核心基础是履约能力，成本管控是竞争力的最重要体现，生产场景的数字化提供了成本管控的更多可能，有效支撑现场作业人员、项目管理者、企业管理者各层的协同和管理工作，实现以项目为核心的多方协同、多级联动、管理预控的管理体系。

其次，要利用数字化技术盘活企业现有数据，驱动企业管理模式变革。借助数据分析运营平台，将企业的关键生产指标纳入动态监控范围，进行实时数据之间的关联性分析，可以对偏离目标的项目提前预警并可以及时采取针对整改措施。由传统的“人找事”转变为“事找人”。借助信息系统和人的互相配合，实现企业与整个产业链的信息协同和资源有效配置。

最后，以客户个性化需求为出发点和归结点，客户体验决定了未来产业发展的趋势，随着业务需求和客户需求不断发展，企业的数字化建设需要变得更灵活和开放，能够适应环境变化。

数字化转型实践方法

中国水利水电第八工程局有限公司（以下简称“水电八局”）遵循诺兰信息系统六阶段模型来开展信息化和数字化建设工作。从 2003 年建设第一个总部局域网，到 2019 年业财一体化集成平台正式上线，完成了从单业务管控向统一集成阶段的转变；2021 年开始搭建数据分析平台，标志着水电八局开始进入数据管理阶段，通过整合和运营数据资产，赋能企业高质量发展。

水电八局整体数字化框架分为信息门户、运营管理、施工业务、其他业务、数据资源分析应用平台、生产管理、基础服务七大部分。为顺应集团化、多元化的发展趋势，整个数字化体系按照“统一规划、分级建设、异构集成、数据共享”的战略原则系统推进。

建立一体化数据集成平台实现数据的协同共享。电子数据具有易储存、难丢失、永保值的特点，未来企业的竞争可以说是“得数据者得天下”。要想在企业内共享数据，就必须实现合同流、物流、发票流、资金流“四流合一”，所以水电八局通过搭建业财资税一体化平台，打通了经营结算、物料成本、资产费用、现金税务四大业务。建立企业数据仓库，将各项业务数据分类存储，同时建立数字模型将项目策划、合同收入、实际成本通过多维指标进行组合对比，有效预警项目进度及成本风险。

利用大数据技术进一步挖掘数据价值。建筑业企业在数字化转型过程中要关注数据的应用，通过增强数据运营的能力，打造各类业务场景，满足企业各级用户的管理需求，激发需求活力，从而推动企业更深层次的转型升级。

在数字化建设中常见的两个问题是：一是缺少关键一线数据要素，没有预警手段，难以产生可以提供决策支持的数据，导致大家对系统的应用缺乏热情。二是缺少流程闭环，问题出就出了，没有相应的纠偏和结果评估，数据的价值创造不足。

企业数据分析应该具备四个关键要素：业务场景、控制阈值、特征参数、时间趋势。业务场景是指以人为中心，结合业务管理的痛点，某一项工作的具体开展过程。控制阈值是指针对业务所设置的控制指标。特征参数是指结合项目自身特点所设置的用于诊断项目经营状况的参数。时间趋势则是将一段时间内的数据进行综合对比分析，将原来静态的数值转变成动态的趋势图表。

水电八局采用线上线下结合、系统与管理配套的方式来解决流程的闭环问题。借助四个关键要素的设置，系统针对业务的异常情况提出预警信息，再由业务部门结合实际情况判断预警信息产生的原因，并采取相应的整改措施对该项业务及时纠偏，最终使流程形成闭环。推进产业链生态的数字化建设。借助建立企业与供应商的利益纽带，塑造数据共享机制，激发数据的创造活力；形成外部循环的利益共享，推进产业链平台的共同发展。水电八局以供应链需求为导向，搭建客户协同平台，将经营、设备物资、财务等业务链条延伸至合作客户，通过全流程数字化服务，提供数据增值服务，构建产业数字生态，与供应商实现共建共享。

数字化转型价值与成效

企业设置了层级管理和组织管理，为的是减少管理幅度和实现专业化，但是如果没有有效的管控手段，众多的组织单元就会撕裂完整的流程，形成大量的“数据孤岛”，使得企业组织效率低下，信息反馈不畅，形成大量的管理漏洞。数字化手段能够很好地实现信息对称和流程重组，是解决传统组织管理问题的全新手段，所以其在企业的重要性得到越来越多的认可。

水电八局通过建设数据资源分析应用平台，有效提升公司的管控能力，降低管理成本。传统的管理方式，是通过大量的报表，对企业的生产经营信息进行静态加工和二维分析。在数据资源分析平台建成后，可以对企业的生产经营信息进行动态分析和多维分析，通过数据的变化趋势和关联性，发现企业管理中存在的问题，进而合理分配管理资源。管理人员将从报表设计转向数据模型的设计，用数据分析来辅助我们的日常管理工作。

水电八局目前已经针对合同、收入、分包、物资、财务等5类43个业务场景建立了数据分析体系，利用不同业务线所产生的数据进行有效组合生成分析模型，从全新的视角给业务部门创造了新的管理模式。借助数据驱动，打造覆盖企业价值链各环节、互联互通，集约优化的“数字八局”，助推公司生产方式变革、管理方式变革和组织变革，以数字化转型驱动公司高质量发展。

数据治理与建筑业企业管理升级

文 / 杨玮

广联达科技股份有限公司副总裁

在过去的十几年中，广联达科技股份有限公司（以下简称"广联达"）针对建筑行业底层的图形引擎、图形算法、数据结构、数据底座、数据模式等技术的研发，一定程度上解决了部分行业中"卡脖子"的问题。现在这个阶段，行业的转型除了需要点状的创新，也需要系统性的突破，IT 技术和建筑行业的融合，从点状的创新到系统性治理的推进，已经到了一个需要全面爆发的阶段。

数字化对建筑行业而言已经不再是一个新的概念，建筑行业如何推动数字化转型，需要一个系统总结并转化输入的过程。基于这种概念，需要补充行业快速发展的 40 年中所忽略的，由于体量、规模、高周转所造成的粗犷、割裂等问题的解决方案。

那么现有业务如何实现数字化？在这个基础上如何植入各种前沿的方向？对应的商业模式、组织方式会发生什么样的变化才能让数字化技术融入建筑行业的价值链条？本文将对相关问题进行解答。

行业背景

当前市场环境的竞争越来越激烈，建筑业企业对多元化业务发展的需求也越来越多，产业链上下游延长，业务种类多样，也给企业的组织管理带来一些新的挑战。

在传统的建筑行业中，企业的经营管理模式无法覆盖所有的业务，无法控制工程过程中所有环节的经济效益、管理效果及风险，新人也无法有效承接前辈的个人经验，企业的业务面变宽，产业链变长，会直接导致企业的经营风险更大。基于这一点，如果想要同一阶段管理很多陌生的业务领域，甚至把这些业务领域融合进而形成新的管理模式，企业的经营就需要更科学的数据算法和业务模型去支撑覆盖，用科学准确的算法对业务的核心价值点进行模拟判断，确认管理的重心和抓手，可以在一定程度上解决管理生态复杂的问题。这就是行业未来要做到的多元业务、集成联动。

新理念、新模式、新技术与传统建筑业融合，行业从传统的设计、施工分开进行进入新的多元化模式，如 EPC、全过程咨询、PPP 等，对企业的要求就是价值生态链的重塑。传统模式中利润价值由甲方主导分配，新模式下则需要企业去经营分配，传统的开发商由于房产溢价和资本快周转的收益，可以放弃一定的管理精细度，但 EPC 等模式没有资本的收益，则会对管理精细度尤其是价值挖潜的部分有一定的需求，这是由于权利、主导空间和收益渠道的差异，导致价值链也会相应地发生变化。从数字化发展规律来讲，从线下到线上、流程的信息化、业务的数字化到沉淀出数字资产，再利用数字资产提升项目的管理价值，丰富企业的商业模式，使企业的数据资产化。这几个阶段是并存的，可以根据实际情况去选择不同的阶段匹配相应的解决方案。

综上所述，建筑行业需要依托数字化去解决系统性和本质性内需的问题。

数据意识与数据概念解读

数据意识是实现数字化核心的第一步。对广联达来说，要做建筑业企业数字化转型的使能者，不能仅为建筑业企业输出数字化的IT工具，而是要输出数字化的思维、意识和架构。制造业和服务业产业链条是比较简单和清晰的，仅有供方、需方和渠道，但对建筑业来讲，项目的相关方组成的是一个非常复杂的生态，当建筑成为一个空间的管家时，是结合建筑师、结构师等多方专家的优秀经验而创造的交互空间，这个涉及多专业合作的复杂过程，就需要用数字化思维去解读其背后的逻辑与数据概念，这是建筑行业和其他行业实现数字化最本质的区别。

在复杂的生态中，行业具备做数据库的条件，各企业可以收集到有效数据，并通过算法和规律找到建筑相关的数据应用场景，是相当重要的。建筑业企业现在已经在为单个项目存储相关的数据，但这仅是一个边界条件不清晰的数据，只能做参考，不同的项目、不同的面积、不同的楼层都会影响多种不同的结果。从数据库的角度来讲，建筑行业对数据治理的路径和思路需要建筑行业从业人员根据数字化的思维把整个数据架构和业务去融合，在这个架构的基础上，定向地制定数据的框架，把各个业务规则植入数据框架中，让数据在框架和规则下进行填充，这样的数据才是有效的、可拓展的数据，所以数据治理的核心就是数据和业务的融合。

数据和业务融合的载体和手段就是价值场景，是建筑行业推进数字化的核心及有效的路径。核心场景建设的特点是要关注数据的可积累性、可复用性、可拓展性、可关联性和自生长性。现阶段由于不清楚建筑行业数据背后的规律、共性、边界和应用场景，所以需要先厘清数据的建设机制，数据的内容、价值以及如何去收集，然后让数据自己去生长、拓展、学习，逐步形成可持续生长、拓展、提升和评估的价值场景标准。

从业务的角度来看，关注多元业务集成和联动的目的是解决系统性和精细度提升的路径，精细度提升的场景选择是价值的生态重构，生态重构的核心目的是选择能够价值变现及价值回流的治理场景，这样才能有生命力，持续地提升系统性和精细度。

数据治理方法中，业务场景是分层次的，不同场景下的同一业务内涵不同：

（1）基于业务场景的数据价值与数据有效性是核心评价标准；

（2）业务场景是数据边界和数据属性定义的核心；

（3）数据边界和数据逻辑也需要作为核心数据进行建设；

（4）业务场景的数据应围绕业务关键点和关联点展开；

（5）业务数据需要有部位、动作、岗位等具体指向；

（6）数据的逻辑连通需要统一以管理单元场景为载体。

数据治理的前提是梳理业务，梳理业务就要从梳理业务场景开始，梳理场景则要从价值链开始，由大到小，由宏观到微观，形成有框架有层次的业务模型，最终在业务模型中反向去确认数据的价值。

基于场景单元的数据治理方式

没有场景单元的系统梳理，数据治理很难做到通过价值的变现来支撑整个行业转型的系统性和精细度。

场景单元除了数据治理的逻辑，还跟建筑行业的现状有比较大的关系，现在行业中每个企业的基础、业务群体和痛点问题都不一样，必然导致每个企业数据治理的切入点和路径不一样，所以数据治理既要统一行业的整个思维认知，又要丰富行业的治理路径。场景单元的治理方式首先要选择相关的价值链，可以优先选择相关企业的业务模型（EPC、施工总承包、专业分包或者其他类型），先对这个价值链中涉及的主要环节和价值链进行解析梳理和划分，之后去选定关键场景，从动作流程向内容过渡，在内容中解析出每一个场景的核心管理成果，将成果里的关键项和关联项的内容进行组合，才可能形成系统的管理手段。之后，对应的业务模型和数据模型才能支撑解析的关键点，建立起围绕这个关键点的数据框架，根据各个环节梳理的重心，再选择治理对象及针对治理对象的解决方案。

数据治理不能是无序的，每一个点都要有四个评价标准：提高效益、提高效率、降低风险、提高专业度。同时在实现每一个目标时一定要具体到部位、动作、成果。

数字化工具产品和业务场景并不是一一对应的关系，但如果业务场景不清晰，数字化工具同样无法清晰解决问题。场景解析清楚后，要跟数字化工具去串联，就会落到数据中台和业务中台上去。

建筑行业的逻辑和生态关系非常复杂，每个管理线之间的关系都是相互咬合的，在这种情况下，一定要借助数据中台才可以厘清这种复杂的空间网络结构；组件来解决局部业务线的功能，跨线交互要在中台中去建设，业务线中趋同的通道及交互逻辑也需要中台去支撑。

数据中台的核心就是基于业务解构的数据模型，业务解构是带框架、分层次、有业务逻辑的，这个框架、层次和逻辑就是中台建设的业务侧核心任务。

基于场景逻辑的数据中台 + 业务中台的建设模式

业务中台和数据中台的关系：

（1）从关键业务中选出价值空间大、行业需求强的场景，识别项目的关键点、关联点和关联关系；

（2）对管理单元进行分解，聚焦到具体点，如部位，从不同维度缩小单元，形成有效的数据模块；

（3）以跨价值板块多、业务链条长作为基础单元，将基本元素的应用场景延伸作为数据框架；

（4）考虑数据的丰富度、功能拓展性、横向交付关系延伸、输出核心场景下高附加值的数据框；

（5）从数据流采集到场景的实现，形成数据中台的建设节奏。

基于以上内容，各个企业都可以根据不同的需求在不同的模式、不同的项目、不同的专业中选择不同的治理方式。

场景单元是数据中台的数据模块，各个单元和单元的关系是中台的业务架构，通过这种方式把业务结构数字化体现出来。即使现阶段数字化的体现中很多模块没有数据，但整体的结构框架已经完成，可以基于这个框架去逐步地选择下一步的工作阶段，可以保障不会缺项漏项。

数据治理一定要有价值模型，且治理点在现状条件下要有可变现的、与当前商业模式匹配的价值。

以点破面 + 统筹布局的数字化治理路径

以点破面和统筹布局的治理路径，要从数据中台、平台 + 组件来做整个业务架构的整体解析，再进一步深化和细化，这对企业的应用难度非常大。在行业过去 40 年的粗犷发展中，从业人员没有形成数字化结构的思维意识，意识应该从正向和反向两个方向同步进行，正向的解构需要解析每个场景的核心内容，再用核心内容去补充数字化的解构，梳理相关的管控要点，建立数据模型。同时也需要反向做实单点的价值，了解每个实体点的横纵的拓展和延伸，再逐步进行拉通。借助双线并行的方式，可以保证数据治理既能适合企业的经营现状，也能将正向治理的难度降到最低。采用这种方式，也可以让整个数字化治理的方案进行系统规划且持续迭代。

从数据治理的角度来讲，广联达借助广联达智慧建造及华南总部基地项目，自建自营来打磨全过程，就是要求每一步动作都达到可数字化的程度，围绕项目实体推进的情况系统做出解析，形成一个整体的业务架构。目前，一些架构性的内容已经有了阶段性的初步成果，很多内容也已经在相关的产品中落地，期待在不久的将来，可以通过数据治理助力建筑企业管理升级。

工程咨询企业的数字化转型之路

文 / 潘敏
开元数智工程咨询集团有限公司
党委书记、董事长

数字化转型的必要性及面临的挑战

党的十八届三中全会提出了全面深化改革的要求，党的十九大明确了要加快完善社会主义市场经济体制，中国共产党第二十次全国代表大会中更是进一步指出要“构建全国统一大市场，深化要素市场化改革，建设高标准市场体系”。“完善产权保护、市场准入、公平竞争、社会信用等市场经济基础制度”。

在全面深化改革、建设高标准市场体系的宏观政策背景下，建筑业市场也正着手新的改革举措。《住房和城乡建设部关于进一步加强房屋建筑和市政基础设施工程招标投标监管的指导意见》

指出，“推动市场形成价格机制。实施工程造价供给侧结构性改革，鼓励地方建立工程造价数据库和发布市场化的造价指标指数，促进通过市场竞争形成合同价。对标国际，建立工程计量计价体系，完善工程材料、机械、人工等各类价格市场化信息发布机制。改进最高投标限价编制方式”。《工程造价改革工作方案》更是明确指出，要“改进工程计量和计价规则、完善工程计价依据发布机制、加强工程造价数据积累、强化建设单位造价管控责任、严格施工合同履约管理等措施，推行清单计量、市场询价、自主报价、竞争定价的工程计价方式，进一步完善工程造价市场形成机制”。

可见，今后的建筑业市场中，工程造价的形成越来越依赖于市场中的充分竞争。尤其在《工程造价改革工作方案》公布后，工程咨询企业需要用更科学、更贴近市场的方式确定建设项目的造价。对市场数据的收集与应用将构成工程咨询企业未来的核心竞争力，因此，造价咨询企业必须进行数字化转型以跟上时代步伐。

然而，应注意的是，相对于金融、保险、银行等行业，工程咨询行业的数字化发展速度缓慢，水平相对低下；此外，工程咨询行业中的业务同质化竞争现象较为严重；然而，到目前为止，市面上还没有一套软件产品在高度、理念、功能和业务上满足工程咨询公司的需要。

事实上，工程项目价值提升的关键在于前期造价数据以及信息技术的支持。如果将工程建设项目全过程归纳为投资策划、勘察设计、土建施工与设备安装、后期运营维护等阶段后，可以发现越靠近前端，对整个建设项目价值提升的贡献越高。因此，随着建筑业市场对工程数据与信息技术要求的不断提高，以及工程项目对价值提升的内生需求，工程咨询企业也必须有所响应，积极探索数字化转型之路。

数字化转型的靶向与实施路径

为应对建筑业市场对工程数据以及信息技术的要求，工程咨询企业可从业务层面以及企业管理层面开展相应的转型工作，即借助数字化与信息化技术提升咨询工作的价值以及企业自身的管理效率。可以说，工程咨询企业数字化的转型过程的实质是帮助企业实现业务与管理的标准化、规范化、科学化。这就需要做好如下五项工作，以实现提高工作效率、提高数据质量、降低企业成本的目的。

（1）资源采集。项目信息统一集中管理，历史数据留存。

（2）资源共享。内部资源信息共享减少重复性工作，提高效率。

（3）资源存储。保存所有数据资源，减少数据整合工作，资源合理利用。

（4）整合信息。系统通过科学、严谨的管理体系，整合数据库，提供具有市场指导意义的信息资源。

（5）成本管理。全面管理建设项目的全过程信息，指导成本管理。

为做好上述五项工作，工程咨询企业可以从以下两个路径开展相应的工作。

路径一：咨询业务的数字化转型——提升咨询业务价值

根据《工程造价改革工作方案》中指出的五大改革任务，表 1 给出工程咨询企业的应对措施与实现数字化转型的具体目标。

表 1　咨询业务数字化转型的任务与目标

五大改革任务	工程咨询企业的应对措施	数字化转型的具体目标
改进工程计量和计价规则	推进采用市场清单计价模式	构建标准清单库
完善工程计价依据发布机制	收集并更新实时市场价格信息	构建材价信息库
加强工程造价数据积累	整理已完工程的造价数据	构建工程量数据库
强化建设单位造价管控责任	构建工程造价测算指标体系	构建工程造价指标库
严格施工合同履约管理	动态全过程造价管控	构建造价管理信息平台

为实现上述任务与目标，需要依托企业自身的“大数据中心”，其中需涵盖三大基础数据库，即已完项目工程量数据库、人材机市场价格信息数据库、建设项目标准清单库，以及基于三大基础数据库进一步建立的建设项目造价指标库（成本测算库）。成本数据指标库的建立主要将通过以下方面解决工程咨询企业指标数据的“痛点”问题。

（1）数据的收集、采集及留存。数据库建成后将建立一个数据采集窗口，企业可将成果文件按照统一的标准采集，将各类型的工程在不同阶段的各种计价文件数据可采集进入平台中，并按系统中已预制的项目类型分类管理，数据在信息化平台中集中统一保存，方便用户快速进行查询与数据调用。

（2）数据的集成、分析。数据在进入数据库后可快速对应标准文件中的项目信息、项目特征、材价数据等相关信息，并快速分析，提供对应工程的经济指标、工程量指标、含量百分比等各项经济技术指标，并能够将项目的单项、单位工程指标灵活组合，得到按专业、按结构部位、按成本模块等多种维度展示的指标成果。

（3）数据的积累、应用。数据库可以帮助企业进行数据积累，为企业建立专属的综合单价库、单方造价库、材料价格库，并通过多项目统计，将企业的经验量化、沉淀，应用于造价质量控制、投资估算及成本控制工作中去，真正体现数据价值。

路径二：企业管理的数字化转型——提升企业管理效率

为提高企业内部管理的效率，降低管理成本，可利用现代信息技术，通过对信息资源的深化开发和广泛利用不断提高企业决策、开发、经营、管理的效率和水平，进而提高企业的经济效益和企业核心竞争力的过程。可从如下三个方面采取相应的工作措施。

首先，管理的提升。借助数字化系统实现知识积累和科学分析来实现决策的高效和科学性，进而形成明确权责和科学体系下的绩效管理目标。信息化系统的建设及应用，使造假、虚报等不良现象大大减少，系统中相应的角色和权限的设置使公司领导可以方便地查询项目各种数据报表，对项目的进度、资金、质量等情况可以做到随时监控。

其次，流程的规范。数字化技术是实现流程变革不可缺少的手段和工具，通过数字化技术实现规范化、一体化管理。数字化的管理系统使项目部各个岗位的职责、权限有了明确的界定，每个工作人员对自己的职权范围有了更清晰的认识。对各部门之间的工作流程也做出了清晰的规定，智能化的流转传递能使各工作环节衔接紧密，提高了工作效率。

最后，决策的优化。借助数字化管理对业务的风险关键点形成自动的计划执行控制作用，借助数据共享实现实时的信息与业务协同，项目管理人员可以随时随地通过互联网访问项目服务器，进行申请、查询、审批等一系列工作，为企业今后实现整体资源优化配置提供翔实的数据基础和先进的技术基础。各个项目所提供的成本数据可以成为企业进行横向比较的依据。信息化可以通过辅助管理和辅助决策，准确、及时地把握市场信息，从而获得更多商机。信息化还可以提高企业对市场的反应能力，提高决策的正确性和预见性，从而大大提高企业的市场竞争力。

开元咨询的数字化转型之路

1. 开元咨询的业务数字化转型措施与效果

开元咨询建筑工程大数据平台以建设项目成本管理为基础，通过与咨询企业、施工企业、房地产开发企业的多次深度沟通与交流，建立先进的成本数据库体系，结合计算机技术针对行业信息化平台建设工作而打造的一款集数据库、标准清单库、成本测算库与大数据中心为一体的工程造价数据积累与分析平台。旨在通过“平台化分析、移动化管理、高效化办公”实现建设行业多项目同步管理需求，并协助企业快速实现自有指标数据库及材料价格信息库的搭建，从而有效提高房地产开发企业、施工企业、咨询企业的造价信息化管理水平。

（1）大数据中心。大数据充分立足于房地产业务的实践基础，通过对房地产业务的积累和分析，将先进的管理思想及业务处理方式集成到 IT 系统，实现“数据管理 +IT+ 数据利用”三者的有机结合，使计算机处理业务、辅助管理、辅助分析、辅助优化产品体系，有效地支撑地产企业高效构建战略—分析—管控—执行的战略信息化智慧平台。

（2）指标库。建立工程建设项目成本指标体系，成果文件按照统一的标准采集，将各类型的工程不同阶段各种计价文件数据采集进入平台中，让数据在信息化平台中集中统一保存，方便用户快速进行查询与数据调用。

（3）综合单价库。整理综合单价数据录入系统并不断沉淀数据。

（4）大宗材价库。设置大宗材料，对重点材料进行重点管理、重点关注。

（5）成本测算库。测算遵循量价分离原则，注明量、价的计算思路，项目定位时如果成本测算无法细分，可以根据当地已结算的同类工程直接填写总价和单价，并注明参考项目的成本情况。目标成本测算时系统尽可能引用数据库中指标的类似项目数据，若相应指标不适合引用，则自定义指标并填入工作量。成本汇总表根据项目一般分摊原则设置了分摊公式，如不符合项目实际情况可修改公式。

基于上述措施，开元咨询在开展咨询工作时实现了如下效果。

效果一：整合大量成本信息。建设项目一般是围绕一个开发项目进行运作，周期长，涉及众多业务环节——设计、施工、管理等，众多参与方都需要相应的项目成本信息，并且在项目实施过程中也产生大量的成本信息。共享平台通过科学、严谨的成本体系，整合成本数据库，形成具有市场指导意义的建设成本数据库。

效果二：打破“信息孤岛”，做到数据可重复使用。对企业来说，各种建设项目虽然在类型、业态、特点上有差异，但整个建设过程所需的成本信息具有一定的共性，可重复使用。一套成本数据库系统，对建设项目的成本信息整理和研究，可重复用于不同的项目。同一项目中的信息也可以在不同阶段、不同的参与方中重复使用。

效果三：指导项目成本管理。工程项目不同阶段的成本信息，对建设项目成本管理具有不同的管理意义。测算并与类似项目的成本数据进行对比分析，从工程估算、工程概算到工程预算，逐步合理、完善、细化项目成本。借助对类似项目的分析，管理者能够系统、全面地看到建设项目的全过程成本信息，从而更好地对目标项目的成本过程进行指导。

2. 开元咨询企业管理数字化转型措施与效果

从 2013 年开始数字化探索到 2020 年开元咨询自建系统，不断尝试、自主研发出 KSP（Karon Service Platform）系统。该系统秉持开元特色，标准统一，提高效率，降低风险。KSP 系统包含如下模块：

（1）办公系统。包括个人信息维护、站内消息、我的待办、我的审批、考试。

（2）人事行政管理系统。包括企业组织架构维护，员工信息管理，员工入职、离职、转正、升迁管理等，以及劳动合同管理、请假管理、会议管理、机票预订等。

（3）财务系统。包括合同统计台账、合同开票信息管理、回款管理、报销管理、业务盈亏管理等。

（4）业务管理系统。包括咨询合同登记、建立项目、派发任务、业务发起、投标业务管理、造价咨询业务管理、业务进度监控等。

（5）文档中心。文档存储整体解决方案。

（6）数据库系统。建立工程建设项目成本指标体系，成果文件按照统一的标准采集，将各类型的工程不同阶段各种计价文件数据采集进入平台，让数据在信息化平台中集中统一保存，方便用户快速进行查询与数据调用。

（7）大数据平台。借助大数据平台整理了解企业经营情况、财务状况、人事数据、合同管理等，辅助决策。

KSP 系统的开发与应用，系统化地解决了企业面临的以下问题：

（1）任务模块、财务模块：实时掌握公司、事业部、员工状态，业务动态，业务饱满情况，企业营业收入等。

（2）质量复核模块：业务质量实时把控，事前交底，跟踪业务全过程，质量层层把关。

（3）文档中心模块：过程资料实时存档，业务开展过程按标准文档存储方案存储资料，快速查询，关联相关文件。防止发生因人员流动造成的文档资料流失问题。

（4）数据库模块：历史造价成果数据快速沉淀，形成经济技术指标，用于新建项目的快速测算、估算。

（5）业务模块：建立标准化的业务模块，增强工作效率，提高业务质量，降低企业风险。员工职业技能快速养成，解决企业人才培养问题。

工程咨询企业未来的核心资产是什么？不是市场资源，不是现金，更不是企业所有的固定资产，而是已经积累的工程数据。清单库给出计价的结构，工程量数据可以形成含量指标，价格数据能够形成市场信息，这些数据构成了合同价格形成的基础；更重要的是，这些数据是随着业务的开展而随时更新的，也就是说，工程造价咨询公司掌握着最实时且最全面的市场信息，以此形成的市场清单也必然是最客观、最准确的，基于此编制的最高投标限价也最能代表实时的市场情况。

由此可见，工程咨询企业未来发展的必然选择就在于形成并充分利用自身的数据资源，正如《工程造价改革工作方案》中所强调的，建立数据库，利用大数据、人工智能为预算编制提供依据。在深化改革开放、加快完善社会主义市场经济体制的重要历史阶段，工程咨询企业更要理解变化、适应变化、应对变化、利用变化。

数字化转型的系统性思考与创新实践

文 / 张挪威
瑞森新建筑有限公司董事长

当前，建筑行业面临高质量发展和实现“双碳”目标的双重挑战，传统建造方式难以满足人们对建筑物性能不断增长的需求，建筑行业必须基于建筑全生命周期的视角，加速精益建造理念与数字化技术的融合。瑞森新建筑有限公司（以下简称“瑞森新建筑”）以交付高性能建筑为目标，将基于 BIM 技术的精益建造定义为企业发展的核心竞争力，以高性能建筑研究为发展引擎，将数字化转型作为核心发展战略，实践了从工序级、项目级到企业级数字化的实施路径，开创了企业高质量发展的新局面。本文结合广联达（西安）数字建筑产品研发基地项目实践，浅谈对企业数字化转型的观察思考、价值理念与未来展望。

数字化转型的观察思考

数字化转型是一个不断完善、不断创新的过程，应将创新作为数字化转型的原动力，积极发掘数字化赋能作用。数据是企业发展的基石，企业应注重实施效率与价值体现，基于数据流对传统组织结构进行变革，基于岗位职能分工的协作，优化业务管理流程，构建适应数字化发展的运行新机制，打造网络平台型、敏捷团队 + 赋能平台型的新型组织结构。基于承建广联达（西安）数字建筑产品研发基地项目，瑞森新建筑展现了由数字化转型所带来的业务模式重构、运行流程创新、业务范围拓展的优势，基于虚拟现实技术，构建贯穿建筑全生命周期的各专业集成数字平台，迭代进化数字建造流程，提升管理效率，激发团队创造力，致力于将该项目打造成行业瞩目的智能建造理念应用与数字建造技术实践的标志性建筑。

数字化转型的意义

数字化转型是利用数字化手段驱动企业业务模式创新、业务范围拓展、整体实力增强的有效途径。传统信息化以线性业务流程为框架，其核心是信息作为人员管控流程的一个环节，存在“信息孤岛”现象，而数字化转型是以集成多专业知识的交叉网络为框架，其核心是数据驱动和评判人员行为。瑞森新建筑在该项目中引进国际先进的集成项目交付（Integrating Project Delivery，IPD）模式，结合工程特点，进行组织模式、管理流程、职能类型的再造，将建设方、设计方、总包方、专业设计（分包方）等集成纳入 IPD 管理框架。通过跨专业联合办公室、精益看板、每日站会等管理举措，打破组织壁垒，创建透明沟通、各参与方深度协作的高效集成管理团队，从建筑全生命周期维度，对贯穿于建筑设计、建造、运维各阶段的方案进行深化设计，在项目施工前确保方案的可实施性。该项目利用数字化管理平台对质量实行全面动态监控管理，涵盖钢筋、模板、混凝土、砌筑、机电、幕墙、精装、绿化等各专业工程，通过多专业模型集成，优化设计与施工方案，降低人为操作失误所造成的损失。虽然该项目曾面临新冠疫情形势严峻而停工 3 个月，但项目团队依据优化的施工方案，实施全域穿插施工，按期优质竣工。项目先后获评陕西省优质结构、陕西省安全文明工地等荣誉称号，被陕西省新闻联播等报道，相关经验受邀在中国建筑科学大会暨首届绿色智慧建筑博览会、陕西省第六届BIM高峰论坛、陕西省创建精品工程经验交流会、中国数字建筑峰会2020、华东六省土木建筑技术交流会等进行分享。该项目获得国家级QC成果4项、省级QC成果16项、国家级BIM大赛奖7项、省级工法2项、实用新型专利20余项，迎接智能建造等观摩学习9000余人次。

数字化转型的实施措施

数字化转型是企业的系统性变革，需要在战略层面的规划和数字化的顶层设计，既要有管理层理念的转变，又要有全体员工对变革必要性的充分认识。核心管理层应成为数字化转型的引领者，以数据作为关键要素，决策制定从基于经验向基于数据转变，将数据作为数字化转型中的关键要素，将标准流程数字化，并不断沉淀于企业管理系统。瑞森新建筑围绕战略规划，对业务模式进行准确定位，积极进行业务设计创新、技术创新与业务模式创新。企业注重树立各层级人员数字化转型的信心，坚持每周以读书会的形式，共学数字化转型相关资料，追踪国际同行业前沿理念，提升员工综合素质，强化员工的共同价值观。企业组织人员共同翻译完成《集成项目交付》专著，并由中国建筑工业出版社出版发行。瑞森新建筑为该项目团队设定具有适度挑战性的具体目标（质量目标：雁塔杯、长安杯、鲁班奖。安全目标：西安市文明工地、陕西省文明工地。绿色目标：中国绿色建筑三星认证、LEED铂金认证、WELL健康认证、省部级绿色施工科技示范工程），以激发团队成员动力，增强员工的责任感与数字化转型观念。

数字化转型的组织结构

数字化转型要求消除传统业务与信息流之间的隔阂，组建新型数字化部门，构建各专业数据网络，推动企业的数字化转型，实现从设计和建造到运维，从业主愿景和建造到用户体验的数据互通。数字技术的发展，强化了数据的资源属性，提高了企业对数据获取存储、分析判断的能力，强化了数据对决策的支撑。数字化转型的价值既体现在对业务流程的优化，以降低人工误差，又体现在对业务流程的全面监督，以及时发现存在的隐患。数字化转型促进了信息智能化与定制化，提高了信息的高效获取，并能够依据获取的数据构建各专业模型，模拟优化生产过程，推动跨专业融合，建造高性能建筑。瑞森新建筑重构了企业的业务组合和管理模式，先后组建数字孪生技术中心、高性能建筑研究院、大葱科技等机构，并相应进行了人才结构的转型。利用数字技术整合更多资源，并将信息和数据投入占生产收入的百分比作为一项评价指标，以激发团队的创造力。瑞森新建筑在该项目中依据《工程质量安全手册》和《陕西省工程质量安全手册实施细则》等指导性文件，编制了项目《精品工程实施手册》。项目团队严格履行施工组织设计与方案报审报批手续，并利用数字化技术将施工组织与方案分解到节点，以数字建模方式对关键工艺进行多次优化，确保一次成优。针对该项目所面临的难点、痛点问题，数字化部门研发了可再利用式防尘网、混凝土智能养护装置、外窗胶缝检查装置等创新性装置，撰写发表中、英文论文 9 篇，编写《数字建造技术应用与实践》专著，已由山东科学技术出版社出版发行。

数字化转型的价值理念

数字化转型不仅改变了传统的企业运行模式，也改变了企业的价值理念。数字化转型企业能够利用数字化赋能作用，实现流程优化、产品创新、业务拓展、服务增值。利用数字化思维向数据要生产力，驱动人力资源、专业技术、运营资本等关键资源优化配置，通过激活数据要素释放的价值促进业务流程模式创新，从而实现降本增效。瑞森新建筑在该项目中基于数字建筑相关理论，在建造方式、建设过程等方面进行可行性分析，确定了以集成理念定义新设计、以 BIM 推动精益建造、以全专业模型推动多专业集成、以 BIM+ 物联网推动物料采购平台化、以数字平台推动建造在线化、以数字化交付推动新运维为目标的总体方向，创建新型组织模式、管理流程，并在实践中不断进行价值分析。坚持以精益理念促进精准管理、以作业标准化提高工艺水平，实现虚实联动的智能建造实践。基于数字平台进度及任务管理系统，进行检验批级进度排程和工序级任务派分，并将工艺工法挂接至任务项，管理人员依据实时反馈数据，集成分析质量安全等问题，提前预测管理重点，优化生产进度，充分发挥数字化赋能作用，实现了一次成优率达 100%。施工过程零变更，建筑垃圾减少 70%，能源消耗减少 55%，粉尘及噪声污染大幅降低。基于 IPD 理念，轻量化处理 BIM 模型构件并与运维管理业务关联挂接，利用手持终端录入并上传数据至运维平台，为提供建筑数字化运维服务奠定良好基础。

时代要求建筑行业改变传统模式，采用降低成本、减少碳排放的新方法，提升生产效率，实现建造具有可使用性、可建造性、可运维性和可持续性的高性能建筑的目标。建筑行业面临着数字化转型的现实需要，数字化转型不仅是实现精益建造和激发员工创造力的驱动器，也是企业赖以发展壮大的根本。只有真正实现数字化转型，方能获取巨大的新价值空间。我坚信，数字化力量必将为我国建筑行业的发展带来极大的推动作用！

数字赋能建筑供应链　重塑企业核心竞争力

文 / 黄树鹏

广联达科技股份有限公司助理总裁

供应链专家马丁·克里斯多夫在书中写道："市场上只有供应链而没有企业，21 世纪的竞争不是企业和企业之间的竞争，而是供应链和供应链之间的竞争。"供应链的概念最早是在 20 世纪 80 年代初期出现的，它的目的主要是通过"链"上各个企业之间的协同与共生，致力于整个"链"上物流、信息流和资金流的合理化和优化，从而提高整个"链"的竞争力。供应链因企业竞争需要而产生，已成为企业培育核心竞争力、增强竞争优势、适应时代需要的战略选择。

洞见：建筑供应链数字化转型的背景与趋势

数字时代正改变着建筑业的传统发展方式，大而不强的建筑业已经走到转型的关键时期，作为串联起建筑产品各个环节的重要网络——供应链，其现代化程度仍然较为滞后，已经无法满足数字时代的行业发展需要。与此同时，在复杂的发展环境下，建筑企业的利润空间不断紧缩，作为企业的竞争力核心，供应链的升级创新正在被越来越多的建筑企业所关注，建筑供应链的数字化转型成为企业扩大竞争优势的关键举措。

（一）环境变化，催生供应链数字化

数字经济发展，牵动供应链数字化变革。数字经济时代下，企业面临最根本的改变是生产方式和商业模式的转变，传统产业的价值链将发生彻底的变革。在数字化转型的浪潮下，传统的供应链运行方式已经无法适应新的时代，数字化转型的实质是利用新一代数字技术，重塑传统业务模式，驱动商业模式创新，供应链的数字化转型成为数字经济时代的必然选择。

复杂环境影响，带动供应链数字化转型。2020 年以来，全球经济环境发生巨大变化，供应链的不确定性达到前所未有的高度，传统供应链的脆弱性凸显，供应链面临着生产中断、成本上涨、资金短缺等诸多挑战。多重不利因素的叠加倒逼建筑企业重新审视供应链的价值，建筑供应链数字化转型既是顺应时代创新发展的必然要求，也是应对新常态下不确定性的必然举措。

新兴技术应用，推动供应链数字化升级。新一轮技术革命对供应链的建设形成明显的迭代效应，持续促进供应链的技术升级，为供应链的数字化提供了土壤和养分，数字技术已经被应用于供应链的一系列活动之中，成为支撑供应链数字化转型的基础动力。

（二）政策导向，牵引供应链数字化

在新时代复杂的发展环境之下，提升供应链的稳定性和竞争力是国家的

重要战略部署。近年来接连推出的一系列政策，从数字化、建筑业和供应链创新三个维度指明了供应链数字化建设的路径和方向，同时指引试点城市、试点企业开展数字化工作。一系列政策为走到升级关口的建筑供应链提供了启示，数字化将成为建筑供应链的重要发展方向。

“数字化”风向标，数字经济与实体经济相融合。自2017年“数字经济”首次被写入政府工作报告以来，数字经济已经上升为国家战略，成为拉动经济增长的重要引擎和产业升级的重大突破口，国家出台一系列政策均以推进数字经济与实体经济融合、推进产业数字化转型为导向。体量巨大的建筑业在与数字经济的融合方面具有巨大的潜力，建筑供应链的数字化变革成为数字经济战略的重要落点。

“建筑业”风向标，供应链创新适应发展新格局。建筑业在稳定经济增长、提升民生水平等方面发挥着举足轻重的作用，提升建筑供应链的现代化水平既是构建“双循环”新发展格局的必然举措，也是建设全国统一大市场的必然要求，数字化的供应链加深了各节点企业及其他相关主体间的联系，在降低成本的同时增强了反应速度，是提升建筑供应链现代化水平、实现供需高效匹配的重要工具。

“供应链”风向标，供应链创新上升为国家战略。2017年出台的《国务院办公厅关于积极推进供应链创新与应用的指导意见》（以下简称《意见》）将供应链的创新与应用上升到国家层面，《意见》是我国供应链进入新阶段发展的重要起点，其明确了供应链的定义和发展阶段，并指出数字技术与供应链的融合是打造智慧供应链体系的路径，为产业和企业的供应链数字化建设提供发展环境。

（三）行业转型，要求供应链数字化

“十四五”时期是我国社会新发展阶段的起步期，建筑业也来到转型发展的关键时期，工业化、绿色化、数字化将是建筑业高质量发展的关键方向，这也令建筑企业的生产经营方式发生变化，传统的建筑供应链已经无法适应新的环境，行业转型需求推动建筑企业进行供应链的创新，数字化成为建筑供应链升级的关键途径。

“工业化”转型。集成化的工业建造模式令设计企业、构件及部品生产企业在供应链中的活跃性增强，供应链中的信息交流范围扩大，供应链的管理也由围绕单一核心企业向多主体协同进行转变，信息共享完善、协同能力更强的数字化供应链将成为建筑工业化发展的重要工具。

“数字化”转型。我国的建筑业形成了以 BIM 为核心并向其他建造环节延展的数字化推广进程，目前在设计、施工、建造等环节已经部分采用数字化工具，但供应链的数字化程度尚处于较低水平，智能建造与新型建筑工业化协同发展的产业体系，需要数字化水平更强、敏捷性更强、安全性更高、附加价值更高的供应链。

“绿色化”转型。在“双碳”目标的驱动下，将绿色低碳理论与数字化供应链相结合，将减排目标贯穿到建筑产品生命周期的各个环节，打造绿色供应链，将是建筑业实现低碳化的重要突破口。

（四）企业突破，亟须供应链数字化

对建筑企业而言，其生产经营过程中的成本及效益均来源于供应链环节，数字化的供应链在降低运营成本、提升资源配置效率方面具有显著成效，相关研究显示，数字化转型能使设计和工程成本降低 10%~30%，库存持有成本减少 20%~50%；与此同时，供应链的成本每降低 1%，企业利润率将增长 5%。面对成本高企带来的生存压力，供应链的数字化升级成为建筑企业降本增效、提升生存能力的必要手段。

解析：建筑供应链数字化转型的内涵与价值

供应链的定义源于制造业，因此建筑供应链与传统供应链有相似的结构，但也有不同之处。首先，建筑供应链管理贯穿于整个建筑工程项目过程中；其次，建筑供应链在建筑项目全生命周期中所形成的网络，具有一定的动态特征，建筑供应链的组织成员之间存在不断变化的关系，其中也具有较强的开放性。建筑供应链运行的阶段可分为前期计划、设计阶段、施工阶段、使用阶段，同时利益相关者包括各责任主体、业主、设计商、供应商、分包商等，在建筑供应链中则需要保证信息流、物资流、资金流、商业流稳定的运行。

（一）建筑供应链的主要特征

建筑工程项目种类较多，并且建筑产品属于非重复性作业，需一次实现产品的全面建设。总承包商根据业主单位的订单要求进行建设，整个建设周期长、规模大，其过程中会出现占用资源大、空间大、人力资源消耗大的现象。建筑供应链具有以下八大特征：

（1）项目驱动：典型的订单驱动的拉式供应链。

（2）产品固定：施工现场既是产品的生产地也是产品的使用地。

（3）协作临时：不同项目的上下游主体协作关系不稳定。

（4）要素流动：建筑产品不流动，流动的是生产设施及资源。

（5）利益冲突：各主体的潜在利益冲突导致彼此之间缺乏信任。

（6）运营风险：供应链受气候、地理和政策的影响较大。

（7）地域制约：工程项目的地域性导致缺乏长期稳定的供应商。

（8）组织复杂：利益主体多，供应链整合难度大。

（二）建筑供应链的现状

物资流不确定：建筑产品受资金、设计、气候、政策和地理环境影响较大，施工过程中不可预见性和多变性较为突出，每一个细节发生变化都需要及时的物流保障。

合同流不规范：建筑业交易环节复杂、规则不明确，“重实体、轻程序”的传统思想导致合同流通环节未形成规范化、标准化。

信息流不通畅：建筑供应链的链条太长，信息一体化水平低，协作环节不畅通，彼此之间信息不对称，信息缺乏流通性考虑与应用。

资金流受限制：建筑业是重资金行业，存在资金缺口大、融资渠道少、周转期长、资产流动性差的问题，资金流受限。

（三）数字化供应链的内涵

在经过概念炒作、理论形成、企业实践之后，建筑业对数字化供应链的理解越发深刻，我们经过综合研究认为，数字供应链的释义应该是：“将数字技术与供应链模式进行融合创新，规划及运营供应链的预测、计划、执行、决策等活动，构建以客户为中心，以价值创造为导向，以数据为驱动，以平台为支撑的全局协同、泛在感知、敏捷响应、动态优化和智能决策的网状供应链体系。”基于此，我们总结供应链数字化的主要特征为流程自动化、链路可视化、交易线上化、生产定制化、交付即时化、库存共享化、市场共情化、渠道扁平化。

（四）数字化供应链的技术

得益于数字技术的突破性发展，供应链的数字化变革成为可能。数字技术改变了人、物之间的连接方式，海量的信息和数据的存储处理、现实与虚拟的连接、智能分析和辅助决策令企业可以更高效、更精确、更低成本地对供应链进行管理和运营。以大数据、云计算、物联网、区块链、人工智能和数字孪生为代表的新一代数字技术，正在为供应链的数字化变革提供坚实的技术基础。大数据和云计算对海量的供应链信息和数据进行高效的存储处理；物联网改变了人、物之间的连接方式；区块链令信息和数据更透明、可靠；人工智能增强了管理者的决策效率；数字孪生优化了物理供应链的决策过程。

（五）数字化供应链的价值

数字化供应链不仅采用数字技术来变革传统的供应链，而且对供应链的商业模式、组织、流程、服务和运营进行数字化变革，以及增强供应链应对不确定性和风险的能力。数字化对供应链主要有以下三点关键改变：

从“成本”到“利润：掌握从前掌握不了的资源，与供应商等链条企业合作来直接满足客户不断变化的需求，从而将“消耗资源的成本中心”转型成为一个“提供服务的利润中心”。

从“短期”到“长期”：将目光放得长远，加大对整个运营模式的长期转型投入，从而将“短期局部性改善”提升为“长期根本性变革”。

从“链式”到“网状”：加强企业内外部的互联互通，甚至构建整个生态系统的协同关系，从而将“串行链式的供应体系”升级为“并行网状的供应体系”。

献策：建筑供应链数字化转型的路径与指南

未来的产业竞争不仅是个体企业间的竞争，更是产业链、供应链间的竞争。伴随着新一代数字技术与建筑业的融合渗透，供应链管理的模式与方法发生了系统性、根本性转变，开展供应链数字化转型成为建筑企业保持可持续竞争优势的共同选择。

（一）建筑企业供应链转型存在问题

相比于制造业，建筑企业的供应链建设程度不足，尚未全面实现数字化转型，现阶段建筑企业在开展供应链数字化转型过程中面临着重点方向不明确、管理机制落后、管理手段不足、实施路径缺乏可操作性等诸多问题。

战略缺位，转型价值不清。供应链的数字化转型是长期、持续的系统化工作，当前建筑企业普遍缺乏清晰的战略目标、路线和方法论，数字化转型的战略地位不高、规划布局不足、价值认识不清，企业整体战略对数字化发展的指导性有限，数字化策略与业务发展的关联性弱，难以对业务赋能，难以触及企业转型的核心价值。

人才缺失，专业储备不足。数字化人才队伍的建设是企业转型的重要保障，建筑企业整体上数字化水平不足，相关人才储备有限，对数字化转型所需人力资源的投入力度不足，缺乏具备数字化视野和技能、兼具业务能力的人才，该类型的人才数量较少，同时培养难度较大，"无人可用"的现状导致企业难以全面进行数字化转型。

组织僵化，应变能力短缺。我国建筑业受到长期按照规模经济专业化分工发展模式的影响，企业内部的专业壁垒高、分工明确，对资源共建共享、跨部门协同协作等开放意识不足，原有利益格局和权力体系较难打破。

能力不足，技术体系缺失。建筑业的数字化转型尚处于起步阶段，国家、行业层面的技术指导体系、技术标准缺失，建筑企业由于本身技术能力的不足，无法参与制定适合行业及企业要求的标准和措施，企业内部难以快速形成数字化转型能力。

（二）建筑企业供应链转型路径

供应链数字化转型的本质是一场创新和变革，其关键内容包含企业战略规划、业务流程变革、系统架构设计和数字化工具应用等多项工作，在数字化转型的过程中，各种流程技术、模式等的转变都不可能一蹴而就，而是需要精益求精，实现持续优化，才能使建筑企业不断提升供应链对各种不确定性的把控能力和数字化决策能力，供应链的数字化转型才有可能真正成功。

坚定转型方向、明确战略目标。数字化战略是企业转型的思想纲领，是长期的系统性工程，建筑企业首先要坚定数字化转型不动摇，从“数字供应链”的全局视角，升级认知、配置策略、调整动作。其次要做好数字化顶层架构设计，在企业战略层面明确数字化转型的目标、方案和路线，由上至下达成共识、形成合力，利用可实践的方法论作为转型指导，最终实现企业综合效益的提升。

紧握核心业务，持续模式创新。数字供应链的本质是“供应链管理”+“数字化”，业务流程与大数据的使用密不可分，业务标准化是供应链数字化转型的基础。建筑企业应重视供应链管理中核心业务流程的梳理和更新，通过搭建数字化供应链体系，重新梳理供应链管理业务现状，升级优化供应链管理中的“计划、采购、合同、供应商”四大核心业务的流程及标准，为供应链管理的数字化转型打牢基础。

挖掘产业优势、提升链条价值。数字化不能局限于企业内部，而应向供应链上下游整个产业链延伸，进而实现端到端的价值链数字化集成。建筑企业应重视产业链前后延伸，以物资采购业务为切入点，向前与产品设计、成本管控协同，向后与物料管理、资金管理打通，将供应链管理转化为供应链价值。延长产业链，打通供应链，提升价值链。延链补链畅通循环，不断提升企业核心竞争力。

重设组织架构，塑造数字文化。在组织架构方面，建筑企业应结合自身实际情况，适当调整组织架构包括业务架构，成立新型的数字化机构，重构企业的业务组合、协同方式和管理层级，以更灵活、敏捷的组织架构成为企业顺利实现供应链数字化的有力保障。在企业文化方面，建筑企业需要在组织架构和文化上做好配套，强调敏捷的同时，也要塑造敏捷、试错、反思、学习的文化。

组建人才队伍，实现能力沉淀。数字供应链的业务在原有供应链管理业务基础上有较大的升级，对企业的人员和管理能力提出更高要求。建筑企业需要形成数字化人才的发展体系，培育一批具有“战略＋技术＋业务”复合能力的数字化人才，不断在数字技术、数据治理、平台运营、专业知识、规则制定等方面沉淀能力，进而形成组织能力，以保障建筑企业供应链管理数字化转型有效落地。

善用社会力量，助力平台建设。数字化平台是建筑企业实现供应链转型的最终落点。当前建筑企业的供应链管理存在诸多问题，同时受限于行业整体的数字化能力不足，大部分进行供应链创新的建筑企业通常以建立采购平台为切入点，但采购仅是供应链业务中的一个节点，仅依靠企业自身较难实现完整供应链平台的建立。第三方服务商在供应链数字化转型的某些节点或整体方案的设计上具有相对丰富的经验，借助第三方的资源，建筑企业得以快速规划数字化路线，提高转型效率，同时压缩组建技术团队、培训数字技能的成本和时间，并且有效规避探索转型可能引发的风险，对数字化能力有限、转型经验不足的建筑企业，引入外部服务商提供供应链转型整体方案，将是其低风险、高效益的最优选择。

展望：建筑供应链数字化发展的前瞻与预见

数字化供应链可实现建筑全过程、全要素、全参与方的数字化、在线化、智能化的全体系新生态。未来，在新技术的加持下，数字化供应链将向更加智能、更加便捷、更加高效的方向发展，成为建筑行业高质量发展的强劲支撑、有效引擎。

技术赋能，BIM 技术将成为建筑供应链数字化转型的关键载体。基于 BIM 技术将工程项目中的人员、系统、原料、工艺和流程进行高效集成，所有参与者将基于统一的标准、规则、系统、平台高效、并行地开展供应链业务协同与信息共享，为建筑供应链向集约化、数字化转型升级提供了关键载体。

平台运营，产业互联网平台将成为建筑供应链数字化转型的基础设施。数字化平台是建筑企业实现供应链转型的最终落点。围绕建筑供应链典型业务场景，积极探索以核心企业为中心的供应链服务平台新模式，形成包括工程计划、交易、施工、交付、运维等关键环节的建筑工程 App 和 SaaS 服务，通过平台开展供应链上下游业务协同与数据安全共享，以数据为驱动支持建筑供应链业务创新，实现企业价值增长与竞争力提升。

生态演进，建筑供应链竞争格局向多元化、生态化演进。为了顺应建筑业工业化、绿色化、智能化发展新需求，建筑产品形态以及建筑供应链运营模式都将发生根本性变化，以总包方为核心的传统建筑供应链生态将发生根本变革。未来，诸如数字平台服务企业、设计单位、智能制造方、低碳解决方案供应商等主体在建筑供应链中将扮演越来越重要的角色，在细分领域将产生越来越多的“独角兽”和“专精特新”企业，现有建筑产业链供应链竞争格局必将被重塑。

建筑业数字化人才需求与培养

文 / 张建平
清华大学教授、博士生导师

数字经济时代下，建筑业数字化人才的需求及特点是什么？如何高质量培养建筑业数字化人才？作为人才供给端的院校应该怎样应对相应的需求和挑战？以上这样的问题一直是我在教书育人实践中不懈探索的问题，也希望就建筑业数字化人才培养与业内同仁们进行交流和探讨。

国家和行业数字化发展战略

当前我国数字化发展源于新理论新技术驱动、国家发展战略引领、行业发展政策指导。

新技术新理论主要是指新一代信息技术，主要包括以 5G、物联网、工业互联网为代表的新一代通信与感知技术，可高效获取海量、高增长率、多样化大数据，为行业数字化提供算据基础；以云计算、大数据、区块链等技术为核心的新一代数据计算技术，提供了超大规模的数据存储、处理和计算能力，为行业数字化提供了算力环境；新一代数据分析技术最具代表的是数据挖掘、感知识别、深度学习等智能算法，推动了大数据驱动的智能管理和决策，为行业数字化提供了算法支撑。

大数据与云计算、互联网、物联网等技术融合应用，极大地提升了数据获取、加工、处理和利用的能力，可实现数据增值成为“信息资产”，不仅推动信息时代的大飞跃，更驱动新一代人工智能技术的大发展。在新理论新技术的驱动下，我国政府审时度势，启动了一系列相应的国家数字化发展战略。

2015 年 7 月国务院发布《国务院关于积极推进“互联网 +”行动的指导意见》，8 月 31 日又发布《促进大数据发展行动纲要》，这是指导我国大数据发展的国家顶层设计和总体部署。2017 年 7 月国务院发布的《新一代人工智能发展规划》，是我国在人工智能领域的第一个指导性文件，提出了面向未来打造我国先发优势战略部署。2020 年 3 月中央政治局常务委员会会议提出加快 5G 网络、数据中心等新型基础设施建设进度，对我国新基建的重点发展指明了方向。2020 年 7 月住房和城乡建设部等 13 个部委发布《住房和城乡建设部等部门关于推动智能建造与建筑工业化协同发展的指导意见》。2021 年，发展智能建造被纳入国家“十四五”规划纲要，智能建造与建筑工业化协同发展被纳入《“十四五”建筑业发展规划》，制定了我国建筑产业的发展战略和产业体系，提出了 2035 年我国迈入智能建造强国行列的发展目标。

在国家数字化发展战略大背景下，建设行业发展目标是推进行业和企业数字化转型升级，旨在利用数字化技术重塑企业和行业的组织关系，业务模式和生产方式，实现数据化管理。其总体策略是以工程项目全过程数字化为基础，以智能建造为切入点，通过 BIM 数字化建模及其全过程应用，为行业和企业数字化转型升级提供数据基础和支撑。数字化转型并非纯技术革命，而是战略、组织、文化、流程、管理体系等全面的变革，更为重要的是涉及人的思维模式转变，所以人才是数字化转型的决定性因素，人才培养也面临着全新的挑战与要求。

建筑业数字化人才培养特点与策略

1. 数字化人才需求

面对当前行业数字化转型的迫切需求，建筑业数字化对人才的需求归纳为两大类，一类是从事信息基础设施和融合基础设施研发的ICT（信息与通信技术）技术人才。根据中国软件行业协会发布的《中国ICT人才生态白皮书》披露的数据来看，2020年ICT产业人才总体需求缺口接近1100万，随着行业数字化转型进程的不断加速，ICT人才需求缺口依然在持续放大。第二类人才是专业化复合型人才，即掌握数字技术和智能建造技术的工程技术与管理人才。例如我的学生应该算得上复合型人才，他们都是清华大学土木工程系毕业，在本科到研究生期间，经过土木工程信息技术相关课程、科研以及项目实践的系统性培养，毕业后都活跃在建筑业数字化领域，成为核心技术骨干，有的还成为专家或青年领军人才。然而，当前专业复合型人才极度缺乏，懂土木建筑工程的数字技术方面的知识掌握不够，懂数字技术的又缺乏土木工程专业知识。

2. 数字化人才培养特点

针对当前数字化人才需求缺口居高不下，其人才培养呈现出以下四方面特点。

（1）人才结构优化。建筑业数字化需要海量数字化领袖、业务与技术人才，急缺5G、人工智能、大数据、云计算等领域高端人才，需要进一步优化人才结构，解决人才结构性不平衡的问题，其中包括：

供需失衡：人才供给不足制约了产业发展。

区域失衡：人才不足制约了欠发达地区发展数字化转型。

结构失衡：专业复合型人才的缺失制约了行业应用深化。

梯队失衡：中层岗位数字化运营人才缺失制约了数字化转型快速发展。

（2）创新型复合人才培养。建筑业数字化创新型复合人才主要是能将设计思维、业务场景和ICT专业能力相结合的土木建筑专业复合型人才，也包括在建设领域深度应用数字化技术的跨界人才，既掌握数字化思维，又精通本行业的商业运作模式和流程。

（3）数字化领导力培养。洞察力和敏捷性是数字化领导力基石。数字化领导力重在洞察导向和敏捷反应能力的培养。洞察导向能力是以数据洞察为核心来决策企业经营及发展，用数据创造价值。敏捷反应能力则以数据反馈和分析来应对不断加剧的市场变化和技术进步，用数据助力企业持续发展。

（4）人才培养生态化发展。数字化人才培养呈现出对终身持续学习的需求，对人才的创新性、实践性需求，学习方式和培养模式也将随之变革。

学习方式：学习与工作融合、学习个性化、学习变成终身模式。

培养模式：需要产业链组织之间通力合作，形成产学研的良性互动，形成完整的数字化人才发展生态体系。

3. 数字化人才培养策略

依据建筑业数字化人才培养模式和人才发展生态体系，本人提出关于数字化人才培养三个方面的总体策略。

（1）建立数字化人才培养生态化思维。针对某项新技术增加一些教学 / 培训内容或开一门新的课程 / 讲座，不能解决人才培养的根本问题。首先要建立从人才的选拔、培养、使用、评测、激励、淘汰的数字化人才供应链。将人才培养与人才使用、人才管理相融合，实现产学研的良性互动，促使实现持续学习，形成完整的数字化人才发展生态体系。

（2）建立分层分级的数字化人才培养体系。数字化人才是分层级的，不同的阶段对人才知识、素质、技术的要求不同。针对不同层级的数字化人才，就要制定不同阶段的“学习地图”，进行不同层级的能力培养。这个工作行业要做，企业要做，高校也要做。

（3）建立产教融合的数字化培养模式。促进教育链、人才链、创新链有机衔接，通过校企合作，强化工程实践的人才培养机制，有效解决高校人才培养与企业数字化转型需求脱节问题。

4. 数字化人才培养体系

基于上述研究和分析，本人提出“四位一体”的建筑业数字化人才培养体系，其中包括院校教育、社会培训、企业培养和公共教育服务。这“四位一体”形成了我国当前切实可行的数字化人才培养路径。

（1）院校教育：定位是专业教育，通过基础理论知识、技术技能的学习，培养学生数字化思维、分析解决问题的能力和创新能力。专业教育是通过现在的高等院校完成，其中包括普通高校、职业高校、成人高校。培养的是土木建筑工程专业研究生、本科生、专科生。

（2）社会培训：定位是职业教育。通过新技术、新技能、工具软件、实践案例的学习，进行知识更新，培养数字化应用、运营和领导能力。目前的主导机构为行业的学会、协会、高校以及社会培训机构，旨在培养各层次的专业复合型技术管理人才。

（3）企业培训：定位是职能教育。通过新技术技能、工具软件、流程职责的学习，进行岗位培训，在数字化转型的过程中，培养各级对技术、职能和职责的把控能力。通常采用企业技术与岗位培训的形式，培养各职能部门及岗位专业技术管理人才。

（4）公共教育服务：定位是持续教育。通过公共教育服务平台、网络在线教育等，提供培训课程、技术咨询、服务及资源等，培养自我持续学习、更新知识、提升技术的能力。公共教育主要由政府、行业、协会、学会以及高校培训机构提供服务，培养各层次的专业复合型技术管理人才。

目前“四位一体”数字化人才培养体系已在实践中，并取得了长足进展和显著成效。中国图学学会率先开展了土木建筑 CAD 和 BIM 两大新技术技能的职业培训，持续十几年举办 CAD 和 BIM 技能等级考试，其中 CAD 技能考试连续 14 年共 28 期，BIM 技能考试连续 10 年共 20 期，为建筑行业培训了近百万专业技术人才。

院校建筑业数字化人才培养模式与方案

院校土木建筑专业数字化人才的培养模式，一直根据需求和发展不断探索，目前主要有改造既有课程、新开课程、增设新专业和整体改革模式等四种模式，涉及 CAD、BIM、信息管理、智能建造和智能机械等方面内容。

（1）改造既有课程：在相关专业基础课和专业课程中，增加或更新融合数字技术的教学内容，以新的数字化手段改进教学方法。如清华大学土木工程系将传统的“工程制图”课程与 CAD 技术相融合，改造为“工程计算机制图”课程。

（2）新开课程：明确新开数字技术课程的培养目标，建立完整的课程体系，设置全新的课程内容和教学手段。如清华大学土木工程系开设的“土木工程 CAD 技术”和“建筑信息模型技术基础”等课程。

（3）增设新专业：明确新增设的专业方向和培养目标，建立完整的教学体系和系列课程设置，确定每一门课程的教学内容和教学方法，形成完整的专业学科方向和人才培养体系。如同济大学、北京工业大学等多所高校都新增了智能建造专业。

（4）整体改革模式：提升人才培养目标，通过融合通识教育和专业教育，全面改革教学体制、课程体系和管理体系。如美国斯坦福大学和卡内基梅隆大学对整个教学体系进行大幅改革，采用模块化的课程组，将数字技术、人工智能技术与专业课程深度融合。从 2017 年开始，清华大学全面使用大类招生和培养方案，其核心是强化宽口径、重基础的通识教育。通过本研贯通，实现通专融合，并建立与之相适应的课程体系、实践教育体系、学生管理体系、院系管理支撑体系等，以利于培养肩负使命、追求卓越的人才。

国内外主流院校许多都通过课程改造、增设课程、增加专业等方式进行 BIM 教学。清华大学是最早开设 BIM 课程的高校，既有课程改造，也有新开课程，形成了 BIM 技术与专业课的融合。无论是对改造的课程还是新开的课程，都要建立完整的课程体系和系统的教学内容，包括课程的支撑理论技术、教学软件工具、协同工作方法、应用流程及技能等，并通过实际项目进行实践训练。新开的课程要更强调其完整性和创新性，同时配备强有力的师资团队，确定教学模式，提供教材教案，并且有教学实践平台，形成一套完整的课程体系。

在新一代信息技术的驱动下，在国家和行业数字化发展战略的指引下，我们将以建筑业数字化人才培养生态化发展，助力行业数字化水平的新突破，赋能行业数字化转型升级的新跃进。

建筑行业人才链建设

文 / 钱锋
广联达科技股份有限公司助理总裁

建筑行业的数字化转型，尤其是数字化建筑人才的培养，是目前建筑行业广受关注和值得探索的问题之一。在这方面，我们也在积极进行探索和实践，我将结合广联达的建筑行业人才链建设，分别从技术发展推动行业转型升级、建筑行业人才链分析和人才链建设模式探索三方面展开。

技术发展推动行业转型升级

随着数字化浪潮来临，各行各业都在逐渐重视数字化转型，包括我们熟悉的银行、零售、汽车制造等行业。据统计，50% 的中国前 1000 强企业都把数字化转型作为企业的未来发展战略；同时，全球 65% 的顶尖企业也都认为自己未来是基于信息和数据的公司。这足以看出数字化转型的重要性。

回归我们建筑行业，建筑行业在项目的数字化过程中，两项核心的支撑技术就是 BIM 技术和 IoT（物联网）技术。一方面，通过 BIM 技术支撑建筑实体数字化，实现虚拟建造；另一方面，通过智慧工地物联网技术，即在现场布置各类监控硬件等，实现施工现场劳动力、机械、材料、环境的实时监控联网及数据采集联动。

通过这两项核心技术，实现建筑项目的虚实结合，数字孪生，最终共同支撑项目管理过程各项业务，如进度、成本、质量、安全、技术等的数字化。同时，在具体应用过程中，我们还会结合人工智能（AI）技术和大数据技术，通过智能算法驱动项目决策分析科学化。数字工地、万物互联、智能化设备的广泛使用等都是建筑行业在数字化转型中的应用体现。

在数字工地应用方面，针对施工现场硬件种类繁多，分布区域不确定，运行状态不清晰的现状，通过智慧工地平台集成现场硬件设备，以数字化手段呈现出硬件使用状态、运行信息以及预警情况。从而使项目管理人员及时了解包括现场设备分布、设备实时运行状态、设备隐患及时预警等，同时也可以积累保存机械设备的运行大数据。

在万物互联方面，互联网技术为物联网技术在建筑行业的应用提供了基础，也为在包括塔机监测、卸料平台、扬尘噪声、龙门吊检测、智能喷淋等方面的应用提供了条件。针对现场的硬件监测，广联达已经提供了数十种数字化转型方案，包括安全施工类、绿色文明类、现场智能检测类和基建类等，并且也在逐步进行扩展中。

在智能化设备方面，智能化设备的广泛应用可以降低人的劳动强度，除此以外，3D 扫描、激光测量机器人、无人机倾斜摄影，所有这些技术的产生都给我们工地上劳动强度和工作方式带来一些变化。

建筑行业人才链分析

新技术和新方式对人才的需求和技能要求也提出了新的需求。那么，建筑行业的人才链现状如何？我将从供给侧和需求侧两个方面展开。

供给侧方面，主要是高等教育培养人才。那么，现在的高等教育更偏重的是什么？是宽基础。宽基础更多的是学科教育，虽然这两年在实践方面有所增强，但主要还是以专业为主，再加上信息化相关的一些课程，包括建模、虚拟技术、大数据技术以及和互联网相关的专业技术等，跨专业及学科的交叉还是较少，培养的复合型人才定位与需求端可能存在着不完全匹配的问题。

在职业教育方面，这两年的改变比较大，尤其是特色“双高”建设和“双高”专业群建设，通过在专业群建设中把基层的课程打通，使学生专业课程能够互选，这样就能因材施教，根据学生的特点选修不同课程。这个课程体系更灵活，有更大的自由度，这方面也是在改进的过程中。

需求侧方面，需求方包括建设单位、设计单位、咨询单位、施工单位和生产单位等，对人才的需求包括中高层管理人才、项目管理人才、专业技术人才和建筑产业工人等。

供给侧和需求侧在匹配方面面临着质量下降、数量不足、“真人才”甄别难、持续学习通道不足、职业认证通道不健全、因材施教难等多种问题。

据统计，我国的建筑业从业人员有5363万，其中建筑工人4883万，专业技术及管理人员480万，人员供需矛盾日益显现。

为应对这些问题，我们提出建筑行业人才供应链的构想。我们建立了人才产业学院，搭建了支撑人才终身专业化学习的数字化基础设施，形成了线上+线下相结合，To-B和To-C双向互通的平台，形成从人才招聘、理论学习、技能学习、技能认证到岗位晋升的完整链条。

通过将教育生态体系中的人才供给端的人才培养标准与行业生态体系中

的需求进行互通匹配，有效融合职业教育和专业基础教育。比如把学生的四年级或者三年级的下学期放在产业学院中进行学习，培养学生的职业技能，使学生能够把案例中的操作快速应用到后期岗位中，这样也是对人才的供给端和人才的培养形成一个迭代更新。

对人才从入职之后的持续学习需求，我们设计了全生命周期赋能建筑人成长的路径：从新员工入职后参加培训开始，通过持续的技能学习、岗位实践和专业认证的螺旋式成长，逐渐成为技术骨干，之后进一步通过管理方向上的继续学习和素质训练，实现复合型能力的提升，成为项目经理级别的高端人才。

我们希望通过以上途径，不断完善打造建筑人才全生命周期的学习及服务平台，培养行业中坚力量，为全行业提供人才，为人才全生命周期成长提供优质服务，最终实现人才链业务终局目标：一是精准快速对接供需双方，快速匹配供需双方，连接汇集多方数据，完成人才体系认证与智能评估；二是推动行业数字化变革：实现多（数量充足）、好（质量保证）、快（及时供应）、省（招聘成本低）的人才服务，全面助力行业转型升级。

人才链建设模式探索

在人才链的建设模式方面，我们也进行了一些探索。我将从产业学院助力人才招聘升级和人才能力进阶提升方案定制两个案例展开。

案例一：产业学院助力人才招聘升级

企业人才招聘目前面临着招人难、品牌弱、离职率高等三方面的问题。具体而言，首先，施工企业被 IT、金融、文娱等行业抢占人才，同时又被考研升学、公务员考试进一步挤压优秀应届生源，招生质量逐年下降。其次，施工企业各子公司众多，相互之间竞争激烈，学生品牌认知度低，招好学生难。最后，学生能力提升有限，专业认同度低，即便签约后，1~3 年也容易流失。

针对这些企业痛点，我们构建了产业学院订单式培养模式。一是产业学院定制数字化人才。通过共建“BIM 见习工程师班”，基于企业人才需求定向培养。针对大四学生组建“BIM 见习工程师班”，采用“2+1+4”培养模式（两个月案例实训，一个月工程实战，四个月顶岗实习，含毕业设计），使学生毕业时达到同岗位 0.5~1 年的工作经验水平。二是融入企业素质课程，通过融入广联达及对应企业的优秀企业管理类、素质类课程，全方位提升学生职业能力、管理能力，让学生零距离融入企业文化。

同时我们定制了人才跟踪反馈机制。通过及时的跟踪反馈，平均帮助企业降低 3~6 个月学生培养时间，帮助企业降低人均 15000 元左右的培育费用，同时也显著提高了人才的专业认同度。

除此以外，针对企业、院校招完上岗前的空档期，安排针对“准员工”的线上培训，通过建立学习地图，利用线上学习平台和考核评价系统，精准赋能准员工，同时为管理人员提供清晰完整的新员工发展与培养建议。实现从岗位选择、闯关摸底、针对性课程、信息化测评、成绩报告证书、针对性加强课程、发展建议，再到岗位选择的培养闭环，实现分层次培养。

另外，产业学院也在通过全国类学生赛事扩大雇主品牌效应，包括“互联网 +”大赛、全国大学生智能建造与管理创新竞赛、全国数字建筑创新应用大赛、全国高校 BIM 毕业设计创新大赛、全国各地教育厅省赛等。通过与企业合作，共同参与各项赛事，显著提升雇主品牌与校招生源。

案例二：人才能力进阶提升方案定制

即使招聘到了新员工，在人才入职到成长的能力提升过程中，企业也面临着种种困境。

企业往往面临跨部门组织、现有资源不能支撑员工能力提升方案落地等问题，时间紧、任务重，有时会因不可抗力因素影响，导致制定好的计划延期或者取消，损耗了人力、物力、财力。

针对这些困境，广联达定制了一系列人才能力提升服务方案。广联达企业服务平台将企业人才战略与业务战略相匹配，实现人才管理智慧决策，为建筑行业人才高质量发展奠定坚实基础。

通过联合业务专家搭建人才培养体系形成“学、练、考、评、踪”一体化的人才建设解决方案，其中方案部分内容包括精细化管理类、成本管控类、工程管理类和企业管理类课程，为企业各阶段人员提供体系化培养内容，缩短人员成长周期，解决企业对员工培养缺乏长远规划、形式单一、内容脱离基层员工、实战经验无法传承等问题，同时可视化培养数据，为企业提供人员能力的分析数据，搭建人才建设平台，助力企业数字化人才队伍建设。

在为企业量身定制人才能力建设解决方案中，遵循有“测”才有“培”，有“培”必有“踪”的培养模式。通过这一模式，为企业提供测培一体的人才建设解决方案。测培一体的模式主要从能力提升需求分析、计划制定、过程实施、效果评估、辅导巩固五大环节入手。通过专业的产研团队，助力企业搭建员工学习和成长的平台。

在数字化的浪潮下，各行各业都在进行着数字化的升级，我们传统的建筑行业也不例外。越来越多的企业认识到，面对未来，如果想可持续发展，那么数字化已经不是一个选择题，而是每个企业今后面临未来的必答题。企业的数字化升级改造，除了把先进的云大物移智等科学技术应用到我们的建筑行业，进行流程再造和施工工艺工法的改造以外，具有数字化思维的建筑人才也成为企业数字化转型非常重要的核心引擎，数字化的建筑人才要和行业的供应链、产业链、数字链都匹配，才能实现更好的发展。

广联达数字高校始终坚持为产业输送高质量数字建筑人才，助力建筑产业转型升级，在数字化专业建设方案、数字化教学平台、数字建筑立体人才库、数字建筑人才供应链生态合作平台、广联达全体系的师资能力培养等多个方面均进行了有益探索，未来我们将持续携手行业多方凝聚力量，共育数字时代行业新人！

数字化催生工程造价跨界融合与发展

文 / 钟泉
中量工程咨询有限公司董事长

随着市场化改革深化，行业主管部门先是在 2020 年取消了工程造价咨询企业“双六十”限制，紧接着在 2021 年停止工程造价咨询企业资质审批。一直在“双六十”和资质保护下的工程造价咨询企业，必须正面面对新一轮的市场化洗礼。新政策使工程造价咨询企业像雨后春笋一样大量涌现，而随着我国建筑业向高质量发展转型，以及新冠疫情冲击，工程造价咨询市场“僧多粥少”的形势进一步加剧，直接导致行业“内卷”，低价恶性竞争。如何跳出“内卷”？工程造价咨询企业如何转型升级？

中量工程咨询有限公司（以下简称“中量咨询”）是国内首批由注册造价工程师发起创办的专业公司，也是引领国内工程造价企业转型升级浪潮的一家综合性咨询企业。2000年成立至今，我带领公司团队一直追寻先进的“工具”提升工作效率。中国工程咨询博物馆广东分馆的陈列物件，记录着中华人民共和国成立以来工程造价的变革与发展，从最早期的手抄概预算表，到电子表格，再到造价软件，每一次技术工具的变革都促进了工程造价行业的发展。如工程计价和计量软件的出现，极大提升了造价工程师的工作效率，保障编制质量，实现了造价咨询企业的跨越式发展。乘着此波红利，中量咨询实现了高速发展，成功进入工程造价咨询企业的前列。面对新一轮危机，如何避“危”寻“机”，公司决策层持续进行深入思考和探索。

数字化催生工程造价新时代

我国经济已由高速增长阶段转向高质量发展阶段，伴随大数据、云计算、人工智能等科学技术的迭代更新，社会经济发展步入了数字经济时代。2020年，突如其来的新冠疫情对全球经济产生了巨大冲击，我国数字经济在逆势中加速发展。在疫情防控常态化背景下，数字化减轻了疫情对社会经济的负面冲击，数字经济的优势日益显现，成为推动经济复苏和社会进步的重要驱动力。

党的十九届五中全会指出“推动数字经济与实体经济深度融合”“推动数据资源的开发利用”；党的二十大报告更进一步明确“加快发展数字经济，促进数字经济和实体经济深度融合，打造具有国际竞争力的数字产业集群”。显然，发展数字经济已上升为党和国家部署推进的重大战略，各行各业将进入数字化时代。

工程造价是一个典型的大数据库。《住房和城乡建设部办公厅关于印发工程造价改革工作方案的通知》（建办标〔2020〕38号）（以下简称“38号文”）提出“取消最高投标限价按定额计价的规定，逐步停止发布预算定额”“加强工程造价数据积累”，以及鼓励企事业单位提供市场化数据服务等工程造价改革措施。38号文从国家层面上对工程造价的数字化建设提出改革要求，使工程造价咨询企业的数字化转型迫在眉睫。乘着数字经济时代的东风，工程造价行业须做好工程数据采集、加工、应用，充分发挥数据的资源属性和创新引擎作用，全面重塑和提升工程咨询顾问能力，才能在竞争中占据优势，走出工程造价的新时代。

数字化催生工程造价产品升级迭代

通过数字化提高工作效率，造价人员得以从繁杂的程序性业务中解放出来，同时通过公司组织的专题培训、教育等方式提高综合能力，一方面在传统造价业务上更有竞争优势，另一方面也腾出时间和精力投入更高端的工程顾问业务中，为公司开拓新的业务发展方向提供基础。秉持创新咨询发展理念，2020 年春节前后，正值新冠疫情暴发，作为公司董事长并时任广东省工程造价协会会长，本人带领公司骨干团队，通过视频会议方式，与业界同行积极探索，谋求转变，于大年初二率先提出“工程造价 +”的创新发展理念。事后证明，这一理念的提出成为了中量咨询乃至工程造价行业化解“内卷”的行动之一。

“工程造价 +”理念的提出以及随后的顺利实践，得益于公司数字化建设的成果——正是在数字化建设的征程上不断探索，不断为员工赋能，提升员工的个人能力，以及实施公司人才结构的调整，让人才结构更加全面与综合，才更好地加快中量咨询新业务的落地推广。中量咨询新团队采取全方位的有效措施，系统地对咨询服务市场需求、产品类型组合、实施路径、组织保障，以及实施预期效果等进行分析、评估、推演，有效保障“工程造价 +”系列新咨询服务产品的尽快落地，以及落地后能为委托方带来高增值的服务。

数字化建设的巨大赋能，人才综合素质的持续提升，让中量咨询更有勇气、更有担当地提出“工程造价 +”系列产品，从而激发和促进公司产品的转型发展。经过持续的探索与更新迭代，2021 年、2022 年，中量咨询继续推出了“工程造价 +2.0”“工程造价 +3.0”，预计 2023 年春节期间将继续推出“工程造价 +4.0”。

数字化催生造价咨询企业管理转型升级

习近平总书记指出："发展数字经济意义重大，是把握新一轮科技革命和产业变革新机遇的战略选择"，为我们指引了数字化的战略方向；38 号文的发布推动我们积极利用大数据、人工智能等信息技术加强数据积累和提升咨询服务能力；学术界的研究也证实，数字化转型既可以从技术层面促进公司效率变革和技术创新，也可以从公司治理层面提升决策效率和监督有效性。数字化转型是数字经济时代企业发展的迫切需求，本质上是企业生产经营要素与数字技术的深度融合。因此，中量咨询选择数字化转型战略，以数字化促进工程造价跨界融合与发展。

一是实现从数字化建设到公司经营管理流程再造。数据存储量的增加，有助于强化数据分析对公司经营决策的支持。一方面，数据的价值体现在公司内部对程序性造价咨询业务的优化。经过长期发展，计量计价等程序性业务正逐步优化形成完善的流程与模式，部分业务将逐步由计算机智能化运行。减少人工操作，有利于降低人为失误所造成的误差，进而实现传统业务效率的大幅提升。另一方面，公司通过对数据进行实时分析能够对咨询业务流程进行全面而系统的监督，及时发现作业过程中的异常及隐患。在数字化技术的支持下，公司内部的管理流程能以可视化和在线化方式实现，结合公司自身发展需求，进而持续迭代优化经营管理流程，推动公司将分散的网络节点链接成互通式的网络节点，实现全局最优化管理。

二是数字化建设有利于造价咨询企业降本增效。项目交付质量和效率是咨询企业安身立命之本。运用大数据、云计算、人工智能等数字化技术，完善公司数据库，可以打通各经营单元之间的"数据孤岛"，真正实现公司数据的高效共享和协同工作，让一线作业人员能够及时调用所需数据并快速做出反馈，在规范性和效率上较传统业务模式均有大幅提高，从而达到降本增效的目的。如推行标准化清单（数字化），一方面可在企业数据平台自动推送给员工参考使用，在提高企业成果标准和质量的同时，也提高了员工查找参考资料的效率；另一方面，标准化清单综合单价库和指标库可作为业务过程中清单单价复核以及编制模拟清单之用，借鉴医院体检模式，提升质控工作效率，并极大提高模拟清单编制效率和准确性。

数字化逐步成为每一位员工的“能量使者”

人才是工程造价咨询企业的核心，数字化建设的重要功能是提升技术人员的工作效率。如何让数字化成为公司每一位员工的“能量使者”，是企业数字化建设的关键落脚点，也是企业实现转型发展的重要路径。当前，大部分造价专业人员被繁重的计量计价等程序性业务所束缚，也被各种造价、运营、管理等各类数据所淹没。由于数据量庞大、整合难度较大，工程师为此耗费大量时间、精力，导致无法有效提升效率和质量。通过数字化建设整合各阶段、各层次、各类型工程项目数据以及各种管理与经营等数据，借助数字技术打造高效的数据分析与信息共享平台，实现公司各经营单元、各职能部门的数据信息互联互通、共建共享，最终为造价专业人员“提质增效”。中量咨询在数字化建设中，主要采取如下办法让数字化逐步成为每一位员工的“能量使者”。

一是明确公司数字化建设的定位与需求。以数字化建设提升每一位员工单兵作战的能力，进而提升团队的整体作战能力，从而实现公司提质增效，这是我们公司数字化建设的主要定位与需求。围绕这一出发点开展数字化建设，并将其作为检验数字化建设成功与否的核心指标。一切有利于实现上述目标的数字化建设，就是公司全力落实的任务，不能因为“数字化”而数字化，流于口号与形式，变成员工和企业的负担。

二是将数字化建设作为董事长“1 号工程”来抓。作为公司董事长，本人亲自制定数字化实施战略，组建专门的数字化领导小组，由常务副总裁担任小组组长，负责统筹、督办数字化实施工作；成立数字化专业技术委员会，招聘熟悉计算机编程与工程造价跨界复合人才任专业技术委会主任、副主任，具体牵头推进数字化实施工作，带领专业技术委员会的其他成员具体梳理企业的数字化需求、标准化流程管理、数据清洗、数据分析模型等工作。

三是以企业标准化建设加速数字化进程。在数字化建设过程中，首先从底层架构上对各种造价数据以及其他经营与管理数据进行数据解构，让数据自带标准化属性，进而建立公司标准化工作模板、工作流程体系，也就是以公司全面的标准化体系建设来推进数字化进程和效果。以标准化清单为例，通过组织公司专业技术力量编制各业态标准化清单，以此建立标准化清单数据库，形成标准化清单案例、标准化清单综合单价库、标准化清单材料库、标准化清单造价指标库等标准化清单成果，加快数字化建设进程。因此，实施“数字化”首先需要将企业自身的标准化建设充分完善并能落地实施。

公司“数字化”氛围使员工在工作过程中逐渐形成“数字化”思维，提升数据分析和应用能力，以适应日益成熟和快速发展的数字化咨询业务的需求，最终，数字化建设成为员工的“能量使者”，为员工赋能成长。

未来展望

企业数字化转型之路道路艰难，从开始建设到初步见效都需要较长时间。首先，企业应明晰数字化建设的根本目的是为员工赋能增效，解放员工生产力，将员工个人能力的提升转变为公司竞争力的提升；其次，企业需要利用信息数据平台检验流程标准化和积累造价数据，即使暂时无法发挥太大作用也应尽可能坚守，因为企业需要一定结构数据存量去探索数据的规律和内涵；最后，企业需对自身做一次彻底的“数字化”体检，确定数字化建设与企业发展的匹配性，确定数字化的重点发展方向及着力解决的痛难点，避免为了数字化而数字化。

中量咨询愿与各位同行，一起在数字化建设道路上携手前进，实现数字化催生企业产品转型发展，让“数字化”成为企业每一位员工的“能量使者”，通过数字化实现工程咨询产品融合发展，提升咨询附加值，共同助力工程造价行业向纵深发展，做大做强！

建筑科技数字化系统必备的六个要素

文 / 李江
广联达科技股份有限公司助理总裁

具有高创新性、强渗透性、广覆盖性的数字经济，如今已成为中国经济的新增长点，也成为改造提升传统产业的重要支点。在数字经济发展和数字化转型的众多领域中，建筑业是重要的实现场景。建筑业要找准数字化转型的目标、方向和路径，助力数字中国、智造强国建设，还需要进行大量的探索和实践。中国建筑业体量巨大，在与新一代数字化技术深度融合发展方面有着巨大的潜力和发展空间。

数字化进程的内涵包括其组成部分、内核体系和发展动力。建筑数字化的本质特征是要对建造物和建造活动的全场景全要素信息进行全面的感知、存储、分析和反馈，最终达到用数据驱动建造项目管理提效或流程控制优化。构成建筑数字化发展的内核体系，包括需求和任务、硬件和软件、数据和算法。

根据我们对建筑数字化智能硬件产品开发的经验来看，一套完整的数字化软硬一体产品必须包含获取信息、表达信息、存储信息、传输信息、处理信息、交付信息这六个组成要素。只有深度结合业务场景加技术跨界赋能，将这六个要素都得到较好解决和有效的链接，才能形成具有完整的业务闭环和价值的产品，从而助力数字化系统建设成功。

一、获取信息

建筑场地和建设管理全流程涉及多种多样的数据来源，例如建造物和建造活动的资源投入、工艺过程、业务流程、结构形态、工程进度、实物成本等信息。这些信息的载体形式也是多种多样的，比较直观的有视频语音类、图像类、文本文字类和信号等。传统建造大部分采用人工方式来获取这些环境、状态、要素信息，而数字化建造则主要依靠智能硬件作为获取信息的入口，将信息载体以数字编码形式进行感知、识别，并传输至后台进行进一步加工分析和应用。

传统的建设工程开工报建所需的劳务实名制、视频监控和扬尘监测，还不足以支撑工程建设管理诉求，随着对业务研究的不断深入，不断催生出各类智能终端。例如通过人脸识别终端、测温终端和人员定位安全帽等实现劳务人员管理，通过智能地磅、OCR 单据识别、摄像头等实现物料管理，通过雷达测距实现建筑高度和进度识别，通过智能摄像头实现智能安全预警、通过全景视频摄像头进行项目巡检等。

二、表达信息

通过智能硬件进行信息获取是建筑数字化产品的第一步。硬件是有限的，功能需求是无限的。如何在有限的硬件及网传资源下提高工业物联网的使用价值是未来技术研发和产品规划需要解决的重要问题，即通过软件功能提升智能终端产生的价值。这就需要对获取信息进行合理的表达、处理。

表达信息是指用一种适应满足该需求的表达方式来表达所获得的信息（数据），比如劳动力工效的算法解析等，而通过智能硬件获取的数据仅仅是通过各类传感器、摄像头等直接感知收集的工程要素的原始信息。这些信息往往不具备业务属性，难以直接为企业所用，或难以作为输入条件开展建筑全寿命周期的数据挖掘。为实现最终的数据价值释放，必须站在业务场景需求的视角来表达数据，进行基于业务和工序的数字化解构。具体来讲，就是系统分析建筑全场景全要素数据单元、层次、标准、来源、价值表现等清单和数据结构，搭建项目全生命周期的数据模型体系。这是进行数字化产品设计的必要环节，也正是打造差异化产品、实现价值的有效途径。

以劳务管理场景为例。对作业人员进行有效管理所需要的原始数据远不止劳务实名信息，还包括建设全过程的关键业务点的数据采集，如人员进场、人员入场、进场教育、技术交底、任务分配、施工作业、质量验收、工作区管理、生活区管理、工资结算、人员退场等环节。每一环节均包含如时间、工人定位、状态及照片等事件类型，需要依据业务全流程所涉及的数据流转逻辑来定义数据源和数据结构，进而选用合适的采集手段获取信息。

基于上述对劳务场景信息表达的颗粒度，就可以统计分析出实际人工、技能水平、作业水平等，完成建筑模块对人员的 PDCA 全过程数据采集与分析。为进一步分析计划人工、工种、作业标准、验收标准等劳务资源精细化配置管理提供有效的数字化手段。

三、存储信息、传输信息

存储信息是指把表达好的信息存储在一种相应的物理媒体上，传输信息则是用适当的传输机制来实现信息传输，比如工地窄带自组网。

低时延、高可靠的网络传输技术是数字建造的重要技术组成，也是建筑数字化、在线化的保障。依托传感器和无线移动网络通信技术，把建造物、建造活动和管理控制的设备、人和服务相互连接起来，依托统一定义的数据接口和中间件构建数据通道，迅速将感知采集、识别到的信息传递到控制处理中心，同时也可迅速传递智能系统反馈给前端的信息。

在工业物联网的支持下，施工现场将具备如下特征：一是万物互联，以移动互联网、智能物联等多重组合为基础，实现“人、机、料、法、环、品”六大要素间的互联互通；二是信息高效整合，以信息及时存储和传输为基础，将工程要素信息集成；三是参与方全面协同，工程各参与方通过统一平台实现信息共享，提升跨部门、跨项目、跨区域的多层级共享能力。

建筑工程现场组网技术一直是数字化产品的关键。常见的网络传输方案有以太网、无线通信网络、无线通信、电力载波等。在工地生产过程中，要充分考虑施工现场环境快速变化、有线布线受到局限、临时组网供电、通信运营商暂未进驻等诸多问题，对特定的智能化应用场景，选取可靠、性价比高的方案。

四、处理信息

工程大数据是工程全寿命周期各阶段、各层级所产生的各类数据以及相关技术与应用的总称。工程大数据的价值产生于分析过程。处理信息即是根据不同任务，从海量数据中选择全部或部分数据进行分析，挖掘决策支持信息。

有些数字化产品需对智能硬件获取的原始数据进行技术处理。例如全景视频 AI 巡检系统利用了视觉 VSLAM 技术，通过传感器数据预处理、前端、后端和回环检测、建图等一整套技术管道，将全景巡检视频的关键特征进行提取并计算位置关系和距离，随后拼接处理，完成三维全景记录并自动生成巡检路径映射到巡检区域的平面图中。用户可通过平面图位置点快速切换到实际场景，实现对施工全过程的便捷、真实、完整的记录，为客户带来真实快速的查看施工现场的体验。

以计算机视觉（CV）技术为代表的深度学习作为当前人工智能的重点方向之一，在建筑场景具备良好产品落地可行性。CV 技术利用海量数据提供的训练样本，在劳动力分析、资源分析、状态评估、质量检测、安全管理、危险环境识别、自动化控制等任务中均获得广泛使用。

工程大数据的显著特征是体量大、种类多、速度快、价值密度低。尤其对建造场景，由于场景的多样性和复杂性，碎片化需求层出不穷。专业性强、长周期、高门槛造成了 AI 开发部署成本较高。算法资产缺少统一的存储管理机制及开发流程，研发效率往往不高。客户越发关注数据隐私性问题，造成数据获取难。这些都构成了限制 AI 技术在建筑领域落地应用的瓶颈。

为此，我们希望能够搭建应用于建筑领域的一站式 AI 生产力平台，搭载完备的工具链，通过规范数据处理标注、模型预训练、算法开发及模型部署等全流程，帮助企业快速构建 AI 能力，提升 AI 生产效率，极大地促进 AI 系统的工程化落地。

五、交付信息

交付信息是数字化产品的最后一环，也是最为核心的一环，针对某一个任务做信息的处理，最后把处理好的信息交付到某一个终端来帮助企业完成任务，获得企业所需，是企业价值的最终呈现形式。建筑数字化在施工领域有四个关键应用，即施工要素在现场的定位、施工布局优化、信息化管理和动态监测。可视化呈现、数字孪生等技术是交付信息的主要手段。根据所关注的具体建筑场景和要素，其交付信息的呈现形式和具体内容也是差异化的。

以劳务数据管理为例：在交付信息环节我们采用投屏大师，即可视化大屏的方式进行呈现，并结合业务属性充分挖掘具有核心管理价值的数据进行展示。具体包括：一是工人定位，实现工人室外及楼栋楼层室内定位，及时掌控人员分布及轨迹信息；二是工效分析，辅助项目部分析人工盈亏、有意怠工的情况，建立企业人工工效；三是工期统计，一方面节约人工统计的大量时间，另一方面统计结果准确，不会产生异议，避免无谓的争议、扯皮；

四是劳务成本，支持劳动力计划管理，建立工人画像及评价，综合评判工人施工定额；五是安全管理，实现事前预防、事中报警和快速响应、事后回溯的施工安全全过程的智能化管控；六是数据穿透可视，实现工地人员定位信息可视化管理，包括班组情况、班组定位，工效分析，及时展示在场人员，提供巡检管理。

再如全景视频 AI 巡检系统：数字交付的形式是将 360° 全景巡检、BIM 图纸等项目竣工验收信息进行整合后的数据资产平台。数字交付取代了以往纸质化交付，提供更加形象可追溯的建筑竣工信息。企业和施工人员可以基于移动端和云端上传项目数据，在项目完成时打包上传至数字交付供业主查看。业主可以按照项目、材料类型等维度进行检索、下载与分享。

数字化就是针对企业的需求和任务获得相应的信息，通过软件或计算等大规模地提高解决我们的任务、满足我们需求的能力和效益。任何数字化产品都需要有上述六个核心的要素，才能释放强大持久的驱动创新的效应。建筑行业和企业的数字化已成为共识。广联达在数字建造领域围绕六要素持续推出创新型、差异化智能硬件产品，助力“让每一个工程项目成功”。未来，我们将为数字化转型的践行者、推动者持续提供数字化产品和服务，与建筑业企业一道，共同推进建筑业数字化转型迈向新高度。

新视点：

数字设计引领企业转型新发展

苏凌

上海原构设计咨询有限公司董事合伙人　上海原数建筑设计有限公司总经理

随着数字技术蓬勃发展，数字技术与传统经济的深度融合正成为推动中国产业迈向高质量发展的新动能。党的十九大以来，党和国家多次做出“推进数字产业化和产业数字化”的战略部署，为产业升级提供了方向指引。作为国民经济支柱产业的建筑业，亟须抓住新一轮数字科技革命和产业变革机遇，于数字经济浪潮中抓住产业数字化转型契机，实现产业数字化转型高质量发展。作为工程建设全生命周期的主导者，工程设计企业更是数字化转型的“主力军”。

上海原构设计咨询有限公司（以下简称“原构设计”）作为建筑工程顾问领域的全过程咨询、设计、管理及服务提供商，成长于中国经济发展的黄金时期，立足总部上海，在取得企业蓬勃发展的同时，预见数字化转型对企业管理升级的巨大影响，提前布局企业数字化战略并取得了一定成效。基于原构设计数字化转型实践，我们总结了设计企业数字化战略背后的实践与启示，希望能够为其他企业数字化转型提供借鉴，为行业高质量发展提供助力。

▶▶▶ 挑战：三大驱动力推动企业转型

国际数据公司（IDC）对全球各个国家（地区）的生产总值分析显示：到2025年，四分之一的中国500强公司将成为软件生产商，从而实现数字化转型并保持其500强的地位；到2024年，新增的生产级云原生应用在新增应用的占比将从2020年的10%增加到60%；到2024年，进行内容合规审查的应用程序占比从2020年的50%增长到80%；到2024年，第三方代码在新应用和数字化解决方案中重用比例将比2020年增加一倍，新的应用数量增加1.5倍。

这些分析无不说明设计企业的数字化转型受社会发展阶段影响是势在必行的，同时，在国家政策、市场环境、疫情影响等因素的巨大冲击下，如何突围市场困境已经变成所有设计公司当前需要深度思考的问题。

我们认为设计企业数字化转型的驱动力来自市场环境的变化，主要是以下三个方面带来的冲击：一是从投资驱动的规模化发展到创新驱动的高质量发展，二是从组织、业务独立运行管理平台到多重开放管理技术平台的需求，三是从传统制造经济时代到数据信息经济时代的变化。

相信很多从业早的同行都有体会，现在的项目越来越难做，开发商的要求不断增加，而设计费用不见增加，设计企业利润越来越薄。根本原因是我们的社会环境已经发生了翻天覆地的变化，人口出生率屡创新低、社会老龄化问题越发严重等，这一切都在说明，地产行业的人口红利已经不复存在。那么设计企业如何从目前困境中突围而出？我认为只有自主创新才是唯一的突破方向，需要实现从人口红利向创新红利的转换。

设计企业想要创新，应从组织革新与技术创新两个方向上突破，也就是人才流与技术流的突破。人才流方面，保持组织的开放，打破传统团队边界，提升跨团队合作效率，单一团队转变为多元团队，同时鼓励年轻人的尝试与探索，挖掘培养内部新生代；技术流方面，持续的创新研发投入是根本，洞察行业的需求与发展，不断优化与迭代技术创新的方向，确保研发成果的落地。其中，抓住国家数字化转型的大战略，建立自主研发数字化管控平台，实现生产工具及工作流程升级更新，企业管理及运营实现数据辅助决策，跳出传统的“面多了加水，水多了加面”缺乏方向和稳定性的被动管理模式，则是面临当前挑战最好的应对之策。

▶▶▶ 探路：数字化转型赋能企业变革

数据信息时代的核心就是数据，它带来的变革是巨大的，涉及企业战略、商业模式、组织模式、运营模式。所以提及数字化转型，必然是组织的变革，包括战略、流程、人员，必将面临巨大的挑战，也会带来机遇。设计企业如何将我们的产品（服务和图纸）数字化，听起来有些天方夜谭，其实不然。要知道建筑工程设计先行，建筑产业数字化的基础是设计的数字化，而设计数字化的核心就是 BIM 技术。所以从传统的二维设计思维提交产品和服务，转变为运用三维设计技术提供全生命周期服务的思维就是数字化转型的原点。基于这样的思考，原构设计开启了数字化转型发展之路。

2004 年，原构设计开始建立二维协同设计平台，这是基于公司服务器进行全专业的协同设计；到 2012 年，随着上海市政府推出的 BIM 技术应用标准，公司建立了 BIM 技术研发团队，成为公司三维设计的燎原之火；到 2017 年和 2018 年之间，随着 BIM 技术在项目中应用逐渐增多，BIM 技术团队建立了公司的 BIM 技术设计标准，也搭建了真正的三维协同平台，同时完成了公司级别的项目信息管理及知识体系管理平台的搭建，形成了数字设计和业务及管理的搭接；2021 年，原构设计与广联达科技股份有限公司（以下简称“广联达”）达成战略合作，成立了上海原数建筑设计有限公司，以数字设计为核心，为软件的研发和应用建立桥梁，在数字化转型的路上迈出了重要一步。

经过多年的探索与实践，原构设计在数字化转型方面取得了显著的成绩。其中，在 BIM 技术正向设计探索方面，我们通过 BIM 模型进行方案阶段外立面设计必选，三维可视化设计的协同设计，碰撞检查及正向出图，可以通过正向设计项目帮助业主建立企业标准，尝试住宅项目设计算量一体化，实现 BIM 模型全生命周期的应用等。在专项设计探索方面，我们将 BIM 模型的建立普及到室内设计、装配式设计及景观设计，实现全专业项目级的数字化转型。同时，BIM 技术还广泛应用到公司其他的复杂项目和研发项目，例如在宝山寺金塔的 BIM 模型设计方面，我们进行了建筑在复杂木构件标准化设计的尝试，同时进行了多方位的性能分析，还辅助结构进行安全和抗震性能的计算。宝山寺金塔得以完美呈现，离不开数字化技术的高度应用，也开辟了数字化技术和古建筑设计相结合的尝试。

通过数字化转型实践，我们在服务能力、业务模式和组织管理三个方面也做了一些尝试，希望通过数字化技术赋能公司核心竞争力。例如，在业务模式方面我们做了多方位的探索，像项目的全过程咨询、设计总承包及工程总承包的模式；在服务能力方面，我们从专业化、规模化、差异化寻求突破；在组织管理方面，我们进行数字化人才的培训和积累以及管理模式方面的创新。

数字化转型实践的成效是明显的，但是我们也遭遇了行业同仁数字化转型面临的普遍困境：管理人员对数字化的认知不足，数字化基础设施不完善，数字化人才缺失，数字化应用不深入、不系统，数字化生态体系不健全等。其中，最主要的就是数字化生态体系不健全，数据的打通需要纵向和横向，全产业链的共同努力才能实现，每个环节都需要共同的努力和认知。当然，全产业的数字化进程还需要很长的一段时间，产业的数字化转型需要以设计转型为基础，设计数字化转型最根本的原点是 BIM 技术的应用。所以，我们原构设计先从项目数字化入手，在项目的实施过程中运用数字技术，通过项目推动企业乃至产业的数字化转型。

▶▶▶ 创新：数维设计重塑核心竞争力

在我们看来，真正的数字化是企业治理思想与数字化产品的结合，这里包含以下四个方面的含义，第一，从企业的需求出发，充分考虑企业发展需求；第二，以数据为核心，建立公司内部畅通的以数据管理为基础的生产工作环境；第三，建立开放的业务平台，实现业务链多方位的整合；第四，这也是非常关键和必要的，就是和行业软件开发头部力量的深度合作，打造面向工程行业的一体化平台。数字化设计离不开新软件的研发和应用。

从这方面来说，我们推荐的是广联达数维设计产品集。作为一款以自主知识产权图形平台为基础，基于统一的数据标准，立足全专业、全过程的数字化设计软件，其以设计数据来驱动设计场景的实现，从而构建设计互联网平台与生态，推进设计成果数字化交付审查的同时，促进国产 BIM 设计软件普及，继而提高整个行业的数字化水平。

2022 年年初，我们承接了广联达智慧建造及华南总部基地项目。这个项目定位非常明确，将立足从设计到施工的全过程，围绕数字建造的关键环节展开实践，为建筑行业打造全过程数字化应用经典案例。在此，我们运用数维软件进行全专业协同设计，从策划开始，进行数字场景的搭建，空间功能的结构和分析，全方位的性能分析，把这个项目打造成一个数字建筑的示范基地。

在这个项目中，我们不仅运用 BIM 正向设计，还探索数字建筑的各种场景的模拟、功能空间的结构、机电系统的结构，为后面的工作打下了良好的基础。设计过程管控中，实现设计指标快速统计也是它的一大亮点。在项目设计过程中，我们也感受到了它的指标功能简单、学习成本低、上手快，使用逻辑明了、没有阻碍；面积框选生成速度快，提效明显，生成准确；指标统计效率高，点击统计实时生成，几乎无等待时间；上传协同平台指标、模型轻量化查看与问题创建批注非常好用有价值。另外，它能够实现与甲方更好的交流互动。通过分享的链接，查看实时 BIM 模型，图纸、指标、问题的功能，便于跟甲方进行沟通交流，过程留痕，通过对外展示和分享，提升 BIM 模型和数据价值。

设计算量一体化最大的一个优势还有基于数维进行建筑、结构、机电全专业协同设计，设计所得到的模型和数据可通过 GFC 数据标准直接导入广联达算量平台 GTJ、GQI 中，实现真正的设计算量一体化应用，延伸了设计阶段 BIM 数据价值。

总体来说，在数维设计软件的使用过程中，我们认为作为一款本地化三维设计工具，它更加贴近中国设计师习惯，容易推广易上手，提高正向设计的效率；同时，云 + 端协同方式，便于设计团队随时随地轻松介入项目，满足疫情时期远程办公需求；另外，统一的数据标准，设计算量一体化如果与广联达的造价平台相结合，能够为设计业务拓展横向链接，未来也为纵向向施工阶段拓展提供了可能。

“未来已来”，唯变不变。当前正处于中国现代化发展的关键期，复杂的国内外发展环境和疫情形势等不确定性因素，给企业的长足发展带来了严峻的挑战，我们要做的就是不断地开放、创新、激活，不断迭代，保持组织活力，打造一个可以自我革新的生命体。未来，我们必须积极拥抱数字化转型，持续打造企业核心竞争力，这是我们传统设计企业危中寻机的必然选择！

编后语

习近平总书记在党的二十大报告中强调:“加快发展数字经济，促进数字经济和实体经济深度融合，打造具有国际竞争力的数字产业集群。”新一代数字技术加速与传统行业融合，赋能千行百业数字化转型。作为国民经济重要支柱产业的建筑业，正在以系统性数字化激活历史基因，迈向高质量发展之路。

2021 年，凝结建筑业数字化转型集体智慧与思想的《数字化的力量——中国建筑业“十四五”发展新航程》出版，为初探期的建筑业企业转型升级提供了借鉴参考。2022 年，建筑业数字化转型千帆竞发，更多企业投身数字化转型大潮，践行符合自身需求的转型之路。为持续记录建筑业数字化转型壮阔图景，系统传递建筑业数字化转型内涵要义，为建筑业高质量发展提供更切实可行的路径,《数字化的力量——系统性数字化重塑企业掌控力与拓展力》历时一年结集付梓，与各位读者分享 2022 年建筑业数字化心得与实践。

本书在撰写过程中，得到多位专家的悉心指导和多家单位的倾力支持。在此，衷心感谢为本书撰写序言和推荐语的各位专家、领导，感谢所有为本书出版发行辛勤付出的相关单位，感谢各位的高度关注与无私贡献。

由于时间紧、任务重及编校水平有限，书中难免有疏漏或不足之处，恳请大家批评指正。

潮平岸阔风正劲，扬帆起航正当时。感谢有您，共同为建筑业数字化转型发展注入智慧力量。

特别鸣谢：
蓝迪国际智库
中国建设报社
住房和城乡建设部信息中心
中国建筑业协会
中国建筑学会
全联房地产商会
中国市政工程协会

中国测绘学会智慧城市工作委员会
华中科技大学
同济大学
东南大学
清华大学互联网产业研究院
重庆大学土木工程学院
中国建筑股份有限公司
中国建筑一局(集团)有限公司
中国建筑第三工程局有限公司
中国建筑第七工程局有限公司
中国建筑西北设计研究院有限公司
中国交通建设集团有限公司
中铁四局集团有限公司
中铁云网信息科技有限公司
中铁十七局集团有限公司
中国水利水电第八工程局有限公司
浙江省建设投资集团股份有限公司
陕西建工控股集团有限公司
五矿二十三冶建设集团有限公司
中国江苏国际经济技术合作集团有限公司
甘肃省建设投资(控股)集团有限公司
广联达科技股份有限公司
嘉博联合设计股份有限公司
北京求实工程管理有限公司
上海天强管理咨询有限公司
开元数智工程咨询集团有限公司
瑞森新建筑有限公司
中量工程咨询有限公司
上海原构设计咨询有限公司

(排名不分先后)